ガリラヤからローマへ

地中海世界をかえたキリスト教徒

松本宣郎

講談社学術文庫

●目次

ガリラヤからローマへ

地中海世界をかえたキリスト教徒

第一章　キリスト教徒の誕生

1　ガリラヤのイエス

地中海世界の原風景

キリスト教、いやそのまえにナザレのイエスが登場した古代地中海世界の具体的なイメージをつくっておこう。現代のイタリア、ギリシャ、トルコ、北アフリカの地中海岸地域では、ローマやアテネ、要するに巨大都市のあたりでは無理だとしても、だいたいの都市から少しばかり郊外に出ると、もうそこは古代そのままのたたずまいを髣髴《ほうふつ》とさせる田園の光景である。都市とその外の田園・農耕地帯との区分は、じつにくっきりとしているのである。古代の地中海世界の田園にもまた、強い日ざしのもとに白く塗った土壁の、小さな窓の家々からなる集落があり、乾いた畑、まばらな林と牧草地があった。そしてはるか彼方には丘がみえ、その上にたつ石の建物もかすかにそれとわかる。そこはもうりっぱな都市のある場所である。集落の人びとは農耕と牧畜をなりわいとするが、さまざまな道具も家も自分たちの手でつくる。ただ彼らは農産物をたずさえて、売ったり交換したり、または地代として納めたり、そしてまれには楽しみと信仰のために、あの都市へ、何時間もかけて出かけてゆくであろう。そこでは、自分たちの田園の集落ではぜったいに味わえない、都市的な生活にふれることができるのである。

このような都市と田園とが織りなす景観は、地中海周辺部の基本的構図であった。もちろんその都市と田園の外見だけでは地中海以外、またいつの時代にもある構図と同じになってしまう。そこに住んでいた人間たちの社会のしくみや彼らの「心性」までふくめた構図でなくては、本当の特色はわからない。地中海世界ではまず東の岸から、エジプトとメソポタミア、つまり古代オリエント文明の出現によって歴史の時代にはいった。その一翼をになったフェニキア人たちが地中海を西にすすんで文明を伝え、またメソポタミアでうまれた都市という社会形態を植えつけていった。

もっとも東地中海地域で都市国家をつくったのは、テュロス、シドンなどを中心としたフェニキア人にかぎられ、ヒッタイトもエジプトも、権力者は宏壮な王宮こそいとなんだが、一般の人びとは農村集落に住みつづけていた。一方、地中海の中央ではまずオリエントの影響をうけてクレタ文明がうまれ、そして南下してきたギリシャ人がクレタとオリエントに学んでミュケーネ文明をうちたてた。ここまでは都市国家はまだあらわれず、王が豪華・堅固な城砦に君臨する王国の世界であった。

前一二世紀に東地中海とエーゲ海、ギリシャ地域は侵入民族の破壊的行動によって、いっきょに混乱に陥った。ヒッタイトは滅びたが、東地中海ではイスラエル、フェニキア人、アラム人などが後退したエジプトとともにその文明をまもりつづけた。しかしエーゲ海域は長い「暗黒時代」にはいった。文字や王宮の文化は消滅した。けれどもその時代こそは、のちの地中海世界のありかたを決定する根本的な動きがはじまった、きわめて生産的な時代でもあったのである。

崩壊と混乱のなかでギリシャ人たちはさまよったあげく、エーゲ海の島々とその東西、小アジアやギリシャ本土の海岸に近いところに、丘を砦としてそこに神殿をおき、ふもとには政治や経済的活動のための広場、それらと家屋群を大きくかこむ城壁からなる都市国家を形成したのである。彼らがこのような社会をつくりあげた理由は、見知らぬ土地にたどりついて住まねばならない場合、土着人の攻撃から身をまもるために防御を固める必要があったこと、交通と交易の便宜上などが考えられるが、さきにふれたフェニキア人がつくっていた都市を彼らが模倣《もほう》したことも推測されている。

しかし、ギリシャ人の都市は先行するオリエントの都市国家とは決定的にことなっていた。彼らの都市は緊密な共同体をなし、貴族と平民の別はあったが、共同体を構成したのはこの両身分の、自由で独立的な市民だったのである。市民の多くは農民であったが、彼らは共同体の政治・軍事に主体的に参加することをもとめられた。これがポリスである。

ポリス市民は、うしなわれていた文字をまたつくりだし、哲学をうみ、詩をつくった。前八世紀からギリシャ・エーゲ世界に黎明が告げられた。ある時点からギリシャ人は植民をはじめ、ポリスの数をふやし、その存在する領域を拡大していった。エトルスキやラテン人のように、イタリアにきたギリシャ人にならってポリスをつくる民族もいた。ローマはそのエトルスキのおかげで、ようやく前六世紀にポリスらしくなったのである。総じてイタリアなどにうまれた模倣ポリスでは貴族と平民との差が大きく、「民主化」の度合いがギリシャのアテネなどよりずっと低かったが、古代地中海世界において、ポリス＝市民共同体国家は軍事上・経済上の利点も大きく、市民たりうる自立的な農民たちの意識にも適合的で、いわば先進的モデル社会となったのである。

ギリシャ人のポリスがペルシャ帝国との戦争に勝利して、いよいよポリス社会の絶頂期がはじまった。ギリシャ人の植民は東はエジプト、北は黒海北岸、西はイベリア半島にまでおこなわれて、ほぼ地中海世界全域にポリス・モデルが具体的に存在することになった。これに刺激されてラテン人以外にもポリス的都市をつくる民族や、隣接してできたポリスに移り住んでしまう民族もいた。それが軍事的には安全、経済的にも便利で、かつのぞましい「近代化」でもあったからである。

しかし、ギリシャ・ポリス同士は前五世紀末には深刻な戦争（ペロポンネソス戦争）をひきおこし、みずから衰退の道をえらんだ。ギリシャより東のポリスは、前四世紀後半には完全にマケドニア王国の支配下にはいってしまった。そのマケドニアのアレクサンドロス大王は、ポリスの政治的自由こそゆるさなかったが、ポリスに根ざすギリシャ人の文化は尊重した。彼の東方遠征は、同時にギリシャ人の文化による征服をも意図していたといえる。ナウクラティス一つしかポリスのなかったエジプトに最初のギリシャ植民市アレクサンドリアを建設したのは、その意図の象徴であり、以後中央アジアにいたるまで、彼は同名のギリシャ植民市をたてていったのである。

ヘレニズム時代はアレクサンドロスをもってはじまるが、「ギリシャ風」という語源のこの時代は、ギリシャ人がアレクサンドロスの王国とその後分裂した諸王国の領域に広く散らばって、ギリシャ語とギリシャ文化とを伝えた時代である。その文化のなかに、ポリス的生活を送る、ということがふくまれていた。

同じころ地中海の西のほうではローマというポリス（ラテン語ではうまくこれにあてはまる語はない。キウィタスという語が共同体や集落を、ウルプスが都市をさすが、含意するところはややずれる）が強大になり、他の都市や王国を支配していった。こうして東でも西でも、ポリスの市民たちの自由はもはやうしなわれた。ポリスの外の支配者によって民会は機能を停止させられ、その支配者に協力するポリスの富者が構成する会議（評議会、参事会など）のみがポリス内の実権をにぎっていた。

健在なポリス社会

しかし、ポリスという名も都市自体もなくなりはしなかった。それどころか、ポリスはあいかわらずモデル社会でありつづけ、ヘレニズム諸国の王たちも好んでポリスをつくったのである。アンティオキアやセレウキアは、これら王名をつけて新たにたてられた都市であった。ユダヤのヘロデ大王も、前一世紀になってイェルサレムはじめその王国内のポリス的ではなかった都市に、劇場や公衆浴場、闘技場をつくってポリスらしくみせようと努力した王である。

ローマもまた一貫して植民市を建設しつづけた。もちろんそれらは独立の都市国家ではなく、ローマの直接支配下におかれていたが、自分の法をもち、会議体をもち、城壁にかこまれた都市的空間をもち、公共施設をそなえていた。ローマはついにはメソポタミア以西のヘレニズム諸王国をすべて滅ぼして全地中海世界を統一するのだが、実際にはローマ帝国の住民たちは都市市民として生活していた。

ローマの支配は都市をとおして国民を支配する形をとったのである。ギリシャはローマの軍事力に敗れたが文化ではローマを支配した、といわれる。そのことを象徴するのが、ローマの都市というものへの依存であろう。ローマ帝国の時代、地中海世界には一〇〇〇以上の都市があったと思われる。

のみならず、アレクサンドロスのひそみにならって、ローマは地中海をはなれた北のヨーロッパやブリテン島を支配するにいたっても、そこに都市を建設していった。それらは軍隊の宿営地や交易の市程度の集落にすぎなくとも、広場をもち神殿も劇場も浴場もあり、周辺の散村とは歴然と分かたれる「都市」であるにはちがいなかった。ローマ帝国の支配の浸透は都市化とローマ化をともなった、とはしばしばいわれることである。ローマ人は新しい支配領域（属州）にもギリシャ・ローマ風の都市をたて、あるいは現地人の集落を都市に昇格させて、ギリシャ語とラテン語、そしてギリシャと融合したローマ・ラテン文化と生活様式とを植えつけ、ないしは押しつけたということなのである。

紀元一世紀から二世紀前半までがそのローマ化の絶頂期であり、この時代にブリテン島から出発して帝国領域を横断し、ティグリス・ユーフラテスの東部国境まで旅する人はギリシャ語とラテン語を解すればことばの不自由を感じないで、つぎからつぎへと同じようなたたずまいの都市に泊まりながらしかも安全に旅することができた、といわれるゆえんである。

図1　アッピア街道

ローマから東南へイタリアを縦断する「街道の女王」。ペテロもパウロも、おそらくこの道をとおってローマにはいった。ローマの迫害をのがれたペテロは、この道で復活したイエスに出会ったという伝説がある。

しかしあまりに広大なこの世界の、人間の住む領域がすべて都市になったわけではなかった。もともとギリシャ人の地ではなかったパレスティナやエジプトに都市はまれであったし、小アジアでは沿岸にこそ古くより都市がうまれたが内陸部にはほとんどなく、ローマ帝政期にすら半独立的な山地部族の小王国がのこっていた。まして地中海をはなれるガリア、ゲルマニア、イリュリクムなどのヨーロッパ各地はローマ軍団駐屯都市以外には都市らしいものはほとんどなかった。イエスが育ったガリラヤのナザレは都市ではなかったし、ユダヤにあった都市の多くはギリシャ人やローマの役人、軍人の住む支配者の町であり、ユダヤ人との関係はうすかったのである。

このようにローマ帝国では都市が文化と生活の豊かさ、快適さのしるし、そして名誉ある地位をしめるものであり、皇帝は都市を優遇しながら、これにより帝国住民をひきつけ、支配しようとしたのであった。ローマ帝国の支配下におかれた諸民族のなかにはそれに身をよせて、都市の資格にまで引き上げてもらうものがある一方で、ローマ支配になじまず、これに背をむける民族もいた。ギリシャ人は異民族を一括してバルバロイとよんで蔑《さげす》んだが、ローマ帝国においても帝国の文化に同化しようとせず、都市の生活にはいってこない人びとは軽蔑《けいべつ》の対象であり、敵とすらみなされかねなかったのである。

そもそも一つのポリスといっても、共同体のすべての人びとが城壁のなかの町に住んでいたわけではない。かつてペロポンネソス戦争でアテネがスパルタと戦ったとき、アテネの最高指導者のペリクレスは、城壁の外の田園へのスパルタの攻撃から田園居住の市民をまもるため、彼ら全員を城壁内に一時移住させた。彼らはおそらく市域内の空地の難民キャンプのようなところに集団でくらすことになり、アテネはまもなくはげしい疫病におそわれて多くの人命をうしなった。アテネのような大ポリスですら、その城壁内の空間は全市民、家族、奴隷を住まわせるには狭すぎたのである。

つまりポリスはにぎやかではなやかな市街区を中心に、その外に農耕地、牧草地、山林を領域とし、川や海、山脈を自然の国境としてこれら田園領域には「専業」農民を居住させていた。市街区には、田園にもっている農地を奴隷や小作人に耕作させている貴族や富裕な市民、また市街の家から外の農地に耕作に出かける農民のほか、商業・手工業を専門とする市民が住んでいた。アテネなどの国際都市には、居住を認められた外国人（メトイコイ。いうまでもなくアテネにとってはとなりのポリスも「外国」だから、このなかにはギリシャ人もふくまれた）が金融業などをいとなんでいた。

ギリシャのポリス市民団が健在なころは、この市街地の民会議場で選挙や裁判がおこなわれていたから、田園の農民たちはそのために自分たちの村を出て城壁の内へとやってくるのがつねであった。ポリスの田園部をふくめた領域は、日本の小さな県か大きい郡くらいの大きさだったから、端のほうに住む農民にはかなりの道のりだった。たとえこの種の催しが一年に数十日くらいで、しかも農繁期をさけておこなわれたとしても、そのつど出かけてくるのは大変だったであろう。

ヘレニズム時代からローマ帝国の時代になって、これらポリスの民会は休止状態になったが、宗教祭典やそれにともなって開催される競技・演劇などの都市的パフォーマンスの見物、そして田園では入手しにくい物資の買い出しなどの目的で、彼らは年に何度かは市街地に足をはこぶ習慣はつづけていた。結局、このような都市（市街地）と農村の関係は、都市域居住者の田園居住者にたいする優位をうみだし、都市の農村にたいする軽蔑の念と、農村のそれにたいする反発とを潜在させることになったのである。

歴史のなかのイエス

ユダヤはローマ帝国の支配下にあったとはいえ、ヘロデ大王在世中は彼の王位が認められており、彼の死後はその領地の一部がローマ総督直轄下におかれたほかは、彼の息子たちが事実上の君主として統治していた。イエスがうまれたガリラヤはヘロデ・アンティパスの担当領域で、都市化はすすんでおらず、さきにみた地中海世界モデルとは多少ことなる辺境の世界に位置していた。

それどころかユダヤのなかにおいても、ユダヤ教の本拠であるイェルサレム（この町はユダヤ教都市とでもよぶべき「都会」であって、まだローマから認められた都市ではなかった。二世紀になって皇帝の政策で都市とされることになる）の人びとからは軽蔑されていた地方であった［ヨハネ一・四六］。もっともガリラヤの住民はまた、旧ユダヤ王国の時代から、さらに北の、非ユダヤ的要素の大きかったサマリヤの人びとを軽侮していたのだが。さてそのようなガリラヤではあったが、その一角にはセポリスや、ヘロデ一族によって第二代ローマ元首の名をつけられたティベリアスなどのギリシャ・ローマ的ポリスもあり、そこにはギリシャ人たちとともに、ギリシャ語をたくみに話すユダヤ都会人が住んでいた。ガリラヤもまたローマの地中海支配と無縁ではなかったのである。

「ルカによる福音書《ふくいんしょ》」は、イエス誕生の記事にさきだち皇帝アウグストゥス（アウグスト）から人口調査の命令がでたとしるし［二・一］、ティベリウス（テベリオ）在位の一五年にバプテスマのヨハネが宣教をはじめたとしるして［三・一、二］、属州の、そのまた辺境のできごとがローマ帝国の枠組のなかで、それと直接に関係しつつ生じたようにえがいている。

ルカという記者はとくにローマ帝国人のほうをむいて書いたからそれもうなずけるとしても、イエスの弟子の一人レビ（マタイ）も帝国のために税を集める下請けの仕事にたずさわっていたし、イエス自身イェルサレムで、皇帝（カイザル）への税金について問答をしかけられている。ガリラヤ人たちもまた、ローマ帝国の住民であることを意識しないでは生きられなかったはずなのである。

ナザレのイエスの生涯を、新約諸文書を歴史史料としてもちいながら、歴史学のレヴェルで再構成することはこれまでも多く試みられている。しかし、その作業においては新約聖書の史的価値をどの程度認めるかという点で、新約学者と歴史学者とのあいだに大きなちがいがあることが明らかになった。

歴史学者はイエスについての史料としての新約聖書を、アレクサンドロスについてのアッリアノスやプルタルコスの、カエサルについてのスエトニウスやプルタルコスの伝記や、ソクラテスについてのプラトンの対話篇のように、信憑性《しんぴょう》の高い史料として評価し、利用しようとする。対象となる人物への記者のかたよった見方や誇張、後世の加筆があったとしても新約が他の史料にくらべてその度合いがひどいものとは考えない。むしろ他の史料よりも同時代性が高く、ローマやアテネのような中心地ではなく、属州の小さいできごとを記述しているにもかかわらず、当時のギリシャ・ローマの制度をも正確に伝えていることが評価されるのである。かつては問題とされた、イエスの史的存在への疑念や否定は、現在の歴史学の分野では跡を絶ったのである。

これにたいして新約学者のある人びとは、おおげさにいえば福音書のテキストの一語一語について、記者の心のひだにまで探りをいれるような検討を加え、イエスの真正なことばや行為の叙述と、記者あるいは記者の属したグループの信仰上の産物による叙述を区別しようとし、歴史学者が依拠するような箇所も史実の範疇《はんちゅう》から除外されることが多い。これではイエスの史的な叙述については、なかなか一致した承認はえられない。本書もイエスの史的生涯をえがく試みは断念する。しかし、キリスト教の歴史の起点におかれるイエスを、古代地中海世界の枠組のなかでスケッチすることだけはさけるわけにゆかない。そのさいに私が依拠する福音書などの記述の取捨は、歴史学の立場では標準的な判断による、ということを了解ねがいたい。

イエスの誕生の年、「皇帝アウグスト」の命令による、「クレニオがシリアの総督」のときの人口調査の年代の画定はさほど重要なことではない。ただイエスがガリラヤ地方のナザレという集落、あるいは小さな町、ローマ帝国の行政単位の都市ではなく、領主ヘロデ・アンティパスの直轄支配下の、おそらくユダヤ人ばかりの共同体にくらし、父は町の職人でそれほど貧しい家庭ではなく、母は祭司の家柄につながる家系であったと思われること［ルカ一・五、三六］などは、事実と想定しておいてよいだろう。

ガリラヤ人はイェルサレムのユダヤ教指導層には反抗的だが、自分たちがユダヤ民族であることの自覚と、ユダヤ教への熱心さを十分に有していた。ユダヤのある程度以上の集落には会堂（シナゴグ）があり、教師がいて人びとが集まって礼拝するだけでなく、聖書の教えによく耳をかたむけていた。イエスもそこに出入りし、聖書を自在に引用できるまでになったのであろう。

ユダヤの地もユダヤ民族も、紀元一世紀の前半はきわめて騒然として不安定な状態にあった。ローマの支配にもヘロデ家の支配にも不満をいだく勢力があり、ユダヤ教指導層の政治への関与がいっそう事態を複雑にしていた。したがって、ユダヤ人はローマ支配を歓迎するヘロデ家とその支持者（ヘロデ党）と貴族で現実主義的なサドカイ派から、宗教上のイニシアティヴをとりつつ、ローマやヘロデ家との決裂をさけ、民衆を軽視する祭司、パリサイ派・律法学者をはさんで、反ローマ、反ヘロデの民族主義的熱心党などに分裂して、一触即発の状態といってよかったのである。

集落の外の荒野には、ユダヤ教の世俗化を批判し、禁欲的な修道団体をいとなむエッセネ派がおり、クムランなどに大きなグループをつくっていた。バプテスマのヨハネはおそらくこのなかからあらわれ、一種の宗教復興運動をおこした。ユダヤ人の歴史のなかではこのような純粋主義者の運動はめずらしくはないが、ヨハネの主張はきわめて精神的で、この時代に、より多くみられたガリラヤのユダなどのような暴動・反乱の変革志向はなかった。

このような民族的宗教の面でみるかぎり、ユダヤは地中海世界ではやや特殊な地域といわねばならないであろう。その他のローマに服属している民族のなかでめだって反抗的なのはゲルマニア、ブリタニアのまだローマ帝国領にはいったといいきれないところの人びとくらいで、地中海周辺は総じて平穏であった。それにユダヤ人以外の被支配民族は、自分たちの神々をローマの神々と同じ神として矛盾なく礼拝しつづけてもいたのである。

イエスはこのヨハネの、神の国の到来の接近と、その準備のための罪の自覚と悔い改め、そのしるしとしてのきよめの洗礼をよびかける運動にひかれて、彼から洗礼をうけた。しかしそれをきっかけに、イエスがおこした運動はヨハネとはことなる道を歩んだ。彼は、自身が神の子であるという自覚をもち、既成のユダヤ教の指導者たちを糾弾《きゅうだん》した。古い律法の時代はおわり、みずからが新しい律法であると宣言した。たとえや逆説をもちいて神の愛、人の思想の根本的変革をもとめた。弟子の育成もおこなった。彼の神の国についての知らせ、福音の宣教にはある種の奇跡、ことに悪霊祓《あくれいばら》い（エクソシズム）と癒《いや》しがともなった。このことを史料の虚偽としてしりぞけえないことは、第五章にみるとおりである。

しかし、イエスは多くの点でユダヤ教の教師・学者の行動にならっていた。シナゴグで聖書を読み、ユダヤ教の神を神とした。神の国もサタンや悪霊の観念も、ユダヤ教にすでに古くからある考えであった。また彼はふつうに人びとと飲み食いし、婚宴の席につらなるなど、ヨハネとはことなり禁欲主義者ではなかった。彼はサマリヤ人にたいして侮蔑《ぶべつ》感をもたず［ルカ九・五一〜五六。一〇・三〇〜三七］、スロ・フェニキヤうまれのギリシャ女性とも語らい［マルコ七・二四〜三〇］、ゲラサやガダラなどユダヤ人の少ない異邦的な地域にゆくなど、民族の枠をこえる行動をなした伝承ものこしているが、おそらく彼が本来救いに導こうとめざしたのはユダヤ人、「イスラエルの失われた家の羊」［マタイ一〇・五、六］以外ではなかった。

田園のイエス

ドゥ・サント・クロワは、イエスの伝道の範囲は徹底して非都市的領域、つまり田園であったとして、原始教団のパウロたちの都市中心の伝道と明瞭な対比をなすことを強調する。イエスは大都会であるイェルサレムへは「ヨハネによる福音書」によれば三回、共観福音書によれば一回しか、それもユダヤ教の大きな祭りのときだけしか出かけておらず、ナザレからわずか七、八キロだが、ユダヤ人の少ないギリシャ都市セポリスをも訪れていない。イエスのたとえには野の花や種など自然や、田園に題材をとったものが多いともいわれる。しかし、このことにこだわる必要はあるまい。彼はことさら都市をさけ、きらったわけではなかったであろう。ギリシャ都市がいくつかあるデカポリス地方にも足をはこんでいる［マルコ五・一、二〇。七・三一］。彼のたとえには、富者の家令《かれい》や商売の話も登場する。富者への批判的な視座は、あるいは彼の反都市的観念をしめすのかもしれないが、資本を投じて利益をうることは当然のこととされ［ルカ一九・一二〜二六］、賃労働についても同様である。イエスのまわりには、そもそも田園や小さな町が多かったのである。そこにいるユダヤ人たちに、イエスはまずシナゴグなどで語りかけたということであろう。

福音書によれば、イエスはうまれ故郷のナザレでは、あまり強く人びとをひきつけることができなかったが［マルコ六・一〜六］、カペナウムなどガリラヤの一帯では、押しよせる熱狂的な群衆をさけねばならないほどの人気をえたとされている。ところが、のちにイエスがイェルサレムで逮捕されたときには、民衆は彼を十字架につけよと叫ぶほどに憎悪している。この矛盾については、どちらの伝承にも誇張があるとか、ガリラヤの農民は純粋に信仰上の教えとしてイエスの福音を歓迎したが、イェルサレムの民衆は彼に政治的メシアを期待したが失望し、憎悪に転じた、あるいはユダヤ教指導層がイエスから神の子との自認という、彼らにとっては決定的な瀆神《とくしん》の証言を引きだすことに成功してそれを宣伝したからだ、などと合理的な説明が試みられている。

福音書を史料としてもちいることのむずかしさは、なおのこるといわなければならない。イエスの伝道の過程を一貫したダイナミズムとして再構成することは、もはや不可能である。あえて本書の仮説をしめすならば、イエスのガリラヤを中心とした既存ユダヤ教の律法主義、形式主義、富者・エリート重視へのきびしい批判と、神の国の到来の近いこと、愛に根ざす信仰の覚醒《かくせい》のよびかけは、かなりの民衆の共感をよび、ユダヤ教当局を危惧《きぐ》させるほどの広がりはみせたが、イェルサレムの都市民衆を巻きこむほどにはいたらず、同市の民衆はイエスが過越《すぎこし》の祭りのためにイェルサレム入りするときには興味をしめしたものの、そこでのイエスの宣教活動には動かされず、ユダヤ当局のイエス排除策は比較的容易にすすめられた、ということであろう。

地中海世界のなかのイエス

イエスの活動を本書の枠組、古代地中海世界のなかでみてみるとどうであろうか。彼の活動の場はすでに述べたとおり、半属州ユダヤの非都市的なユダヤ人たちの町や村であった。ローマ帝国の統治は意識されてはいたが、遠い観念的なものに近かった。彼に面とむかったローマ人あるいはギリシャ人は、自分の奴隷を癒してもらうためにきたローマ軍の百人隊長(百卒長)［ルカ七・二〜一〇］、ポンティウス・ピラトゥス（ピラト）、それにおそらくは伝承上のみの人物と思われる、十字架で死んだイエスを神の子と評した百人隊長［マルコ一五・三九］だけである。

イエスがギリシャ語やラテン語を解した証拠もない。書物はのこさず、土の上に字を書いた、と一ヵ所でしるされるだけである［ヨハネ八・八］。もちろん彼は自在に引用できるほど(旧約)聖書を読み、記憶していた。要するに彼は文字よりも語ることを手段とした。これはポリス市民の行動と重なるところは大きい。ソクラテスを想起すればよい。パウロ以後の使徒たちも書簡やイエスの語録を教会で朗読させたであろう。イエスは会堂で語ったが、屋外ではもっと多数の民衆を相手に話したであろう。雨のほとんどない（湖でイエスが嵐にあう話はあるが、雨に出会ったとの記述はない）パレスティナ地方での戸外の宣教も、また地中海世界で市民によびかける人びとのとる共通の方法であった。

イエスのユダヤ教批判はラディカルであり、また律法主義を排して人間中心の立場にたつという新しさはあるが、一つ一つの教えの多くはイスラエル・ユダヤの預言者やエッセネ派の教師たちのそれのくりかえしであった。イエスを神の子・救い主と信じるということはたしかに信仰の、あるいは人生そのものの革命であったかもしれないが、そのような問題は、原始キリスト教が成立してから以後のことに属すると考えるべきだろう。

ただいくつかの点で、イエスの真正の行動にさかのぼると思われる事柄には、それまでに前例のない新しさがみいだされる。社会的な弱者、貧しい者、ハンセン病患者のように完全に差別され、忌避されていた人びと、病人、社会上いやしめられる職業の者（福音書では取税人が「罪人」の代表とされるが、そのほかの被差別民もいたであろう）をイエスは訪れ、癒し、あわれみ、神の救いのうちにむかえいれた。ユダヤ教の伝統ではこれらの人びとへの配慮がなかったわけではないが、それは侮蔑からのあわれみであり、ギリシャ・ローマ都市社会では、ティモクラティア（拝金主義）万能であり、貧者などへの同情はむしろ恥ずべき、危険な考えであった。

また汝《なんじ》の「敵を愛し迫害する者のために祈れ」［マタイ五・四四］の教えは、ユダヤ教にもギリシャ思想にも例がないといわれる。この教えを実践したのがイエスだというのが福音書記者の見方であり、また事実でもあったのだろうが、イエスの生前にはこのことばは人びとにさほど影響はあたえなかったようだ。しかしのちになって、初期キリスト教徒が迫害に遭遇したときにこのことばが想起され、熱狂的に実行されることになるのである。

社会的弱者のなかにおかれていた女性たちの存在が、福音書において顕著であることはすでに多くの研究の指摘するところである。初期キリスト教の歴史においても、女性がしめた位置は当時の地中海世界のどの社会や集団とくらべても高いものであった。バプテスマのヨハネの運動にも売春婦が加わっていたといわれ［マタイ二一・三二以下］、この点でもヨハネは女性が軽視され、人格を認められる度合いが小さかったユダヤ社会の制約を解き放つさきがけをなしたといえるかもしれない。

イエスは語り、癒す対象を男女で区別せず、既婚女性とも話し、教えのなかでは離婚を非難し［マタイ一九・九］、男からみるとはしたないふるまいをした女性をも叱責《しっせき》しなかった［マルコ一四・三〜九］。十二使徒に女性がいないとか、イエスも女性にかしづかせていたなどの指摘もされるであろうが、ほかの古代史料とくらべて新約文書、とくに福音書にあらわれる女性が自由に行動し、それがよしとされている度合いはおどろくほどである。

女たちはつねにイエスのそばにおり、その旅にもつきしたがった［ルカ二三・五五］。イエスの埋葬後、復活を証言した最初の人間は女性とされている。おそらくガリラヤ伝道のときからイエスを信じた群れのなかには、実数としてもかなりの女性がいたであろう。

この状況はキリスト教成立後もうけつがれることになる。ガリラヤでも、家庭のなかの女性がイエスにしたがうことは、男たちの当惑や怒りをまねいたと思われる。イエスが女性関係について道徳的非難をうけた証拠はない。しかし二世紀以後のキリスト教徒は、この面ではげしい偏見と中傷に悩まされることになるのである。

イエスによる十二使徒の任命や、彼らとの緊密な交わりと教育、将来の任務を遺言する最後の儀式的な食事などの伝承が、ある程度史実をふまえているのなら、宗教集団の組織化と継承が意図されていたことをしめし、ユダヤ教内の預言者的活動としても例がなく、ギリシャ・ローマの世界についても同様だといえる。いずれにせよイエス死後のキリスト教の成立は、復活・昇天という「信仰上の真実」はひとまずおくとして、イエスが生前にあたえていた指示と予言による強烈な印象と、彼が実行した人びととのいきいきとした人格的ふれあいなくしては不可能なことであった。

イエスの処刑についてはユダヤ教とローマ法、ローマ属州総督権限の側面の知見と、福音書の記述の歴史性の確認という複雑な作業のなかで、これまた多数の研究がうまれてきた。現在の多数意見は、福音書、とくにルカとヨハネの反ユダヤ的歪曲《わいきょく》を勘案しても、ユダヤ当局がイエスの瀆神的ユダヤ教批判とそれが結果しかねない将来の不穏をおそれて、神殿警察をもちいて彼を逮捕し、ローマ側に処刑させるためピラトゥスに引きわたし、総督ピラトゥスはその権限と責任において処刑を執行した、ということに落ちついている。

イエスは最期《さいご》のときになって、古代地中海世界を代表するローマの権力と決定的かつ悲劇的な出会いを体験したのであった。ピラトゥスによる審問の歴史性については、とくにイエスにたいして同情的とすらみえる叙述などを指摘して、フィクションと考える学者も多いが、ローマの属州総督による巡回裁判の形式からみてまったくの絵空ごとではない。ユダヤ教側がピラトゥスにむかい、イエスを釈放することは皇帝への反抗を放置することとなり、首都ローマのおぼえもめでたくなくなろうと脅したことは、ユダヤ社会の不穏な空気もにおわせて、まさにピラトゥスのような皇帝属吏の弱みをついた、ありうる表現であった［ヨハネ一九・一二］。皇帝の帝国統治の基本原則は、属州の公共秩序・安寧（サルス・プーブリカ）の維持であり、これをまもることが総督の最大の義務だったからである。

かくしてピラトゥスはイエスを属州の秩序を侵犯した犯人として、他の強盗犯とともに処刑した。ローマ市民権をもたないユダヤ人であったイエスは、もっとも凶悪な犯罪者、また奴隷犯人に科される十字架刑をうけた。イェルサレムでもっとも人びとの集まる過越の祭りにときを合わせての公開処刑であった。これも地中海世界の、そしてユダヤのならわしでもあった。

のちのキリスト教徒殉教者たちの願望は、キリストにひとしいさまで死ぬことであり、都市の祭典の場がその舞台となるのである。しかしイエスの処刑は、地中海世界＝ローマ帝国の辺境属州の一瑣末事《さまつじ》にすぎなかった。ほぼこれより七十年後にユダヤの歴史についてふれたローマの史家タキトゥスは、イエス処刑のとき（三〇年前後）の皇帝ティベリウスの治世中ユダヤは平穏であった、と書くことができたのである［『歴史』五・五］。

2　イエスからパウロへ

原始教団

復活のイエスに出会い、あるいは出会ったと信じたか、出会ったとのちに伝えられたかした人びとが中心になって、できごとののちに恒常的・定期的に集まり、イエスのことばを想起して語りあい、礼拝し、聖餐《せいさん》をおこなう群れとなったとき、彼らを最初のキリスト教徒といっていいだろう。その群れはイエスの死のほぼ直後、イェルサレムにあらわれたようだ。「マタイによる福音書」〔二八・一六〜二〇〕は、イエスが復活して弟子たちに会ったのはガリラヤだったとするが、「ルカによる福音書」〔二四・一三〜五三〕は、最初にあらわれたのがイェルサレム近郊のエマオ、ついでイェルサレムで、イエス自身がイェルサレムから伝道をはじめるよう命じたとする。ルカには福音書の後編にあたる「使徒行伝」とあわせて、彼なりのキリスト教拡大のシェーマがあったためにこのような書き方になったのであろう。原始教団にかんする史料は、矛盾する各福音書末尾とこの「使徒行伝」、そしてのちにこの群れに加わるパウロの書簡しかないから、原初期の史実の再構成にはおのずと限界がある。

多分イエス逮捕で一時逃げまどった弟子たちは、そのまま人口も多いイェルサレムにとどまっていたのであろう。ペテロたちが一時ガリラヤにもどったことも〔ヨハネ二一・一〜一四〕、またガリラヤに原始教団をつくった人がいたということもあったのかもしれない。ややのちになって、イエルサレムからはかなりはなれており、ガリラヤからはその半分の距離とはいえ、湖と山をはさんでいるダマスコス（ダマスコ）に、パウロ改宗以前すでに「弟子」たちがいたことが知らされる［使徒九・一〇、一九］。

このように、イエルサレムを最大として、ほかにいくつかの小グループが同時発生的に生じていた可能性も否定できない。しかし、知られるかぎり、イェルサレムの原始教会がその後のキリスト教の展開の中心となることはたしかである。その大きな契機となったのは、イエス復活後、そしてユダヤ教の過越の祭りから五十日後の彼ら共通の聖霊体験であった（いわゆる「ペンテコステ」）［使徒二・一〜四］。

初期教会は、都市にのみ拠点をおいていたといわれる。イエスの宣教の場とそれは決定的にことなっており、以後三世紀なかばにいたるまで、キリスト教徒はほとんど都市ばかりに集中して存在していた、というのである。さきにも紹介した考えであるが、やはりあまり図式的にみなしすぎるのはどうであろうか。そのような確固たる方針があったわけではないだろう。たとえば、バルナバは畑を売ってえた金を、イェルサレムのリーダーたちに献金した［使徒四・三六、三七］。田園に生活基盤をもつ信者は、ほかにもいたにちがいない。

イェルサレムから地中海へ

ただイェルサレムにいた人びとが、その後の伝道や迫害による追放で各地に散っていったときには、当然それぞれの地方の都市にはいってゆくほうがずっと容易で、伝道にも便宜があったことはたしかである。知己のいた確率も高く、寄寓《きぐう》しても生活の糧《かて》はえやすかったと思われるからである。狭い共同体の田園部に、よそ者ははいりにくい時代でもあった。

イエルサレムの教会の中心はペテロとヨハネだったが、はじめに名前はでてこないけれどパウロがのちに加わったときに、もう一人のリーダーとしてヤコブが重きをなしていたことがわかる［使徒一二・一七。一五・一三］。はじめは、これら三名のトロイカ方式の指導のもとに出発したのかもしれない。この方式はクムラン教団に例があるという。彼らはイェルサレムに屋敷をもつ信者の家に集まっていた。

彼らはまたユダヤ教の神殿にも詣《もう》で、特定のシナゴグにも出席した。シナゴグでは積極的にイエスの福音を宣教し、ディアスポラ（離散）各地から帰国中のギリシャ都市育ちのヘレニスト・ユダヤ人をふくめて信者を獲得し、シナゴグを二分する勢いになったようだ。リーダーたちはまだ、自分たちがユダヤ教とことなる新しい分派をつくるつもりはなかったと思われる。しかしユダヤ教指導層としては、自分たちが処刑させた人物を崇《あが》めるこのグループに敵意の念をもつのは当然であり、それが迫害の形をとるのは時間の問題であった。

住民のほとんどがユダヤ教徒ばかりのこのイェルサレムで、ユダヤ教の公式見解によって、神を穢《けが》した人物、ローマにたいしては不穏分子と断罪されたイエスを、神の子と信じるこのように極端なグループが伝道し、信者を獲得できたことは一見奇異にみえる。むろん使徒たちの熱意と、「使徒行伝」にしるされている癒しなどの奇跡的な行為による効果もあったであろうが、イェルサレムという地のみならず、ユダヤ全土がさきにも述べたように民族の現状をめぐって、四分五裂の状態で熱狂していたことを考慮にいれる必要があるだろう。この時代から四半世紀後に、ユダヤ教徒はローマにたいする絶望的な反乱の道をえらぶことになるのである。

原始教団もある段階まで成長すると、ただちに分裂傾向が生じた。ヘレニスト・ユダヤ人のステパノを代表とする左派がユダヤ教、とくに神殿との絶縁を主張する。これがユダヤ当局の介入の口実となり、最初の流血の迫害が生じてステパノは殺された［使徒六・八〜七・六〇］。これが三六年ころのできごとだとすると、ピラトゥスはすでに失脚して総督は空位にあり、ユダヤ教内の瀆神裁判とはいえ、ステパノへのリンチ的な石打ち刑は、ローマ権力の関与外のところでおこなわれた。

教団のほかのリーダーはふみとどまったが、ほかの信者たちも迫害をうけ、イエルサレムから散っていった。そしてここからキリスト教の地域的拡大がスタートした。彼らはイエルサレムでは「ガリラヤ人たち」とよばれていたようだ［使徒二・七］。彼らのメッセージの中心は、真のイスラエルの群れとしてイエスの教えをまもり、悔い改めて神の国の到来をまつということであった。その到来は近いと考えられてはいたが、指導制がととのい、職務を分担し、内部規律も厳格にし（出すべき献金をごまかしたアナニヤ、サッピラへの死の罰！）［使徒五・一〜一一］、かつ伝道の計画をたて人を派遣するなど、教団としてのととのった行動には、それほどの神の国の切迫感はみられない。あるいは、ルカがこのような教団組織の動きを、早い時期におきすぎているのかもしれないが、伝道が積極的にすすめられ、一部の使徒の独断が先行したにしても異邦人の改宗を働きかけ、教団もそれを追認して彼らにはユダヤ的慣習を免除するなどの策をとったこと［使徒一一・一〜一八。一五・一〜二二］は、その後のキリスト教の歴史上決定的に重要であった。

まずピリポがサマリヤで洗礼活動をおこなう。ユダヤ人から異端視され、ギリシャ的でもないこの地域をきっかけに、彼はガザへもむかい、エティオピアの宦官《かんがん》に洗礼をさずけ［使徒八・二六〜三九］、ローマ総督の本拠であるカイサリアへも伝道した。そのあとを追ってペテロがサマリヤをまわり、カイサリア近くへもおもむいたが、ルダやヨッパなどというあまり知られないところにすでに「聖徒たち」［使徒九・三二］や「女弟子」［使徒九・三六］がいた。そしてカイサリアに駐屯していたローマ軍団の百人隊長コルネリウス（コルネリオ）を改宗させた［使徒一〇］。

原始教団はユダヤ民族の枠をこえ、イエスの世界をはるかにこえて伝道をおこないはじめたことになる。社会的には上層、富者、ローマ人の改宗が「使徒行伝」では特記されるが、多くの信者は中下層の人びとや女性たちであったろう。ただし、まだしばらくは、ヤコブが主導するイェルサレム教会の方針はユダヤ主義の温存であり、異邦人のむかえいれについては見解の対立もあった。しかしその間にもダマスコスや、大きなヘレニズム都市であるアンティオキア（アンテオケ）にも教会がうまれた。だれが伝道したのかは明瞭には知らされないが、このうちアンティオキア教会はのちパウロとバルナバの伝道の拠点となるほどに急成長してゆくことになる。

クリスチャンとよばれて

もう一つアンティオキア教会がはたした重要な役割は、この地でイエスをキリストと信じる者たちが「クリスチャン」（クリスティアノイ、ギリシャ語の複数）とよばれはじめたということである［使徒一一・二六］。一見なにげないことのようにひびくことだが、そのようによばれた背景を推測してみると、ことはそれほど単純ではなさそうである。

アンティオキアでは最初は、「弟子」あるいは「使徒」だけがそうよばれたのかもしれない。しかし記者ルカは、信じる者全般がそうよばれるようになったという意味で書いているように思われる。「クリスティアノイ」とよびはじめたのは、ギリシャ人かローマ人の非キリスト教徒であったと思われる。その原意はクリストス派、クリストスを頭にいただく人びと、ということになるだろう。この呼称が一般化するには時間がかかったかもしれない。それまで彼らはさきにみたように「ガリラヤ人」とよばれたり、あるいは「ナザレ人」たちとよばれていたかもしれない［使徒二四・五］。クリスティアノイとの新しい呼称は、まさに彼らの信仰の焦点、「イエス、救い主（クリストス）」に直接結びつく表現であった。新約においてこのほかの箇所でこのことばがもちいられるのはただ一ヵ所、パウロに弁明させたヘロデ・アグリッパ（二世。ヤコブを殺したヘロデ王〈大王の孫〉の子）が「おまえは少し説いただけで、わたしをクリスチャンにしようとしている」と答えたときのことだけである［使徒二六・二八］。

いずれにせよこの呼称によって、彼らの集団は明確にアイデンティファイされることになり、やがてこれが教会内でも確定した呼称となってゆく。しかし新約文書のなかでは「キリスト教徒」の自称として使われた形跡がなく、使徒教父においてもイグナティオスや「ディオグネートスへの手紙」にしかみられないこと、またなぜ「イエス派」（イエースーシアイ？）ではなくてキリスト派になったのか、など考えるべきところがあるように思われる。このことは「キリスト教徒たる名そのもの」という問題と重なるのでのちにまたふれることにしたい。

以上のできごとはだいたい紀元三〇年代末までにおこったことと思われる。イエス刑死後十年もたたないあいだの、この変化と展開はおどろくべきことといえるが、イェルサレムをのぞく各都市の教徒たちはまだごく少数で、ほんの数家族か数人というところが多かったのではないだろうか。そして四〇年代にはいってローマ皇帝カリグラとユダヤの関係が緊張したあと、ヘロデ大王の孫アグリッパ（一世）が領主としての支配域の拡大を認められ、王位をもゆるされて、おそらくこれと結んだサドカイ派の策動でイェルサレムのキリスト教徒が迫害された（四二〜四三年？）［使徒一二・一〜五］。

しかし、教会の三本柱も、パウロも、バルナバも生きのび、アグリッパがあたかも罰《ばち》があたったかのように急死して［使徒一二・二〇〜二三］、伝道は継続される。ただ異邦人への伝道については、ことにパウロら推進派の姿勢がユダヤの風習からの逸脱だとの批判をうけ、ヤコブが議長をつとめてイェルサレムで会議がひらかれた［使徒一五・一九〜二〇］。

ここではペテロ、バルナバがパウロを支持したこともあって、ヤコブは異邦人には割礼は不要とし、ただ「偶像に供えて汚れた物（を食べること）と、不品行（性的不道徳）と、絞め殺したもの（を食べること）と、血とを、避ける」［使徒一五・二〇］ことのみをもとめる、と裁定した。

原始教団の姿勢には、まだまだユダヤ教の色彩が色こくのこってはいるが、キリスト教の伝道の地平を教会みずからが拡大した意義は大きかった。ユダヤ教も異邦人への伝道に不熱心ではなかったが、律法の遵守をきびしくもとめたから、その拡大には限界があった。男子への割礼が、肉体的にかなりの苦痛をともなったことも障害であったろう。キリスト教は、その限界をこえることができることになったのである。

伝道者パウロ

「使徒行伝」一三章以下は、ほとんどがパウロの伝道の記述に費やされている。彼の時代にはあらゆる意味で地中海世界とキリスト教とがからみあうことになった。そのことは、彼の伝道が多くのギリシャ・ローマ都市におよんだということだけを意味するのではない。彼はディアスポラのユダヤ人として、小アジアのタルソスの市民の家にうまれ、その都市がローマ帝国によってえていた特権によって、うまれながらにしてローマ市民権所有者でもあった。

この市民権がいわば護符のようにパウロの身柄をまもる武器となるくだりは、「使徒行伝」に何ヵ所かしるされている［一六・三五〜三九。二二・二四〜二九。二三・二三〜三五。二五・一〜一二]。本来はテント造りの職人であったというパウロだが、若くしてイェルサレムにきて熱心に律法を勉強したらしいから、本業はどこまでつづけていたのかさだかではないが、コリントスでは同業者とともに一時働いたこともある。ともかくさして富裕とは思えない彼も、ローマ帝国の住民としてみるならば、数少ない市民権所有者の一人ということになる。一世紀なかばのローマ市民権者は、五〇〇万人から六〇〇万人くらいであり、この数字は妻子をふくむと考えると、全人口を六〇〇〇万人と仮定してそう誤りがなければ、市民権の希少価値の高さがわかるであろう。このようにみてくると、パウロは運命的にローマ帝国と都市の生活とに結びついており、キリスト教をそこに伝播させるべくあらわれた人物であったように思えるのである。

パウロは直接にはイエスを知らず、原始教会を迫害する立場から劇的な回心をとげて使徒の仲間入りをした人物であるから、はじめはかなりの不信、警戒、反発をかったと思われる[使徒九・一二]。しかしそのような彼の立場が、生前のイエスとのつながりによりかからない信仰を強め、イエスの受肉の意味を深く鋭く把握することを可能にしたといえる。また彼であったからこそ、前車のわだちのない異邦人伝道に邁進《まいしん》できたということだろう。

彼の信仰は、人間の罪の贖《あがな》いとしてのキリストの十字架と復活によるそこからの救いに収斂《しゅうれん》し、彼はイエスの処女降誕《しょじょこうたん》や奇跡などにはいっさいふれていない。たしかにパウロのパラダイムは、ナザレのイエスのそれとはかなりことなっていた。しかしここで性急に、キリスト教はイエスの宗教ではなくパウロの宗教だなどと評することはすまい。パウロの視座はまったく新しいものではあったが、パウロ以後の初期キリスト教は、彼のキリスト理解をイエスの福音の正しい解釈として、経典のなかにいれ、一つの信仰のうちに受容しているのである。イエスの存在だけでキリスト教が成立したのではなく、それはいくつかの要素、何人かの信仰者の働きと思想とが加わって形成されていったと考えるべきであろう。

田園のイエスと都市のパウロをあまりに対比させすぎるべきではないことはさきにふれたとおりだが、パウロはたしかに都市の生活しか知らなかった。旅を多くしたから、田園や自然にふれることも多かったろうが、伝道したことが知られるのは都市である。ギリシャの大都市コリントスでの滞在は長く、帝国の首都ローマでは、新約で知られるかぎり生涯の最後の二年間をすごし、またそこで伝道した。しかしピシディアのアンティオキアのようなそれほど大きくもなかったであろうし、かなり回り道になる都市へも足をはこんでいる。彼もことさらに都市をえらび田園をさけたわけではなく、すでにレールがしかれていた原始教団の伝道方向をまもり、そのなかで自分が働きやすい場所をもとめたのであろう。結果的にそれが都市中心の伝道となったというべきである。

彼はまた社会的な弱者に語り、彼らとまじわる人ではなかった。観念としては、女性についても奴隷についても信仰と救いへのまねきを忘れてはいないが、実際には、伝道した各都市ではその社会の比較的上層に属する人びととまじわったことがわかる。コリントスでは町の公職にあるエラストや、そこの教会の財政的支柱のような婦人フィベ、テアテラでは女性紫布商人ルデヤ、アテネではアレオパゴス会議のメンバー、また皇帝に仕える解放奴隷、エペソスのアシア属州会議議員にも親しい者がおり、キプロスでは総督セルギウス・パウルス（セルギオ・パウロ）にまねかれて語り、奇跡をしめして深い印象をあたえた。もちろん「使徒行伝」の著者ルカは、都市のエリートとパウロの関係をことさら強調して、異邦人とくにローマ人に興味と好感をあたえようとの演出をおこなっている可能性は十分にある。しかしすべてがフィクションとも思われない。パウロは、当時のエリートたちが好んで哲学者たちの訪問をうけいれていたならわしに応じたのかもしれない。そうはいってもエリートの数自体はごく少ない。彼が民衆をまえに説教したこともまたまちがいはない。

パウロは、ギリシャ人、ローマ人ら異邦人をも救いに導くということを第一の使命と考えた。回心するまではパリサイ派律法主義の熱心な信奉者であった彼は、根っからのラディカリストであったといえるだろう。回心後の彼の異邦人伝道の方針の主張とユダヤ教的キリスト教への批判のきびしさは、さきにもふれたヤコブ一派との論争にも明らかである。彼はついにはペテロにも批判的になり［Iコリント九・五］、旅にともなっていたヨハネを、理由はわからないが追いかえし［使徒一三・一三］、長年の同労者であったバルナバとも、マルコの働きをパウロが不満に思ったことから袂をわかった［使徒一五・三八］。

まだ教義が十分に固まらず、指導者に人を欠く初期的な教会ばかりの時代だから、イエスを曲解した福音の理解や、のちの教義から異端とみなされる方向への傾きもあちこちにみられ、パウロはこれらの傾向にたいしてはげしく攻撃し、アポロのような弱さのある指導者を叱責した［使徒一八・二四〜一九・七］。しかし、彼がかたくなな理屈家で孤立の道を歩んだわけではないことは、その書簡で多くの信者たちについて温かく言及していることからもわかる。既存の教会も、この尖鋭な問題提起者にして積極的な伝道家であるパウロを評価し、その福音理解を許容する柔軟さをもっていたのである。

パウロの伝道は古代世界の旅の記録の実例としても貴重である。ローマ帝国の統治のもとで、かつてないほどの旅行の安全さが保障された海陸のルート、地中海世界中に散在する都市を、彼は縦横に利用した。山賊・海難の被害は当時としてはやむをえないことである。キリスト教徒ゆえにうけた苦難は、ユダヤ人や異邦人による迫害であった。そこにみいだせる使徒と地中海都市との衝突は第二章のテーマとしたい。

パウロの方法

二つの点で、パウロの伝道を評価するさい留保すべきことを付け加えておこう。第一には、彼はきわめて広い地域に伝道をおこなったが、彼が足をはこんだほとんどの地域にはすでに信者の群れがうまれていたということである。彼が洗礼をうけたダマスコスにも、最初に宣教する任務をあたえられたアンティオキアにもイエスの弟子がおり、教会があった。キプロスやピシディアのアンティオキアにはまだ信者は一人もいなかったかもしれないが、ルステラにもコリントスにもエペソスにもすでに小さな群れがあった。

そしてイエルサレムで逮捕されたパウロが皇帝裁判への上告を申し立てて連行されたローマには、かなりの数の信者を有する教会があったのである。パウロはそのまえにローマのキリスト教徒にあてて長文の手紙を書いている。その末尾には、ローマにいる二六の信者名あるいは家の名があげられて、彼のあいさつをうけている。

彼自身が創建した教会というのは、新約文書にみるかぎりそう多くはない。パウロ自身人に洗礼をさずけることには禁欲的であったと述懐している［Iコリント一・一三〜一六］。要するにパウロの活動は彼より以前、地中海東方都市に散り、小さな教会をすでにつくっていた信者たちをたよっておこなわれたのである。彼はそれら信者の家を拠点にそれぞれの町で伝道し、そこの教会を信仰的に、また信者をふやすという形で具体的に強化してゆくという役割をはたしたといえるだろう。

第二は、彼が各都市で宣教をはじめるときには、そこにあったユダヤ教のシナゴグにいってまず語ることが多かった、ということである。サラミス、ピシディアのアンティオキア、イコニウム、テサロニケ、ベレヤ、コリントス、エペソスなどにその例がみられる。つまりパウロは異邦人伝道を最優先したわけではなく、まずイスラエル人、実際にはディアスポラのユダヤ人たちに福音を語ることから着手したのである。

異邦人への伝道はあくまでそれに付随しておこなわれた。ときにはエペソスやピリピのように、現地ギリシャ人の祭礼や占いにたずさわる者たちに危機感をおぼえさせるほどに、異邦人への働きかけが成功したところもあった。しかしアテネでは、異邦人から聴取されるという形の宣教しか知られておらず［使徒一七・一六〜三四］、それも不成功であった。教会のなかでは積極的な異邦人伝道推進派のパウロも、なおユダヤ教の伝統を無視できず、異邦人への伝道は一朝一夕にはすすまなかったことがうかがわれるのである。

パウロの役割は、また教会の組織とキリスト教礼典の確立という点でも評価されなくてはならない。彼は教会には使徒、預言者、教師がいてメッセージを伝える役割をはたし、彼らと教会、信者のために奉仕する執事、会堂管理者、通訳などがあるべきだとしるしている［Iコリント一二・二八］。パウロの活躍する以前から、使徒たちはほかの教会を応援し、伝道もした。教会指導者たちの会議や、天災にあった教会への献金、書簡による指示、はげましなどがおこなわれていた。

広く散らばっても一つの宗教であろうとし、同じ信仰や礼拝形式をまもり、相互に助けあうための努力は、キリスト教が最初からもっていた傾向であったように思われる。これはユダヤ教の継承であることはまちがいなく、古代地中海世界の宗教集団ではほとんど知られていないような特色である。パウロはこのような教会の組織化をいっそうのぞみ、ユダヤ的慣習のあるものを除去し、キリスト教独自の組織、礼典をつくろうとしたふしがある。彼のキリスト解釈には神秘主義的な部分もあり、のちのグノーシス思想との親近性すら指摘されるが、彼が書簡でもしるした、礼拝における聖霊をまねくことばや、キリストによる人類の罪の贖いをふくみこませた聖餐の式における用語などは、その後のキリスト教会の伝統となった。しかし、キリスト教が保持したこの密儀的要素は、地中海世界東方の密儀諸宗教と関係があると思われ、ほんらい密儀的要素の少ない宗教しか知らなかったギリシャ人やローマ人からは、疑惑の念をもたれる可能性がはじめからあったのである。

パウロはユダヤ教徒の手で、宗教上の反抗者、煽動者《せんどう》として捕らえられ、イエスの場合と同じようにローマ属州総督の所管にうつされて、ローマ市民としての権利を行使することになるのだが、総督フェリクス(ペリクス)もフェストゥス(フェスト)もパウロをただちに犯罪者とは断定せず、ユダヤ教側の内部の理由による騒動のたね、という風に考えていたかのようである。もちろんローマ当局としてキリスト教徒の迫害をおこなおうという姿勢もしめしていない。ローマの制度にのっとり、パウロの請求をうけいれて海路彼をローマに送った。それもかなり丁重《ていちょう》な扱いであった。

パウロはアカイアとキプロスの総督の知遇をえていた可能性もあるから〔使徒一三・七〜一二。一八・一二〜一七〕、フェストゥスもなんらかの配慮をせざるをえなかったのか、それとも総督にとってはユダヤ教内の紛争には事なかれ主義でのぞめばよく、パウロをユダヤから送りだすだけでよかったのであろうか。

ともあれときの皇帝は悪名高き暴君ネロであったが、ローマに到着したパウロの裁判にいっこう着手せず、彼のローマ伝道も黙認されていた。パウロのローマ入りは六〇年代のはじめと思われるが、その直後の六四年にローマで大きなキリスト教徒迫害がおこる。それまでローマ帝国についても皇帝の権力についてもなんら矛盾をおぼえていなかったパウロだが、その迫害で殉教したのかもしれない。キリスト教徒にたいするローマ帝国の認識は、その時点から確認できることになる。それは章をあらためてみることにする。

第二章　迫害の心性《マンタリテ》

1　迫害、その現実

キリスト教への改宗

イエルサレムの原始教団から主として東地中海岸の都市、西はローマまでの地域へのキリスト教の拡大はこのように急速なものであったようにみえる。たしかに伝播するのは早かったが、実際にはアンティオキアやコリントス、ローマなどの教会をのぞいては信者も少なく、いぜんとしてユダヤ教のシナゴグに出席しつづけるような状態だったろうし、「大」教会にしても独自の会堂をもつにはいたらず、有力な信者の家や都市郊外の特定の墓地でひっそりと集まり、聖餐《せいさん》をするような教会であったろう。ひとたびパウロなどの使徒の目をはなれると、使徒の敷いた信仰の道をまもりつづける力のない群れであった。

ユダヤ教徒のほうは帝国のいたるところにいる「顕著なマイノリティ」であったから、ギリシャ人、ローマ人の大半は、帝国当局もふくめて、しばらくはキリスト教徒の存在にそもそも気がつかないか、気づいていたにしてもそれを独立の宗教とは考えず、ユダヤ教内の一グループという見方をしていたと思われる。

しかしげんにユダヤ教徒からはじまって、異邦人、ギリシャ・ローマの都市市民からもキリスト教への改宗者はあらわれてきた。その動きは少なくともあともどりすることはなく、四世紀のキリスト教の公認の時代までつづいてゆく。ここの節では、そのようにして地中海世界の都市民が、それまでもっていた神々をすててキリスト教をえらんだ動機や状況について考えてみよう。

一世紀だけでなく二、三世紀までを視野にいれて、E・R・ドッズはこの時代を「不安の時代」とよぶ。古代都市文化が活力をうしない、外民族の侵入などによる混迷のなかローマ帝国はゆきづまり、税負担の増加などによって都市生活が圧迫され社会は身分差が明確に、閉塞的になり、人びとの心にも全体として不安が影をおとしていった。哲学者は観念的な絶対性のなかに神をみいだそうとし（新プラトニズム）、密儀宗教はエクスタティックな儀式によって永遠や来世を信じさせて人びとに魅力をあたえた、というのである。

地中海世界はポリスを模範、先進的、理念社会としていたにしても、ローマ帝国の時代に政治と制度そのものがかわってしまって、いわばポリスは帝国に管理されるものになった以上、市民たちの心性にもなんらかの変化が生じたであろう。宗教についても同じことがいえるだろう。

しかし、ローマに支配された各民族固有の文化も完全に滅ぼされ、管理されるようになったわけではなかった。東地中海からさらに東の地方や、エジプトには独特の宗教・文化の伝統がのこっていたのである。近年はこれらについての研究も深まり、ドッズの見方はやや一面的との観は否めなくなった。逆にこの二、三世紀を精神史的・宗教史的には不安ではなく、活力ある新しい動きの時代だったとする指摘もなされるのである。

このようにみてくると、一世紀における地中海世界のキリスト教受容についても、時代思潮の変化の説明によって一般化させて考えることはできにくくなる。あんがい現代社会、とりわけ明治以後の日本社会へのキリスト教受容の事例をさぐることが、古代地中海世界へのそれを考察するうえでは有効な類例をみいだす道かもしれない。それは著者たる私と読者との課題として、当面の新約・原始教会時代に即して考えてみよう。

さきにふれたように、地中海世界のエリートたち、富裕な貴族のみならず、残存する小王国の王たち（その一人がパウロを引見したヘロデ・アグリッパ）、総督たちは哲学者や修辞家をまねいて話を聞き、自分たちも論じることを好んだ。知的に訓練された彼らが、使徒の福音に魅せられることもあったであろう。パウロの贖罪《しょくざい》・救済についての論議は、一般大衆には十分理解できそうにない高度な論理をふくんでいたのはたしかだから、初期の改宗者はかなりのインテリ層であったはずだという学者もいる。

もっとも、コリントスのフィベやテアテラのルデヤら富裕な婦人たちが知的であったと断言はできないし、ましてや下層の民衆がすべて知的でなかったということはできない。パウロの話も福音書をよく理解している者にはむずかしすぎるというものではなく、またパウロよりわかりやすく語る使徒・教師もいたにちがいない。民衆が最初の教会でも、数的に多数であったことを疑う材料はない。ただ上層の人びとのなかにはあるいは享楽的《きょうらくてき》な生活にあきたりない人、高い地位にあるがゆえに課される重荷を感じている人がいたかもしれない。彼らが真に改宗したとき、使徒たちはイエスが富める若者に命じたようには「マルコ一〇・一七〜二二ほか」いわなかった。彼らは自分の富をすててすべてをキリストに捧げることではなく、その財産に応じて教会に捧げることをすすめられたのである。

パウロがまずユダヤ教徒に語りかけることからはじめたことをさきにみたが、同じギリシャ語を話すパウロにたいして、ギリシャ都市のシナゴグにつどうユダヤ人が好感をもつことは多かっただろう。まったくの異邦人よりも、ユダヤ人はパウロの説をよく理解できたはずである。逆に熱心な保守的ユダヤ教徒の場合には、異邦人よりも強い反発をおぼえたかもしれない。「使徒行伝」が伝える信者の増加とユダヤ人によるパウロたちへの迫害は、ユダヤ人のなかの二つの姿勢を反映しているといえるだろう。

一方、異邦人のなかでは、かねてからユダヤ教に親近感をもってシナゴグに出入りしていたが、割礼などのやかましい律法にさまたげられて改宗にいたらなかった人びとがパウロをうけいれたと考えられる。パウロの説教は、ときにシナゴグの外にもひらかれた形でおこなわれたから、それを耳にして改宗にいたった異邦人ももちろんいたであろう。

ややのちの二世紀末に書かれたといわれる外典「パウロとテクラ行伝」のテクラが、あくまで伝説上の人物だがそのような例をしめしている。イコニウムのオネシポロスというキリスト教徒で、その家を教会としていた人のところに寄宿したパウロがそこで説教したとき、近所の家の娘で許婚者《いいなずけ》もいたテクラがこれに聞きいり、ついに許婚者をもかえりみなくなり、改宗することになったのである。

これら一般異邦人は、どうしてユダヤ教やキリスト教の使徒たちにひきつけられたのであろうか。それについては個人的な条件や地域による宗教的雰囲気の特性などの要因もあって、いちがいにギリシャ・ローマの神々の人気の衰えによって説明はできない。地域によっては、伝統の宗教活動が古代末期にいたってもなおつづいているところがあり、ましてユダヤ教とキリスト教の神観やきびしい倫理が、頽廃《たいはい》したローマ社会の人びとの目にはきわめて新鮮ですぐれているものとうつった、と即断してはならない。むしろキリスト教をえらぶことは奇妙な迷信におちこむこと、と一般には考えられたかもしれないのである。

効能ある神

話を聞き、教義に納得して改宗するというのは、現代人にもよくわかるプロセスである。しかし、古代的特質による改宗の動機もよくみられたであろう。それは病気（ときには死）や悪霊にとりつかれた人、あるいはその家族が、ペテロもヨハネもパウロもごくあたりまえのようにおこなっていた奇跡と悪霊祓《あくれいばら》い（エクソシズム）によって癒《いや》され、それが改宗のきっかけとなるという事例である。もっともこのようなことは現代にもしばしばみいだされるし、ときには深刻な事態すらまねく例もあることは周知の事実である以上、古代に固有の前近代性ときめつけることはできないかもしれない。

現代よりもいっそう病気への恐怖とあきらめとが支配的な時代、霊的なものの影響力が広く信じられていた以上、この種のできごとの記述をただの空想としたり合理化させた説明を加えることには慎重でなくてはならない。アポロンの神託や医神アスクレピオスの癒しと同じように、キリスト教の使徒たちの奇跡も地中海市民にとってはげんに生じたこととうけとられていたと考えるべきなのである。

キリスト教徒の神はこの分野ではかなりの「効能」を発揮したと思われる。それはこの神だけの特性ではなく、他の神々の効能と競いあうものと信じられたのである。しかしこの面を強調すると、G・タイセンなどのようにイエスが治癒神《ちゆしん》とされ、原始教会は治癒を伝道の手段とし、奇跡をおこなうカリスマ集団として発展した、という説明になってしまう。私はそれは一面的すぎる考えだと思う。奇跡、エクソシズムはあくまで伝道に付随したのである。

新約中のこの種のできごとの記述では、奇跡にかなりの力点をおくルカの記述でも、つねに奇跡はそれをおこなう人物のコントロールのもとにおかれており、奇跡ののちの個々人の信仰が問題とされている。これは非キリスト教世界の奇跡の物語とはたしかにことなる点といえよう。われわれは使徒たちの奇跡の伝承について、弟子たちのなかに医者がいたとか、多くの場合病気は精神的なものからおこり強い影響力をもつ人物にふれればなおることは十分ありうるとか、そもそも使徒たちの前にもちだされる病気は古代人が霊的な原因によるとみなした病気で、なおさらそのような精神的な原因のものが多かった、などさまざまな「科学的」説明を加えようとする。ある程度そのとおりだった場合もあったであろうが、古代市

図2　太陽神キリストの像
ギリシャ神話の太陽神ヘリオスの馬車の上にたつキリスト。キリスト教と異教との融合の一側面をしめす。ヴァティカン、サン・ピエトロ聖堂地下墓所のモザイク。

図3　異教徒の生けにえの儀式
キリスト教徒はこのような儀式に立ち合うことにたえられなかった。

民が不思議とみたことは、そのようなものとして尊重することも忘れてはならない。

ともあれこのような効能によるキリスト教への改宗は、数的によくわからないが、げんにおこなわれ、それが噂《うわさ》となった相乗効果も無視できなかったと思われる。子どもが重病にかかる。隣家にキリスト教徒がいて、その紹介で使徒などに祈ってもらうとその子がなおる。母親をはじめとしてその一家が改宗にいたる、というプロセスが想像できるのである。

決断する女性たち

女性の、キリスト教徒にしめる多さは、いつの時代でもかわらなかったようである。たしかにさきのようなケースでの改宗は、女性にその事例が多いかもしれない。しかしギリシャ人の社会では、家庭婦人は家のなかにとじこもるならわしであったから、使徒たちの説教を聞く機会には、テクラのような偶然でもないかぎり、めぐりあいにくかったのではないかと推測される。

このことは奴隷についてもいえることで、農村で耕作に従事した奴隷はもちろん、町の家内奴隷でも自由にシナゴグや広場での宣教を聞きにゆくいとまはなかったようにみえる。少なくとも、人間の自由と平等をうたうキリスト教はまず奴隷から信者を獲得したという説はなりたたない。しかしわれわれはさきにもユダヤ人の女性が多くイエスにしたがい、原始教団にも女性の存在がめだつことをみてきた。ユダヤ人女性がギリシャやローマの女性よりも社会的に進出していた証拠はない。しかし実際には、女性たちは律法や慣習のもとめるところよりも自由に町へ出ていたのかもしれない。異邦人からの改宗者にも、はじめから女性は少なくなかったと思われる。それはキリスト教の殉教者伝や外典などからばかりではなく、小プリニウスやケルソスなどの非キリスト教史料が述べていることでもある。

したがって女性キリスト教徒の多さについては、二つほどの仮説をたててみたい。一つは、二世紀のケルソスが軽蔑《けいべつ》的に語るところだが、キリスト教徒は男たちからは隠れて、こそこそと女たちや子どもたちに声をかけ、われわれの神のほうがいいぞと誘い、男たちがあらわれるとぶつぶつ異教徒の悪口をいいながらそそくさといなくなってしまうという「オリゲネス『ケルソス駁論』三・五五」。キリスト教徒は、いうならば家庭訪問して伝道することがあったのかもしれない。

もう一つの仮説は、女性自体の帝政期の社会進出である。ローマではもともとギリシャにくらべれば、女性が外に出ることが多かった。夫とともにサロンの主役になったり、詩人や若い貴族のパトロンになったりする上流婦人がおり、中下層の家庭でも夫や息子の相談役になったり、あるいは夫を悩ますほどに行動的な妻たちがいたようである。

その程度のことなら、ギリシャ人の家庭も似たりよったりだったかもしれない。しかもローマでも男にいりまじって大胆にふるまう女性は揶揄《やゆ》や軽蔑の対象となってはいた。ただ紀元後、元首政がすすむにつれて家庭観や女性の社会へのかかわりも、徐々にではあるが少し近代的なものにかわりつつあったとはいえる。ローマ女性の「進出」はギリシャ女性の行動に拍車をかけたかもしれない。あんがいパウロたちが訪れた都市では町を自由に歩く女性たちが多くなっていたのかもしれない。

子どもたちへの福音の伝達はよくわからない。イエスが罪なきものの象徴とした幼子《おさなご》は「使徒行伝」では消えてしまった。教父の著作でも、比喩《ひゆ》でひかれるのは別として子どもへの言及は少なく、幼児への洗礼が話題になる程度で、わずかに三世紀のキプリアヌスに彼らの信仰についての配慮の文が知られる程度である。古代地中海世界全体に「子ども」の概念がきちんとしていなかったせいでもあろう。子どもはたんに小さいおとな、というにすぎなかったのである。

市民は多くうまれすぎたら赤子をすてた。それをひろって育て奴隷にして売る商売すらあった。子どもには古代はよい時代であったとはいえない。そうなるとイエスの姿勢は高く評価されてよいであろう。教父の著作のなかにも、ローマ社会の子捨ての風習にたいする非難がみいだせる。

もう一つ、売春婦へのイエス、そしてバプテスマのヨハネのいたわりが「使徒行伝」にはもちろん、原始教会・初期キリスト教の世界においてはまったく消滅する。売春宿を解放したり、彼女ら個々人に働きかけて改宗に導くといった挿話はいっさいない。逆にキリスト教文学のなかでは、処女キリスト教徒が迫害をうけて官憲から改宗（キリスト教をすてること）を強制されるときのもっとも恐ろしい脅迫は死刑ではなく売春宿に送りこむということなのであり、魔術師にしてグノーシスのシモンがともなっているのが売春婦ヘレナであり、それは彼らの堕落のしるしとキリスト教徒は考えたのである。このことは初期キリスト教が発展させた、肉体への嫌悪、性の忌避の傾向とおおいに関係があるであろう。

迫害原因論の決着

こうして徐々にその数をまし、いくつかの都市に拠点をもつにいたったキリスト教徒は、早い時期から、外部の人による攻撃・迫害をこうむっていた。それはじつはローマ帝国・属州当局による迫害ではなく、まずユダヤ教徒、そして都市の異教徒民衆によるものであった。ユダヤ人による迫害は「使徒行伝」に多くの例がしるされ、都市民衆によるそれとしては、たとえばエペソスの事例がやはりそこにしるされている。

ローマ皇帝ネロによる有名な迫害は、帝国によるキリスト教弾圧ではなく、ローマ市大火に付随して生じたできごとであり、迫害としては一時的で、ローマ市だけでのことであった。キリスト教徒への迫害は、ユダヤ人をもふくむ都市の一般市民が、キリスト教徒への憎悪から、都市役人や総督のもとへ彼らを告発する形で生ずるものだったのである。

ことに二世紀には、小プリニウスが属州総督として赴任したとき経験したように、小アジアでキリスト教徒が告発され、暴動的迫害をうける事例が多くなっていることがわかる。しかし、問題となるのは、なぜこれら市民がキリスト教徒を敵視するにいたったのか、またキリスト教徒の告発は法的にどうして有効であったのか、ということである。

モミリアーノという学者は、「ローマ人自身がなぜキリスト教徒を迫害しているのかよくわかっていなかっただろう」といっている。それはいささか極論だが、二世紀以後の迫害においては、「キリスト教徒はキリスト教徒だから迫害された」というのがもっとも真実に近いかもしれない。それほどに「キリスト教徒がなぜ迫害されたのか」という問題への解答は定めがたいのである。

しかし、当時のローマ人もギリシャ人も、問いただされればキリスト教徒はなぜ迫害されてしかるべきかについて、なんらかの答えを用意することはできただろう。それがキリスト教徒という「名そのもの」のあたえていたイメージである。それがどのようなものであったのか、を考えてみよう。

本題にはいるまえに、研究史をふりかえってみよう。モムゼン以来迫害史研究の主眼は、ローマ帝国がどのような法または法的権限によってキリスト教徒を迫害したのか、ということであった。キリスト教徒を特定しない、いくつかの法——魔術禁止法、新しい迷信や宗教を導入して人心をまどわすことを禁じた法、結社禁止法——のどれかによって迫害されたという説、ネロ、あるいは他の皇帝によって定められたキリスト教禁止法が根拠となったという説、ローマの裁判制度の柔軟さ、というより法整備の不十分さにより、裁判を担当する役人、とりわけ属州総督の大きな職権により、特定の法によらなくとも彼らの判断によってその都度迫害されたとする説、などがその代表的なものであった。

第一の説は、迫害史料のなかでそのような一般的犯罪禁止法にキリスト教徒が抵触したという記述がいっさいないために、いまでは支持者がいない。第二の、キリスト教徒禁止法の存在についてはテルトゥリアヌスに「ネロの規定」によってキリスト教徒が迫害されているととれる記述があることもあって、現在でも主張者がいる。この点にかんしてはバーンズが徹底的な史料検討をおこなって、その存在を否定した。私もその立場にあるが、そのさいには若干の注記が必要だと思う。

バーンズはローマ皇帝（または元老院も一、二度）がキリスト教徒に言及するか、迫害・寛容いずれかの措置をとったとしるす史料を、二五〇年のデキウス迫害より以前の事例について二三項をあげ、逐一検討した。たとえばさきにふれたネロの規定があり、二世紀はじめ、属州総督の具申にたいして、キリスト教徒であることを理由とする処刑を是認したトラヤヌスの回答、また、マルクス・アウレリウスが祭儀命令を出し、それによってキリスト教徒が迫害されたという言及があり、同じマルクスのとき、新しい指令が出てアシアではげしい迫害がおこったとか、コンモドゥス帝時代の殉教伝のなかで裁判官が、元老院が「名そのもの」を禁止する指令を出したと称しているとか、証例にはことかかないのである。

詳細ははぶくが、バーンズはこれらいずれもが、史料の潤色《じゅんしょく》や加筆によるものだとして、キリスト教徒を有罪と規定したり、迫害遂行を命じたような法はこの時代にはいっさいなかったと結論している。彼は、実際の迫害は属州総督の責任において遂行されることがほとんどであった、というふうに考えるから、この迫害根拠論の分類では（正面からそのように意識されているわけではないが）、さきにあげた第三の説の立場といえよう。

しかし、のちに見るとおり（八〇頁以下）、トラヤヌスはキリスト教信仰に固執する者は死刑としたが、改宗するなら許している。また民衆の無責任な匿名告発を拒んでいた。これもある意味では皇帝の指令である。そしてバーンズはこの「トラヤヌスの原則」は歴史的に確実なものと認めているのである。これを禁止法のうちに数えないのはおそらくこれが属州総督への限定された指令だったからである。この原則がそれまでの慣行を破る新しい内容であったのか、それともすでにあった他の皇帝による指令の再確認であったのかはバーンズも判断を留保している。

とはいえ、この原則はトラヤヌス以後、ハドリアヌス、アントニヌス・ピウス、マルクス・アウレリウス諸帝がそれぞれアフリカ、アシア、ガリアの属州総督にたいして発した、キリスト教徒の扱いにかんする指示においてきちんとまもられていることもたしかな事実として認められる。あえてキリスト教禁止法をあげるならば、このトラヤヌスの指令はもっともそれに近いものであったといえよう。それは発令後百四十年間、ローマ皇帝のキリスト教徒対策を規定したことになるからである。

非常に興味深いのは、「トラヤヌスの原則」はキリスト教徒を死刑とするという「禁止法」であったから、迫害の根拠となりえたはずであるにもかかわらず、キリスト教史料においてではあるにせよ、むしろ寛容策の根拠とされているということである。ハドリアヌスもアントニヌスも、民衆の熱狂的迫害によってキリスト教徒が告発されても受理してはならないと総督に指示しているのは、明らかにトラヤヌスの基本線をまもってのことと考えられる。

ローマ帝国は、全帝国を対象としたキリスト教禁止法などは制定せず、属州単位の行政レヴェルでの簡単な指示を出すにとどめ、キリスト教徒を犯罪者としておきながら、むやみな迫害を抑制する方針をとりつづけた。このことは、初期の迫害の展開における帝国＝皇帝のかかわりが消極的であったこととよく合致するのである。

すでにふれた迫害根拠法の論議も、そしてバーンズも言及しなかったことは、なぜキリスト教は禁止されたのか、さしあたりトラヤヌスはなぜ「キリスト教徒たる名そのもの」を犯罪としたのか、という観点である。しかしこのことについてもシャーウィン・ホワイトとドゥ・サント・クロワの有名な論争があり、迫害に言及するその他の書物もいずれにせよなんらかの見解を述べるところである。もっとも、だからといってあんがい決定的な答えが出されているわけではない。

シャーウィン・ホワイトは、小プリニウスが最初に処刑した属州人について、「かたくなな強情さ」は（信仰のなかみはともかくとして）死に値すると述べたことを重視する。キリスト教徒は信仰に固執し、改宗説得にがんとして応じず、反抗的・強情（コントゥマキア）であったために迫害された、というのである。この説はただちに不十分だとわかる。キリスト教徒がかたくなだということは、少なくとも最初のころの迫害では、彼らが逮捕され審問をうけてからはじめて明らかになることであって、まず彼らが告発され、逮捕される理由のほうが視野からぬけているからである。

これにたいしてドゥ・サント・クロワはその、キリスト教徒が反感をもたれ、迫害をまねきよせることになった理由をさぐろうとした。その指摘は、のちに本書でも論じる「名そのもの」に付されていたマイナス・イメージのいくつかを的確についている。彼は、キリスト教徒が社会にとけこまない集団で、ことに熱狂的なキリスト教徒の、殉教の死をのぞむおおげさな行動が一般の嫌悪感をひきおこした、といい、それらのなかでも教徒が無神論者であるとみなされたことが、もっとも重大な反社会性を構成したと主張した。

無神論はたしかに古代世界では、現代とことなり、市民たちに非常ないまわしさと危険を感じさせる考えであった。つまり市民たちは通例、自分たちの共同体は自分たちが礼拝する神（々）によって安んじて生きられるとの共通の意識をもっていたからである。古代世界において無神論者は、中世カトリック世界における異端や魔女のような存在であったといえるかもしれない。いずれにせよキリスト教徒があたえたイメージと無神論とは深く関係があると思われ、ドゥ・サント・クロワの主張は尊重されるべきである。それをふまえてもう少しあとにこのことを考えてみたい。

告発する民衆

初期迫害モデルからうかんでくる特質を考えてみよう。ネロの迫害ののち、皇帝と、属州における彼の権力の直接的代行者である属州総督が、一般民のあいだでキリスト教徒迫害の動きのない地域で迫害に着手した事例はない。それにこの時期の迫害はいたるところでおこなわれるものではなく、なにかの理由があって、ある時期、あるところではじまり、だいたいその迫害のおこった都市内でのことで、ほとんどは一ヵ月、長くとも一年程度で終結するのが共通する性格であった。

それに迫害されるのは、その土地のキリスト教徒の一部であり、ほかの教徒は迫害者のまえに姿をあらわして、逮捕された仲間をはげますこともでき、殉教してゆく仲間の記録をとるなど、自由なままで行動できる教徒がつねにいた。迫害がおわると教徒は以前と同じように礼拝をおこない、殉教した者のあとがまに新しい司教をえらんだりすることができたのである。護教論を著わしたり、その他の文書を書いた教父たちも多くは殉教などしておらず、逮捕すらされた様子もない。

さて、げんに生じていた迫害は大別して二つの形ではじめられるものであった。第一の形は、基本的に市民個々人のキリスト教徒への憎悪に根ざす告発行動による迫害で、これは都市の役人からだいたいは、ローマ市ならローマ市長官、属州なら総督のところにもちこまれた。プリニウスがまず出会ったのがこのケースであろうが、そのほかに、告発者が特定できる例は史料から多くはみつからない。

哲学者クレスケンスが嫉妬《しっと》によってユスティノスを告発したと伝えられる話は、そのとおりに事実と断定はできないとしても、そのユスティノスが、不道徳な夫が妻を告発した話を伝えている。やはりローマでアポロニオスという人物が彼の奴隷に告発されたことも知られるが、奴隷に正式の権利があったわけではなく、確実なことではない。しかしながら、小アジアや北アフリカなど、迫害が多かった地域では市民による告発は少なくなかったであろう。そのような行為の積みかさねが、ときにははげしい迫害へと爆発したのではあるまいか。

彼らがなぜ告発に踏みきったのかについてはなかなか一般化はできない。親しい人物が突然忌まわしい迷信にとらわれて、生活態度も一変して裏切られたような気持ちから告発したパターンなどの例もあったのはすでにみたとおりである。もっと個人的動機からはなれて、都市市民として、自分たちの共同体の神々を礼拝しないなどの、キリスト教徒の反社会的行動への一種の義憤にかられて告発するパターンもありえたろう。衰えたりとはいえ、古代地中海都市市民の意識はそのような面ではまだ健在であったことは想像できる。このことは、彼ら都市民がキリスト教徒についていだいていたイメージがどのようなものであったのか、という問題と深くかかわってくる。

第二の形は、いうまでもなく民衆が集団的にキリスト教徒への熱狂的な怒りを爆発させ、町中で彼らに暴行を加えたり、さらには家のなかからひきずりだしたりして、正式な告発文書も付さず、あるいは匿名の形ででも付したことにして町の当局者のところまで連行してつきだすという、文字通りの民衆迫害の場合である。ハドリアヌスとアントニヌス・ピウスが総督にたいして認めることを禁じたのがこの形の迫害であったが、スミルナでのポリュカルポス殉教のとき、メリトンが非難するアシアの迫害、そして一七七年ルグドゥヌムの迫害などにくりかえしおこったことが史料からしめされている。

民衆はキリスト教徒をつきだすにとどまらず、広場などで役人に教徒を予備審問させたりする。キリスト教徒のほうにも熱狂的なのがいて、かたくなな態度をとって民衆をいきりたたせるというケースも多い。そして巡回の時期がきて属州総督が審問をはじめる。その法廷はほとんどが都市の闘技場か劇場で、衆人環視のもとで教徒への一問一答がおこなわれる。総督の姿勢はのちにみるようにさまざまだが、キリスト教徒側からは暴徒に迎合したといわれるような手段をとる総督もいた。

ルグドゥヌムではとくにそのようで、不必要と思われる拷問もおこなわれている。処刑の方法を民衆がきめる例もある（ポリュカルポスの例）。多くの場合すみやかに処刑が執行される。民衆はかならず立会い、これを「見世物」として楽しむかのようである。このような迫害のパターンは二世紀の地中海世界東方や北アフリカの都市でグロテスクなまでに拡大し、頻発したようにみえる。キリスト教側史料の細かいところには、殉教者を美化し、迫害者の残虐さを誇張する傾向がもちろんみいだされるが、都市の民衆がこのような荒々しい集団行動をとること自体はキリスト教以外のことについてもしばしばあった。

たしかにローマ帝政期の都市民衆には、煽動《せんどう》にのせられやすく、乱暴におよぶ傾向はあったのである。とりわけ共同体の宗教、彼らが守護者と仰ぐ神々への共同体一致しての敬虔《けいけん》、というスローガンは彼らの真剣な同意をかちとるに十分なものであり、キリスト教徒が他人にあたえた、神々を礼拝しないというイメージは、教徒自身も認めるもので、民衆の迫害の理由の中心にこのことがあったことは否定できない。

また、スミルナやルグドゥヌムの事例ではそれぞれの都市の大きな宗教行事のときにあわせて公開の処刑や拷問がおこなわれ、この種の催しにつきものであったパフォーマンスの一つにそれらが組み入れられていたことも指摘できる。祭典は市民の楽しみであるとともに、同じ神々を仰ぎ、それに都市がまもられ繁栄していることを確認する共同体の儀式でもあった。もちろん楽しみを期待する昂揚《こうよう》した空気が何ヵ月もまえからその都市にはみなぎっていた。そのようなときに、その雰囲気になじもうとせず、通例祭典の準備にたずさわる、都市の公職につくことも拒みがちであったキリスト教徒にたいして、「愛国的な」市民たちが不信感をつのらせ、それが憎悪、迫害へと転じてゆくプロセスが想定されるのである。

ここでもう一つの、正式な形にあらわれない迫害がありえたことも考えなくてはならない。テルトゥリアヌスは息子がキリスト教徒になったら、非キリスト教徒であるその父親は彼を遺産相続の対象からはずしてしまい、また奴隷が改宗するとその主人は彼を追放してしまうと述べている〔『護教論』三・四〕。奴隷はこのようになかなかキリスト教徒になりにくい条件下にあったのだが、ピオニウスとともに殉教したサビナはこの実例をしめしている。彼女は女主人ポリッタから、改宗したのを理由に折檻《せっかん》され、しばられて山中に放置される経験をした。彼女はキリスト教徒に助けられ、ピオニウスのいる教会の一員として生活するようになり、のちに逮捕されたのだが、彼から名をテオドテと称して逃亡奴隷であることがわからないようにするよう指示されていたのである〔『聖なる長老ピオニウスとその仲間の殉教』九・三、四〕。カルタゴのペルペトゥアは赤子をだいて入牢したが、子どものために棄教をすすめるのは父親で〔『聖なるペルペトゥアとフェリキタスの殉教』三・一～三、五・一～五〕、夫の姿はない。彼女が改宗したことで不和になったのかもしれない。

また、非キリスト教徒アプレイウスの小説『黄金のろば』に、あるパン屋の妻は「ただひとりの神」を信じて他の神々をあざわらい、朝から酒をのみ、身持ちも悪く、ひどい女だ、という記述がある［九・一四］。彼女がキリスト教徒であったとの証拠はなく、ユダヤ教徒だったのかもしれないが、熱心なキリスト教徒であれば悪意をもつ者にはまさにこのようにうつったであろうことは想像できる。聖餐式や、教会における男女信者の交わりは十分な誤解のたねであったからである（第二章2節、第三、第四章で詳述）。

つまり日常生活のなかでキリスト教徒であるがゆえに家族、友人から悲しまれ、憎まれ、蔑《さげす》まれる人びとが少なからずいたはずだと思われるのである。ある程度は慣れとあきらめが生じて表面的には何事もなくすぎていても、その地域に迫害が顕在化したときにはキリスト教徒をかかえる家庭にはときに大きな悲劇がおこることになったであろう。

属州総督の責任

さてこのように三世紀なかばまでの迫害は自然発生的に、都市市民の側から行動がおこされて生じるのがほとんどであった。しかしげんに迫害となったときに、その遂行者として重要な役割をはたしたもう一方の主役は属州総督（ローマ市においてはローマ市長官）であった。皇帝も元老院も直接キリスト教徒裁判にたずさわった例はない。都市の二人役とか、市場の監督、参事会や属州議会議員、またその地に軍団が駐留しておればその将校などが、つきだされたキリスト教徒の審問をすることはあっても彼らには教徒に刑を科する権限はなかった。属州各都市を巡回する総督をまつ案件のなかにキリスト教徒問題が加えられたのである。総督は属州の秩序維持のために、非常に強い裁判権を行使できた。プリニウスの例からは、総督が皇帝に頻繁に具申し、その指示にしたがう姿が明らかだが、彼のようにいちいちうかがいをたてずに独断で統治しても皇帝から解任されたり、帰任後処断されたりしたという例はあまり知られない。総督にしてみれば、属州の安寧（サルス・プーブリカ）をまもるためにもっとものぞましい措置をとるということは十分彼の行動を正当化する名分となった。だからこそキリスト教徒迫害にみられる総督の措置は、峻厳《しゅんげん》と寛容の極端に分かれ、各皇帝のキリスト教政策をそれぞれ確定して年代をへるごとに変化してゆくさまを知るなどということはできないのである。

ハドリアヌスとアントニヌス・ピウスがトラヤヌスの原則をうけて、民衆暴動的な告発を禁ずる指令をくりかえしたのは、その原則をやぶる総督がいたことをしめしている。マルクス・アウレリウスの時代のスミルナ、ルグドゥヌムの総督、セプティミウス・セウェルス時代のペルペトゥアを処刑したアフリカの総督もこの原則を無視している。ところが他方で、一九〇年のアフリカ総督キンギウス・セウェルスは教徒に審問時の解答方法を教えて釈放させるように仕向け、二一〇年ころのアフリカ総督ウァレリウス・プデンスはキリスト教徒を匿名告発によるとして裁判せずに釈放した、とテルトゥリアヌスが伝えている。のちにながめる、異能の「キリスト教徒」ペレグリノスはハドリアヌスかアントニヌス・ピウスの時代にシリアで投獄されたが、教会では著名な人物であった彼を総督は結局釈放した。この総督のとき、ペレグリノスの牢にはほかのキリスト教徒たちが自由に出入りして差し入れし、礼拝すらおこなったようにみえるのである（第三章4節を参照）。

属州総督の自由裁量権の大きさは教徒に科された処刑方法の多様さに反映しているし、「名そのもの」を告白して処刑される者がいる一方で、釈放される者がいるという対比にもそれがしめされる。ルグドゥヌムの総督は皇帝の指示をえたのちに、ローマ市民アッタロスに野獣刑を科した。スキッリウムのキリスト教徒は下層民と推定されるが全員斬首刑であった。カルタゴのペルペトゥアは名門の出とあるが獣刑に処されている。ローマ帝国の裁判制度としては、ハドリアヌスのころからローマ市民権者の特権が一様なものでなくなり、元老院議員・騎士身分・都市参事会員たる市民（それに市民権はなくとも服属王国などの上層民）と、一般の平民市民、属州民とのあいだの刑罰の種類における差別が生じていたが、その趨勢《すうせい》とキリスト教徒処刑方法の多様さはあまり関係がないようである。

棄教しない教徒が釈放されているが、これも総督の判断により、またそれぞれの地方と状況により随意におこなわれて、きまった原則はなかった。殉教者は迫害後、教会において尊重され、彼らの聖遺物礼拝もはじめられた。しかし二世紀末から三世紀にはいると総督のキリスト教徒裁判の増加にともなって、捕らわれ投獄され、拷問もうけたが信仰はすてず、ただ殉教はしないで釈放される教徒もふえたようである。彼らは「告白者」（コンフェッソーレス）とよばれて、殉教者につぐ尊敬をうけた。一方、棄教者（ラプシ）も三世紀、ことにデキウス迫害以後アフリカなどで急増する。すでに二世紀のルグドゥヌムの迫害にさいしてもかなりの数の棄教者が出て、史料では侮蔑的にあつかわれている［エウセビオス『教会史』五・一・三二、四九」。

このような信仰の戦いへの称賛の空気はどこのキリスト教徒においても顕著だが、殉教者や棄教者を尊んだり蔑《さげす》んだりする教徒は、迫害においてもなんらその身に危難のおよぶことのなかった人びとである。三世紀のキプリアヌスの考えには、このような人びとを、潜在的告白者（スタンテス）とする見方がある。もし迫害にあっておれば信仰をまもりつづけたであろうと好意的に解釈される人びとである。もちろん全員がそうなるだろうとはかぎらず、ある意味では彼らは運のよい、多少無責任な教徒ということになるが、そういう教徒を自由にしてのこしていたのが初期迫害の現実なのであり、またそういう教徒がいられたからこそ、キリスト教は迫害の時代を生きつづけることができたのである。

このように初期迫害は展開した。確認しうる迫害は、時と所により頻度に偏差がある。エウセビオスはしきりに皇帝がかわると迫害の激化か寛容化があった、としるす。しかし、デキウスのときまでの迫害の本質がこのようなものであった以上、ネロのときを別として皇帝がキリスト教徒の扱いについて指示するのは一貫して受動的な姿勢からであり、彼らには意識的な迫害策も寛容策もあったわけではなかった。それだけ、キリスト教徒問題は帝国にとってまだ重要性もなかったともいえる。

しかし、キリスト教徒の側からみると、迫害はいつでも、まわりの市民の手でおこりえた。彼らは告発されうる存在であった。総督は裁量の幅をもってはいたが、迫害することは彼の任務のうちにあったことはたしかである。それでもキリスト教徒が礼拝し、伝道することは通常、それもほとんどのときには自由であった。この矛盾した状態がローマ帝国下のキリスト教徒のおかれた状態であった。

2　キリスト教徒とは何だったのか

迫害しない皇帝

皇帝ネロは結果的にキリスト教徒を迫害した。キリスト教徒が当局の手で捜索され、逮捕され、キリスト教徒だと告白したら処刑された。このことの史実性は疑えない。しかし、そのためにローマ帝国史の叙述をおこなう一般の書物などにおいてキリスト教徒迫害についての説明に事実誤認が生じたのではないかと思われる。その事実誤認とは、ネロを嚆矢《こうし》として代々のローマ皇帝は一世紀から四世紀まで迫害をおこないつづけ、キリスト教徒は多くの殉教者を出しながらこれにたえ、しかも「殉教者の血は種子となって」［テルトゥリアヌス『護教論』五〇・一三］勢力は拡大し、ついに勝利した、という通説にある。

時代の長さと地域の広さを考えると、ローマ帝国下の殉教者の数はそれほど大きくはなかったと思われる。二度の反乱を鎮圧されたユダヤ教徒の「殉教者」や、一世紀なかばローマのブリタニア制圧で大弾圧されたケルト人のドルイド教徒の犠牲者のほうが数は多かったであろう。

もっと重大な事実誤認は、皇帝がキリスト教徒迫害を命令して遂行させた事例は、このネロによる、放火事件関連による一件以後三世紀なかばまで一例もない、という事実が無視されているということである。二五〇年にデキウス帝が全帝国民に神々への祭儀を命令して、それを拒否したキリスト教徒が迫害された事件が帝国規模での、皇帝命令による最初の迫害であるが、これすらもキリスト教徒をはじめから迫害対象として特定していたわけではなかった。そのつぎのウァレリアヌス帝の迫害も宮廷内の教徒と教会聖職者のみを対象としていたから、結局、真正面からキリスト教の礼拝を禁じ、全帝国において迫害を遂行したのは、三〇三年のディオクレティアヌスの大迫害が最初だったのである。三世紀までの迫害については、帝国主導ではない、別の要素が働いていたのである。

ここではタキトゥスやスエトニウスよりもはるかに詳細で密度も信頼度も高い、非キリスト教徒側の迫害史料にふれておこう。それは、小プリニウスが小アジアの属州総督としておこなったキリスト教徒裁判にかかわる記録である。この文書については弓削達氏が懇切な分析と研究史の紹介をしているので、ここでは初期迫害史の再考という視点でのみ言及することにしたい。

さて、ネロの迫害からこの小プリニウスの証言があらわれる一一〇年ころまでのあいだキリスト教徒が地中海世界のなかでどのような位置におかれていたのかは、新約のなかの「ヨハネの黙示録」や、多分同じ一世紀末から二世紀はじめに書かれたクレメンス書簡、『ディダケー』(十二使徒の教訓)、「バルナバの手紙」などの使徒教父文書などから推測するほかはない。おそらくキリスト教は少しずつ改宗者をふやし、教会の学者(のちには教父とよばれる）たちが聖書を解説し、教会の規律をととのえる文書もうまれ、全教会は同じ信仰にたつべきだという考えも強くなっていたろう。ユダヤ的要素がなお大きかったことはすでにふれたとおりである。一方「ことなる福音」、すなわち異端的な主張も活発であり、主流派、結局はそれが正統派となってゆくが、それが意識的に確立する努力がはらわれ、異端への批判もおこなわれていた。要するにキリスト教はまだごく小さな群れのままではあるが、成長の歩みをつづけていた。四六時中迫害にみまわれるという状態ではなかったように思われるのである。

しかし、時と所により、ユダヤ人や都市民衆から攻撃されることはあった。ただ皇帝が迫害を命じた形跡は、ネロの横死後に登位したウェスパシアヌス、ティトゥス、ドミティアヌスそしてネルウァの時代を通じていっさいみいだせない。ドミティアヌス帝の時代、皇帝一族で執政官までつとめた人物やその妻たちが処刑・追放された事件があり、それがキリスト教徒迫害と解釈され、「ヨハネの黙示録」の記述とあわせてドミティアヌスがきびしい迫害をおこなったとされることがある。最近の研究にもそのような主張は少なくないが、私は、弓削氏やバーンズとともにこの皇帝による迫害はなかったと考える。キリスト教徒が帝国最上層に信者を獲得するにはまだ早すぎ、元老院議員たちはユダヤ人の風習にそまっていたとするディオ・カッシウスの記述を信ずべきだと思う。黙示録が反映しているのは、小アジアの民衆主導の迫害ではあるまいか。その小アジアに小プリニウスが派遣されたとき、キリスト教徒はまさに民衆たちから攻撃をうけていたのである。

小プリニウスの当惑

小プリニウスは新興の元老院家系だが、かなり富裕で豊かな趣味をもち、そして財務行政にすぐれた能吏であって皇帝トラヤヌスにおおいに信頼され、多くの都市が財政上の難問をかかえていた小アジアのビテュニア・ポントス属州に、従来の総督よりは一級上の資格で、いわば特命総督として派遣された。一一一年か一一二年のことである。彼は高名な博物学者プリニウスの甥でその養子であった。歴史家タキトゥスと親交があり、彼あてに養父プリニウスがヴェスヴィオ火山調査中落命した様子をつづった感銘深い書簡をのこしている。また彼はもう一人の歴史家スエトニウスのパトロン的人物でもあり、彼のためにトラヤヌスに特権の付与を願い出てやっている。小プリニウスが、キリスト教徒について言及したローマ最初の歴史家たちと、くしくも昵懇《じっこん》のあいだがらであったことは記憶しておいてよいであろう。

プリニウスは自分の書簡を一個の文学作品として編み、公刊した。赫々《かっかく》たる公職にあった人物が書簡を公表することはキケロ、セネカなどにならっての、プリニウスの名誉欲のあらわれであったろう。その書簡集が現存するおかげで、われわれはローマ帝政期の国制、政治、経済（彼は熱心な農場経営者でもあった）、それにローマ上流社会の生活の貴重な史料を手にしているのである。

その書簡集の第一〇巻のみは、彼の属州総督時代のトラヤヌスとの往復書簡を集めており、これだけでもローマ帝国の属州政策にかんする最良の史料である。その第九六の書簡がプリニウスが遭遇したキリスト教徒告発をうけての裁判の報告と彼の感じた疑問についての諮問、第九七の書簡がトラヤヌスの回答である。ここではその骨子だけを追い、ポイントとなるところだけを述べるにとどめよう。

属州総督は一種の首府のような都市を本拠に、いくつかの定められた属州内都市を順に訪れ、そこで彼をまっていてもちだされる諸案件を決裁してゆく。プリニウスの場合は皇帝にとくに命じられて調査し改革しなくてはならない都市があったようだから通例よりは多くの都市を訪れたかもしれない。

もちろん皇帝の意図に反したことはできないから、あたえられた指示にしたがい、むずかしい事例についてはいちいち皇帝の指令を仰がねばならなかった。しかし属州民にたいしては総督は絶対的権力をもち、皇帝権力を体現した。そしてげんにかなりの自由裁量権をも有していた。総督のまもるべき最大の義務が属州の公共秩序の維持であったことはさきにもみたとおりである。属州民としては地元で片づかない問題は、およそどんなことでも総督に裁可してもらおうとまちかまえていた。現実に都市の公共施設の建設や消防団の結成のようなことすら勝手にすすめれば皇帝からとがめられたから、それも当然である。ずいぶん能率の悪い方法ではあるが、若干の私設顧問団を同行させた総督は、山積する問題をさばきながら巡回の旅をつづけたのである。

アミススかアマストリスのどちらかの都市で、彼のところへキリスト教徒が告発されてきた。彼はこれを受理して審問をおこなった。被告への問いは「お前はキリスト教徒か？」という単純な、罪状認否であった。これにたいして自分はキリスト教徒だと答えた者にはローマの裁判のならわしにより、三度同じ質問をくりかえしたうえで、被告がローマ市民権者なら皇帝のもとへ送り（彼らがその後どうなったのかは不明である）、市民権をもたない属州民は処刑した。彼はこれら属州民の処刑については、彼らがなにを告白しようと、そのかたくなな強情さは罰するに値すると信じる、とやや言い訳めいた説明を付け加えている。

やがてキリスト教徒告発がふえてきて、匿名文書による多数の告発もなされるにいたった。プリニウスはそれらの被告について信者であると告白した者は当初の例にならったが、自分はキリスト教徒ではないと否認する者があらわれたので、この者たちには皇帝と神々の像に祭儀させ、釈放した。しかし、なかにかつてはキリスト教徒であったがいまはちがう、場合によっては二十年まえに信仰をすてたと称する者があらわれた。彼らもプリニウスの「祭儀テスト」をうけ、それをおこない、またキリストを呪った。

彼はそこで審理を中断し、その者らは勾留《こうりゆう》したまま、キリスト教徒の行動を調査してみた。その結果彼らは朝、集まって「あたかも神を礼拝するようにキリストを礼拝する」ほか、害のない食事をとる程度で、倫理的な約束事すらしていて、その集会すらトラヤヌス帝の結社禁止令以後はとりやめていることが明らかになった。彼はさらに、キリスト教徒の集団でなにかの役についている女奴隷を拷問して調べた。つまり、ローマ市民権者への拷問はよほどの重罪でなくては科してはならず、逆にいえば奴隷は当局としては便利な捜査の道具であったのである。その結果もキリスト教徒の犯罪行為はみいだせず、「度はずれた迷信」以外のものはなかった。

以上の結果をふまえてプリニウスは書簡を書いた。冒頭では自分はこれまでキリスト教徒の裁判に立ち会ったことがなく、キリスト教徒であるそのこと（「名そのもの」）が罰せられるのか、そのことに付随して彼らがおこなう悪事が罰せられるのか、どちらかわからない、と述べたうえで状況を説明し、悔い改めには赦《ゆる》しがあたえられるべきであろう、と諮問したのである。

これにたいしてトラヤヌスは全面的には回答せず、まずプリニウスの措置を是認し、キリスト教徒にかんしては定まった規定をあてはめることはできぬといったうえで、キリスト教徒の探索を禁じ、告発により裁判をおこなって、信仰に固執する者は処刑すべしとする。また、かつて教徒であっても信仰をすてて神々の（「皇帝の」とはいわず）像に祭儀したら釈放せよ、と命ずる。そして（さきにプリニウスの措置を是認したのと矛盾するのだが）匿名告発はいっさいうけつけてはならない、そのようなことは余の統治方針にふさわしくない、と宣言して回答をおえるのである。以上が書簡の概要であり、つぎにいくつかの問題点を考えてみよう。

「私はキリスト教徒です」

属州総督のところへキリスト教徒が、非キリスト教徒市民によって告発されてくる事例は

「使徒行伝」にもあった。しかしそこでは告発理由がはっきりしるされていた。「世界中のすべてのユダヤ人の中に騒ぎを起している」〔使徒二四・五〕というように社会的騒乱を示唆するか、「律法にそむいて神を拝むように、人々をそそのかしている」〔使徒一八・一三〕というように宗教規範の逸脱を示唆しており、キリスト教徒の「犯罪」は具体的にしめされていた。

それにたいしてプリニウスのところへビテュニアの都市民（ユダヤ人ともギリシャ人とも明記されていない）は、「何某はキリスト教徒である」とのみ申し立てて告発してきたと思われる。プリニウスは最初の審問にさいして被告にそのことしか確認していないからである。ここにいささか聞き慣れないことばだが、キリスト教徒たる「名そのもの」が、告発理由となっている事実がみいだされる。これはキリスト教徒迫害史上もっとも注目すべきポイントである。明らかにプリニウスの総督在任の時代、キリスト教徒は使徒の時代ともネロの時代ともことなる状況におかれていることになる。そして皇帝トラヤヌスは、まさにそのことを確証しているのである。これよりのちの殉教伝にみられるキリスト教徒裁判の記録において、いちばん重要な罪状認否と判決のパターンはどの場合でもほぼ同じである。ちなみにいくつかの、二世紀以後の事例を紹介してみよう。

一五〇年代、ローマのユスティノスの殉教伝では、「（警視総監）ルスティクスはいった。『それでは、お前はキリスト教徒なのだな』。ユスティノスは答えた。『はい、私はキリスト教徒です』。」〔『聖なるユスティノス等の殉教』三・四〕。ややあとのスミルナのポリュカルポスの事例では、審問をおえて総督は「競技場の真ん中で三度も、『ポリュカルポスは自分がキリスト教徒であることを認めた』とふれさせた」〔『聖なるポリュカルポスの殉教』一二・一〕。二五〇年ころやはりスミルナのピオニウスの事例では、同様に「こうして書き板から判決文がラテン語で読みあげられた。『ピオニウスはみずからキリスト教徒であることを公にいいあらわしたので、生きたまま火あぶりにするよう命令する』。」〔『聖なる長老ピオニウスとその仲間の殉教』二〇・七〕。

このほかにいくつかの例が指摘できる。殉教伝の史的価値については、従来よりクノプフとクリューガーの版などによって選別されている三〇編ほどの伝記がけっして空想上の産物ではなく、実際の裁判の記録をかなりよく保存した信頼にたる史料であることは、教父学者・歴史学者が一致して認めるところである。その殉教伝にしるされたキリスト教徒の犯罪理由は事実とすべきであろう。

その殉教伝にさきだつプリニウス書簡が、「私はキリスト教徒です」という告白をただちに有罪とした、それもネロのときのような異常事態のもとでなく、正常な裁判手続きによっておこなわれた、知られるかぎりでの最初の裁判の事例なのである。小アジアの一般市民が同じ都市の住民をキリスト教徒だというだけの理由で告発したからには、そのことが犯罪として十分になりたち、当局に受理されるという確信があったからである。では、いつどのようにしてキリスト教徒は処刑される犯罪者だという観念が帝国住民に知られ、彼らを告発する行動が一般化してきたのだろうか。それはネロよりのち、この二世紀のはじめまでのあいだのことであり、古代地中海世界におけるキリスト教徒の存在という点ではきわめて重要な問題であるが、明瞭な確証はなく、まったくの推測をおこなうほかはないのである。

福音書のなかですでにイエスは、「わたしの名のゆえに」苦難をうける弟子たちのことを予言しており［マルコ一三・一三。マタイ二四・九］、キリスト教徒の側はこの言い方を自分たちのうける迫害について好んでもちいた。もっともユスティノスもテルトゥリアヌスもキリスト教徒はなんら犯罪はおかしておらず、「名そのもの」による迫害は不当だと論じている。これにたいして非キリスト教徒のなかには、完全に反対の見方をする者がいたわけである。

彼ら異教徒にとっては、あいつはキリスト教徒だというのは、あいつは強盗だというのと同じ意味をもっていたのである。しかしキリスト教徒を告発した者たちも、なんらかの先例を知っているなり、教えられるなりしないかぎり告発には踏みきれなかったと考えられる。その最初の事例がいつ生じたのか、仮説によるほかはないのである。

ある人は、ネロの迫害が「判例」となり、放火とは無関係でもキリスト教徒は死刑、という観念が帝国民に定着した、と考える。首都ローマでのできごとだけに、たしかに有名なこととして記憶された可能性はある。また他の人は、皇帝に上訴したパウロが実際にネロの裁判をうけて、理由はわからないが処刑され、その裁判に関与した高官がのちに総督などになり、これにならってキリスト教徒裁判をおこなうようになって、名そのものの有罪が確定した、という。後者はフォックスの説であるがあまりにも空想的と思われ、ネロの迫害に根拠をみるほうがまだ蓋然《がいぜん》性は高いように思われる。

このほか、フィッテイングホーフは、キリスト教徒という、アンティオキアで非キリスト教徒によってもちいられはじめた呼称は最初から、死刑に処された人物を神と仰ぐ、それ自体犯罪的な人びと、という意味をもち、発生と同時に呼称がすぐ犯罪を構成するものと認識された、と考える。これもいささか技巧的すぎる解釈である。「名そのもの」にはやはり、その名をもつ者の考えやおこないが忌まわしい犯罪であるという具体的な認識が付け加わって、悪しきイメージとして定着してゆくと考えるほうが自然である。

さて、そのようなイメージをネロの時代のローマ市民たちも、ややぼんやりとではあれすでにいだいていたであろうことはさきに推測した。したがって、大火事のあとのネロのキリスト教徒迫害はたしかに先例となって、以後プリニウス書簡出現まで五十年のあいだに、個人的にキリスト教徒を告発する者、そしてそれを受理して教徒を処刑する役人がローマ帝国のどこかにあらわれた、ということはたしかであるが、それ以上のことはいえないのである。

プリニウスは、キリスト教徒をあつかう裁判（彼は正式の法廷という用語を使っている）に立ち会ったことはないといっているが、それがすでにおこなわれていたけれども、たまたま自分はこれまでの官職キャリアでは経験しなかっただけだ、という意味なのであろう。ともかく彼は最初の段階で躊躇《ちゅうちょ》なく、キリスト教徒であることを認め、それを撤回しない者を処刑している。彼がなにかの先例を知り、それが当然だと考えていたからであろう。

しかしその先例はそれほど多くなかったのか、ともあれキリスト教徒がどんな連中であるのかの情報を彼は十分にもっていたわけではなかったようだ。嫌疑を否定する者があらわれてから、彼はキリスト教徒について調べ、その結果をはじめて知ったようにしるしているからである。否定した者は釈放するという先例はあったのかもしれないが、そこまで踏みこんでキリスト教の内容について調べたり、祭儀テストで棄教の真実性をたしかめたり、あらためて皇帝の意向をたずねたり、という方針は、彼が総督としては最初に思いついたものかもしれない。

古代市民的な犯罪観

少なくともプリニウスが依拠しうるキリスト教徒禁止法のようなものはなかった。したがって、プリニウスがとった措置とトラヤヌスの指示は、以後イタリアや属州で同様の告発が生じたときの各総督たちのたしかな判例となっただろう。しかし、トラヤヌスがあたえたキリスト教徒の取扱いの指示はじつに古代地中海世界的であって現代のわれわれをおどろかせる。彼はキリスト教徒であると告白する者の処刑を命じている。「名そのもの」ははっきり死刑犯罪と認定されている。つぎに匿名告発をうけつけるな、というのは現代人にもよくわかる（プリニウスはおそらくはじめはこれを採用し、その文書に記載されていた人物の逮捕にのりだしたと想像される。匿名文書によったのだから被告をつきだしてきた人物は特定できなかったであろうから）。ところがトラヤヌスは、正式なキリスト教徒への告発があってからはじめて、法廷の場で教徒の嫌疑をうけた者を裁けというのである。そして告発がおこなわれないかぎり総督はたとえキリスト教徒が犯罪者であっても、捜索し逮捕してはならないと命じられる。

このことが現代の法の感覚では理解できないことであり、それは、かつてキリスト教徒であっても、信仰をすて、そのことを証明した者は釈放されるべしという、プリニウスの具申を承認した事項も同様である。もっともいま、後者についていうならば、少なくとも「名に付随する犯罪」が存在しないことはプリニウスの調査で明らかになった。トラヤヌスもそのことは否定していない。

だからキリスト教徒であれば処刑されるということは、キリスト教の信仰そのものが犯罪だと規定されたことである。そのうえで、悔い改めれば無罪放免というのだから、これは思想裁判にほかならず、現代社会でも例のないことではない。かつての日本における共産主義者などの事例も想起される。まさに初期教会でもテルトゥリアヌスがこの矛盾をついている。「名そのもの」が死に値するのなら、それをすてたにしても過去の犯罪はのこるはずではないか、と彼は批判するのである〔『護教論』二・一七〕。

しかしこれはテルトゥリアヌスが現代的すぎるのであって、古代世界の論理としては棄教者の釈放も、そして犯罪者を当局が探索しないことも、けっして不思議ではなかった。ギリシャのポリスもローマも、成文法成立以後の時代でもずっと、一族内や私人間の争いごとは、たとえ殺人であったとしても当事者間の解決にゆだねられていた。そもそも古代都市には検察の制度はもちろんなく、警察も十分に機能してはいなかったから、市民は自分がこうむった被害を自分が申し立て、被告を特定して、ときにはみずからの手で引き立ててゆかなくては、泣き寝入りになるのはあたりまえであったのである。よほどの犯罪、たとえば国家転覆の陰謀のような事件には役人や皇帝側近が捜査し逮捕することはあったが、その他の殺人も強盗も告白まちという点ではキリスト教徒の件と同じであった。

ちなみにキリスト教徒であることが即死刑、ということからこれを相当の重罪とみなすべきではない。まだローマの刑法は原始性をのこしており、刑罰は徐々に複雑に、犯罪の軽重に応じて多様になりつつはあったが、刑はきわめて単純でほとんどの犯罪は死刑か追放、鉱山労働であった。懲役に段階をつけるという発想はまだなかったのである。

これを補うように、総督たち裁判官の判決の自由裁量権がきわめて大きかったことも忘れてはならない。棄教者に課された祭儀テストなどは、むしろ裁判官による温情措置として以後もちいられるのはその一つの例である。

話が横道にそれたが、告発があってはじめて犯罪捜査がおこなわれるという慣行は、古代市民の独立的、積極的生き方が尊ばれた一例ということができよう。しかし、ローマ帝政期には皇帝が都市を支配する君主政にかたむいてゆくから、市民の生活をしばる法律は皇帝によって定められていった。検察機能をもかねる皇帝の役人の数もふえていった。それでも、ことに五賢帝の時代などは都市の伝統的な慣習はある程度は尊重されたから、トラヤヌスのキリスト教徒にかんする指令にはそのことも反映していると考えられるだろう。

察するところキリスト教徒はだれもかれもが告発されたわけではなかったようだ。すべての市民が告発者になったのでもあるまい。なぜ、ある非キリスト教徒はあるキリスト教徒を告発しようと思うにいたったのか。またなぜキリスト教はそのように告発されうる犯罪ときめつけられたのか、それらのことは少しあとでふれることにしたい。

以下プリニウスのとった行動について注目すべきことのみを指摘しよう。まず彼がキリスト教徒について調査した結果わかったことのなかで、キリスト教徒は「キリストに、あたかも神にたいするかのように賛歌を捧げる」と特記していることである。ここにはプリニウスが、キリスト教徒は神を認めない無神論者だという非難を耳にしていたことが反映しているのかもしれない。彼はこの報告で、キリスト教徒の無神論の疑いはない、といいたかったのではないだろうか。

つぎにやはりその報告で彼が、キリスト教徒の食事について害のないものだと強調していること。彼は教徒がいかがわしいもの、つまり人の血や肉を飲み食いするという非難をも知らされていたから、教徒のごくふつうの食事を新事実のように思ったのかもしれない。教徒たちの約束事が倫理的であった、と書いているのも同じ背景でのことかもしれない。これらのことは「名そのもの」のあたえていた犯罪のイメージと関係し、のちにまたふれることにしたい。彼はまた信仰を否定した者に皇帝と神々の像に礼拝させ、祭儀させ、そしてキリストを呪わせている。このテストはこれよりのちのキリスト教徒裁判にはかならずといってよいほど多用され、史料ではこれを拒んだ教徒が殉教することになるが、現実の裁判においては「無実の」被告が嫌疑を晴らし、かつ命が惜しいキリスト教徒には釈放の機会がえられる、便利な手段であった。さてこの有効な手段はプリニウスの発案であったのか、先例があったのかはわからない。ただプリニウスがキリスト教徒というものはなにをさせられるのをいやがるか、ということをよく知っていたことはたしかである。

最後に小アジアのこの地域の広い社会層に、都市にも田園にもキリスト教が進出している、としるしていること。プリニウスは近年、古いギリシャ・ローマの神々の礼拝が復興しており、棄教者をゆるせば、いっそうそうなるだろう、という見通しで論じているので、キリスト教の浸透の記述は少し割り引いて考えるべきかもしれないが、ある程度の進出の事実をしめしてはいるだろう。小アジアはのちのち熱狂的なキリスト教徒を多く輩出し、異端運動もさかんな地として知られるのである。

さてこのようにして二世紀のはじめ、キリスト教徒はローマでも属州でも地方当局そして皇帝からその存在を認知され、かつ帝国の公式見解で犯罪者とみなされていること、都市の市民たちが彼らを告発する形で迫害をおこなっているという事実がはっきりした。つぎに、彼らがそのような状況におかれるにいたった理由に目をむけてみることにしよう。

ドルイド教徒の先例

ローマ人もギリシャ人も宗教には比較的寛容であったといわれる。たしかに彼らは外国人がそれぞれの神々をもつことを理解し、それらを自分たちの神々の群れにいれることをふつうにおこなった。これにたいしてユダヤ教は他の神々を認めなかったのだが、これはいちおう公認された宗教であった。だからこそキリスト教のおかれた位置は独特であった、といわれるのである。しかし、そのローマ人が異民族の、彼らが新しく知った神々に寛容であるのは、それらが自分たちの神々の観念と社会とに適合的か、役にたつことを、そしてかりに役にはたたなくとも、(ユダヤ教の場合のように) それなりの古い伝統をもつことを彼らが納得した場合にかぎられていた。

もともと地中海世界各地には、ローマ人の知らない、ギリシャ神話にもはいっていない神々がたくさんいた。ローマの支配がひろがるなかで、これらの神々を奉じる祭司たちは、自分たちの神々はじつはギリシャ人やローマ人の神々と同じ神々であって、ただ名前がちがっていただけだと称して、ローマの宗教体制にいれてもらうことも多かった。小アジアのユピテル・ドリュケヌスなどがその例である。またローマ人が有力な神とみれば、そのままその神がむかえられた。前二世紀にギリシャ世界から導入されたアスクレピオスや小アジアの地母神キュベレ、帝政期に皇帝、兵士が崇拝した東方の太陽神ミトラスなどがそれである。このようなことがなければ、ローマ人は異民族の信仰を宗教とはよばず、迷信とみなし、それらがなんらかの密儀的祭礼をともなっておれば魔術とよぶこともあった。迷信も魔術もラテン語では犯罪に等しい意味をもった概念であった。

ローマにおける宗教弾圧の事例として、前一八六年におこったバッカス祭儀信者団の一網打尽の逮捕・処刑事件があげられる。元老院議員、その妻ら上層市民をふくむ多数市民が夜の集会で淫行にふけり、かつ政治的陰謀をもたくらんだとして、元老院の命令でおこなわれた弾圧であった。ポンペイ遺跡の秘儀荘の壁画にもえがかれている、そしてギリシャ悲劇の題材ともされたこの祭礼はたしかに一般社会の眉をひそめさせるものであったようで、あるいはキリスト教が社会にあたえていたイメージに近いものをもっていたかもしれない。ただこの事件のあと、バッカス信者は古くからある祭壇でならば礼拝をつづけてもよいと元老院からゆるされた。その点でこれは古い伝統をもつと認められたユダヤ教に似た扱いをうけたとみなされる。ユダヤ教はキケロなどからは迷信と軽蔑されていたのだが。

　またガリア、ブリタニアにいたケルト人の民族的宗教であったドルイド教にたいするローマの扱いが、キリスト教徒対策の先例として参考になるかもしれない。イケニ族の女王ブーディッカたちが奉じていたのが、このドルイド教であったといわれ、彼女らはローマ元首政期、ブリタニアのローマの軍事力による属州化政策に徹底抗戦して滅ぼされた。そういうできごとのあと、その属州化に成功した元首クラウディウスがある日ある騎士をまねいた。しばらく彼と対話していたクラウディウスは、この騎士が胸にドルイドのお守りを下げているのをみつけてただちに彼を処刑した。大プリニウスが伝える話である〔『博物誌』二九・五四〕。つまりドルイド教徒であることは死刑に値したのだ。

　ドルイド教はローマに反乱した民族の宗教で、魔術や人身御供をおこなうと元首政期のローマ人は信じるようになっていた。共和政末期には、カエサルやキケロの知己となったガリア人ディウィキアクスのようなドルイド教徒もおり、樫の木を聖木と崇《あが》め、牛をほふる儀式をおこない、賢者とよばれる祭司をもったこの宗教は、ユダヤ教のように反乱後も公認の地位をもらえず、キリスト教徒のように、帝国から直接迫害の手をくだされることはないという幸運もえられなかった。ローマへの反乱を契機に、「ドルイドの名そのもの」（「ドルイド」自体は「樫の知恵」「深い知恵」を意味する語からきているという）がいまわしいイメージをもつとみなされ、教徒は根だやしにされたのである。

「名そのもの」の烙印

すでに何度も出てきたこの「名そのもの」について、キリスト教徒のそれのもった意味を考えておこう。「キリスト教徒である」との自白だけで、いっさい調査もなく処刑されるのは不当である、キリスト教徒は犯罪を犯しておらず、そのことは調べればわかることである、という反論はすでにユスティノスが、ある婦人をキリスト教信仰に導いたために、その夫から婦人と共に告発されたプトレマイオスという人物にあたえられたローマ市長官ウルビクスの判決にたいしておこなっており、その弟子のタティアノスも、アテナゴラスも、そして先述のテルトゥリアヌスも同じ不服を申し立てている。しかし地中海世界の市民たちも総督たちも、キリスト教徒がどういうものを信じ、なにをする連中であるのかについてまったくなんの知識も、具体的なイメージももたないで、ただ名前だけから反射的に告発したり死刑にしたりしたわけではない。教父たちは明らかにことを単純化させすぎている。

小プリニウスの書簡にもう一度もどってみると、そこにいささかやっかいな問題があることに気づく。プリニウスは「キリスト教徒たる名そのもの」と「名に付随する犯罪」のどちらが罰せられるのだろうと、まず皇帝に問うた。そのまえに彼はキリスト教徒だと告白しつづけた者は処刑している。その処刑のあとでキリスト教徒の行動を調べたら犯罪にあたる行為はないことがわかり、「度はずれた迷信」であることははっきりした。プリニウスは先走ってキリスト教徒を処刑したことを後悔し、「名そのもの」もいっさい犯罪ではないと考えて、キリスト教徒を無罪にしてはどうか、と皇帝に具申した、ととる学者もいるのであるが、彼の書簡末尾の皇帝への具申では悔い改めた者への赦しだけが諮問されているのであって、プリニウスがキリスト教徒を有罪と考えていたということはそのままとるべきであろう。

いずれにせよ「名そのもの」とそれに付随する犯罪とを分けて考えたのは、彼がはじめてだったのであろうが、トラヤヌスは有無をいわせず「名そのもの」を死刑とし、プリニウスのこの弁別はさしあたり意味をうしなったと考えるほかはない。もっともトラヤヌスはプリニウスが調査し、発見した、「名に付随する犯罪」はない、という報告を否定しているわけではない。だから彼の簡潔な指示からは、少なくとも「度はずれた迷信」であるキリスト教の「名そのもの」が犯罪と定められている、ととるべきであろう。さきの教父たちの反論もだからこそなされたといえるかもしれないのである。

プリニウスがたどりついた、「度はずれた迷信」とはどのようなものだったのかは、残念なことにわからない。彼の友人のタキトゥスとスエトニウスがキリスト教を評していった「迷信」という概念にこめられていたイメージと、プリニウスのそれは、後者が調査してわかった分だけことなるものになったと考えられる。しかしここではもうこれ以上プリニウスの「迷信」のなかみをさぐる手立てはない。

ただ、参考になる事例をあえてあげるなら、かつてパウロがアテネのアレオパゴスで弁舌をふるったとき、話がイエスの復活のところにいたると、アテネ市民が嘲笑《ちょうしょう》して、もうこれ以上聞く必要はないといったこと［使徒一七・三二］、ユダヤ総督フェリクスもパウロに話をさせ、正義・節制、そして未来の審判について聞くうちに不安になったとされること［使徒二四・二四、二五］、つぎの総督フェストゥスも同様に、キリストの苦難とよみがえってのちの人びとへの宣教の話にいたって、大声でパウロをさえぎったこと［使徒二六・二四］、などが想起される。プリニウスも福音書の内容をある程度知り、復活のことなどを度しがたいこと、狂気のさた、とうけとったのかもしれない。あるいはまた、告白をすてない教徒の「かたくなな強情さ」を、皇帝と神々を拝まぬ行為に結びつけ、それを「迷信」のなかにふくみこませたのかもしれない。

しかしわれわれはたぶん、良心的に考えすぎたプリニウスにつきあいすぎたように思われる。彼がキリスト教徒裁判に立ち会うまえに、すでに市民たちがキリスト教徒を告発することがおこなわれ、名そのものによる処刑がどこかの総督たちによっておこなわれていたことはまちがいない。そのような告発をおこない、あるいは集団でキリスト教徒を攻撃する市民たちは、もうはっきりとした、キリスト教徒についての敵対的なイメージをもっていたからこそそうしたのであろう。それは、プリニウスならよく調べて確証をえようとしたのだが、民衆たちとしてはその必要はなく、一度キリスト教徒はこうだと教えられたら、告発するに十分だと考えたのであろう。そのような考えを非キリスト教徒にあたえたイメージをもっと具体的に史料からさぐりだしてゆこう。それはなかなか複雑な要素をもっていたようである。

3 「キリスト教徒たる名そのもの」

無神論の徒

プリニウスは、キリスト教徒という連中は神を拝まず、ひそかに集まっていかがわしい行為をしたり、不穏なことについて密談したり、怪しげなものを食べたりする、という予備的知識を吹きこまれていた可能性があることはさきに述べた。もう一つ推測するなら、彼はまた教徒は夜中に集まり、ふとどきな結社をつくっている、という噂も耳にしていたかもしれない。ローマの歴史では、夜の集会はしばしば不穏な事件と結びついていた。十二表法が夜の集まりを禁じており、バッカス信者もそのことを問題とされた。陰謀をキケロにあばかれたカティリナ一派は、夜集まり、血をすすって誓いをたてていたとされている。プリニウスがその報告のなかで、教徒は夜明けに害のない集まりをした、と述べているのはそのような噂を知っていたからかもしれない。

さて二世紀の教父や護教家たちがキリスト教徒攻撃にたいして弁明するさいの表現から、

彼らにあびせられていた非難をうかがい知ることができる。たとえばアテナゴラスは、ある箇所でそれらをまとめて、無神論、性的淫乱、カニバリズム（人肉喰い）を糾弾される、と述べる。さきにもふれた無神論の非難から考えてみよう。都市の中心の丘の上に神殿があり、広場をかこんでいくつもの神々の神殿がたっているのがふつうの都市の景観であり、道端や辻々にはヘルメスの像がたっており、日常もちいる壺《つぼ》にも、壁にも神々の絵がかかれ、子どもが勉強するホメロスもウェルギリウスも神々が活躍する話でいっぱいだった。

そういう世界のなかでユダヤ教徒とキリスト教徒は、それらは神ではない、偶像だ、悪霊だとあざ笑い、あるいはそうしないまでも、それらをさけたから、これはかなりめだつ行動であったろう。ふつうの市民は、ミヌキウス・フェリクスの『オクタウィウス』に登場するカエキリウスのように、通りすがりに神の像があれば立ち止まり、これに礼拝したり口づけしたりして敬虔の念をあらわすのがあたりまえであった。

市民の集会でも、同職組合の会合でも、皇帝臨席の競技場の催しでも、神々への儀式がおこなわれるのがつねであった。だから都市の公職につくと、これら儀式の世話をする義務があった。また軍隊ではもっと徹底的な全員参加の祭礼をおこなっていた。ユダヤ教徒もキリスト教徒も、それらを遠ざけるように教えられ、多くの者はその教えをまもろうとした。都市の公職につくことを拒む教徒がおり、三世紀末になると軍務を拒否する教徒も頻出した。

現代でもこの種のことは問題となったり、少なくともわれわれのとまどいを生じさせたりする。現代よりもっと宗教的制約性の強い雰囲気のなかでは、共同体の神々を拝まないということは、神を認めないということであり、それは共同体をともにになおうとしないことであり、それに反逆することだ、とみなされる傾向はきわめて強かったのである。これはたんにめずらしい宗教だという問題にはとどまらなかったわけである。タキトゥスのいう、キリスト教徒にありとされた「人類敵視の罪」〔『年代記』一五・四四〕とは、おそらくこのことをさしていると思われる。

ユダヤ教徒もキリスト教徒も、自分たちが無神論者などとは思ってもいなかったことが、皮肉といえば皮肉であった。そしてこの非難はユダヤ教徒よりもキリスト教徒の代名詞として使われることが多くなっていった。二世紀の非キリスト教徒文筆家ルキアノスの「偽預言者アレクサンドロス」には、小アジアのあるところで新興宗教をおこしたこの預言者が、キリスト教徒を敵視し、自分の信者たちと行進するさいに「キリスト教徒と無神論者を追いはらえ」ととなえさせるという場面がある。アレクサンドロスはまた、その地は無神論者とキリスト教徒でいっぱいだと嘆いている。ここで無神論者といわれているのはキニーク派哲学者らしい。ギリシャ・ローマ世界にも若干の無神論者はいた。彼らはやはり一般民からは好意をもたれなかった。もっとも彼らは伝道する宗教の徒ではなく、迫害の対象となる存在ではなかった。

ともかくアレクサンドロスあるいは著者ルキアノスにとっては、キリスト教徒はまともでない、不敬の集団の一種ではあったのである。一八五六年にローマのパラティヌス丘の一角で発見されたロバの顔をした人間の絵と、キリスト教徒がこのようなものを拝んでいるとの揶揄の落書きも、無神論との非難と共通する観念をしめしている。

ユスティノスもクレスケンスがキリスト教徒を無神論者とよんだといい、テルトゥリアヌスも無神論との非難に論駁《ろんばく》している。ポリュカルポスを審問した総督は、彼に「無神論者をとりのぞけ」といえ、と命じた。もちろんこれは無神論者である（と総督はみなしている）キリスト教徒みずからを呪え、否定せよという意味であった。このときポリュカルポスはまわりの群衆にむかって手を振りあげ、まさにそう口にした「『聖なるポリュカルポスの殉教』九」。つまり彼は彼で、群衆は神ならぬ偶像を拝む無神論者たちだといったわけで、これは殉教伝にはめずらしいブラックユーモアといえよう。

キリスト教徒を無神論者とよぶことは、四世紀の大迫害のなかでもみられた。最後まで迫害をつづけた皇帝マクシミヌス・ダイアあてに、小アジアのアリュカンダという小都市の市民がキリスト教徒迫害推進の請願書を出した。その碑文がみつかっている。そのなかで市民は、無神論の輩《やから》をわれらが町から追いはらってほしいと申し立てているのである。

図4　蛇の頭をもつグリュコンという神　キリスト教徒を無神論者とののしった偽預言者アレクサンドロスは、このような神をかついで新興宗教をおこした。

無神論の噂

このように用例のよく知られる無神論の非難だが、はじめて自分たちの都市にあらわれたキリスト教徒をみた市民たちは、まったく予備知識がなければ、しばらくするうちに彼らがいだくキリスト教徒の印象は、この連中は無神論者だということになったかもしれない。しかし、人の往来が頻繁な地中海都市では、情報はけっして正確ではないにせよ、噂という形でかなり早く伝わっていたと考えられる。

第一章でキリスト教徒とユダヤ教徒のかかわりにふれたが、キリスト教徒があらわれたところにかならずいたユダヤ教徒は、彼らのことを知らないはずはなかった。ユダヤ教徒によって一般市民がキリスト教徒について教えられることも十分ありえたことである。ともあれ、それらキリスト教徒についての噂は、無神論者だ、というだけのことではなかったと考えるほうが自然である。

それは、彼らについていわれた非難の多様さが知られることからも裏づけられよう。もちろん無神論だけでもいまわしい、恥ずべき評判であったのだが、そのようなイメージが定着すれば、そのほかの悪徳も付加されて噂となることもよくあることである。「使徒行伝」の時代でも、使徒たちはすでにユダヤ教徒の間に騒ぎをおこすとか、神々の像をないがしろにするとか、キリスト教ののぞむところの、処刑されたイエスという人物が復活したといいふらす不逞《ふてい》の輩、などという非難だけでなく、もっとひどい非難を投げつけられていたのではあるまいか。パウロの書簡のほうにむしろそのようなひびきが感じられる。キリスト教徒の

「名そのもの」には最初から複合的な悪行の諸要素がからみついていたとすべきであろう。

地中海都市民一般の感覚からすればキリスト教徒は、東方、あるいはむしろ外国からはいりこんできた、宗教をかたる迷信の徒、であったろう。ラテン語で宗教（レリギオ）という概念は正しく神々を拝し、これにふさわしい祭儀をささげて恵みをいただく行為であって、不正・不徳の「宗教」などというものはなく、キリスト教もローマ人が認めないかぎりは迷信でしかなかったのである。

アプレイウスはシリアの地母神礼拝者の集団について述べている。彼らは町から町へと行進する。シンバル、タンバリン、カスタネットや笛で楽を奏し、村につくと礼拝をおこなう。奇妙な衣装で顔にはけばけばしく色をぬり、恍惚《こうこつ》状態になって踊り、自分の罪を告白してみずからのからだを打ち、傷をつける。予言めいたことを語る者もいる。一人の男がいて性の奉仕をおこなっている〔『黄金のろば』八・二七～二八〕。アプレイウス自身はエジプト起源の、やはり密儀や夢の要素をもつイシス教に入信した人物なのだが、シリアにあったこの集団にたいしては侮蔑感を隠さない。しかしこのような集団のありさまとして、これはたんなる誇張ではなかったであろう。

現代でも、ある地域のカトリック教徒たちはカーニバルや受難節に自分の体を、昂揚した空気のなかで傷つける習わしをもつようである。古代のキリスト教徒の行動にあったその時代の通常の宗教とはことなるいくつかの要素は、それをみた者が偏見をもってみればいかがわしいとみなす十分な理由たりえた。それが噂となって、いくにんもの人びとと、遠い距離を経由して伝えられてゆくときに、しだいに増幅し誇張されていったのであろう。地中海世界東方の諸宗教をギリシャ人、ローマ人はなべておぞましいものとみなし、あるいはそれらが神秘的な密儀をもつことを強調して認識していた。キリスト教徒もげんに、外から、しかも多くの都市では東からはいっていった以上、そもそもの最初からそのようにみなされる可能性をもっていたといえるのである。「噂」というものがもつ伝播力と、マスコミュニケーションの未発達であった古代で、それがはたした社会的な役割は無視できない。ユダヤ教徒がキリスト教徒についての噂づくりに貢献したことは否定できないにしても、彼らの手をはなれても、キリスト教徒の破廉恥行為の噂は、広い地域の非キリスト教徒たちのあいだにひろまるのにそれほど時間はかからなかったかもしれない。

無神論に付け加わったこの種の噂は、キリスト教徒にたいする、より直接的な反感につながりやすかった。キリスト教徒の緊密な共同体的な交わりも、墓地での集会も、多分ユダヤ教のなごりで過越の食事の式を夜におこなうこともあったろうからそれもまた、彼らの集団のいかがわしさを実証するとみなされただろう。

中傷であったとはいえ、根拠や連想のたねがげんに存在していた。キリスト教徒のあいだでの兄弟姉妹、という言い方が近親相姦を、ひいては性の饗宴《きようえん》の実行という誤解をまねいたといわれるが、そのような行為をなす東方宗教があったのだし、のちにみるようにグノーシス・キリスト教徒異端のなかにそのような一派がいたらしいのである。教徒のあいだでの接《せつ》吻《ぷん》のあいさつも、聖餐式も、乱交やカニバリズムの噂の火種となった。

具合の悪いことに、赤子の肉を食べる儀式が、やはり異端のあるグループのあいだでおこなわれていもしたのである。キリスト教徒は魔術で人をまどわすという非難もあった。これもあながち中傷とばかりはいいきれないことであった（第五章2節を参照）。ただ、奇跡とか魔術・占星術とか、霊の力とかが日常のことと信じられていた世界でのことであるから、こちらの非難は致命的なものにはならなかっただろう。

さらにもう一つのキリスト教のマイナス面は、はじめユダヤ教の一派とみなされていたのがしだいに独自の集団としてアイデンティファイされたときには、祖先の宗教と伝統をすてさった一派とみなされ、そう非難された点である。それがまさに新奇な迷信を意味したのであり、伝統主義的なローマ社会ではとくにめだつ欠点であった。ユスティノスやアテナゴラスらの教父が、自分たちの教えこそがモーセを真にうけつぐもので、それはプラトンなどよりはるかに古い、と天地創造やキリスト先在論をもちだしながらキリスト教の歴史の長さを強調するのは、そのような非難への答えだったと考えられる。もっともこの非難は、いささか観念的で、知識人批判者の好んだ論議ではあろうが、一般民衆をあおりたてる種類の非難であったとはいえない。

このほかにも、キリスト教徒は熱狂的で、いまでいえばマゾヒストだという非難もあり、キリスト教徒以外の者にきわめて不寛容で、自分たちのみが正しいとの考え方は独善的だ、といわれた。そして、まじめに働かない、家族をかえりみなくなる、年長者をうやまわない、女性の場合夫にえらそうな口をきく、酒を飲む、など日常生活の面でも非難があびせられた。改宗したキリスト教徒が教会の教えどおりに生活態度を持すならば、周辺の人びととのとまどいをうみ、このような判断をされることはありえたろう。

以上述べてきたような多様な非難の条項が「名そのもの」にははじめからあり、そして一部はしばらくしてから、彼らキリスト教徒を実際に目でみ、つきあった人びとの実感として付け加わっていったのである。ニワトリが先か、卵が先か、の論議のように、最初のキリスト教徒告発はどのようにしておこなわれたのか、そのときのキリスト教徒はこれらのイメージのどこまでをすでにあたえていたのか、それはいまではわからない。それではつぎに、このようにしてできあがってきたキリスト教徒の悪しきイメージの具体例を少し個別にながめてみよう。

カニバリズム

性的乱交の噂は、初期キリスト教徒がとったモラルの重要な特色と直接的に結びつくテーマなので、別の章でとりあげることとし、ここでは、性的非難と不可分な形で非難されることの多かったカニバリズムについて、少々不愉快な話題ではあるが、ながめておくことにしよう。

乱交の非難もカニバリズムのそれも、じつはキリスト教の護教家たちだけが言及していることである。タキトゥスもスエトニウスも、二世紀のガレノスも述べていない。ケルソスのみはふれるが、それはオリゲネスの引用をとおしてである。そして小プリニウスのなした調査から、彼がキリスト教徒の食事に興味をもっていたことが、彼の耳にしていたことを暗示する程度である。だから、非キリスト教徒が、護教家のことばのとおりにキリスト教徒のカニバリズムを非難していたのかどうかははっきりとはわからない。

しかし、ユスティノスを最初としてタティアノス、ミヌキウス・フェリクス、アテナゴラス、テルトゥリアヌスがくりかえしキリスト教徒のカニバリズムを否定しており、ルグドゥヌムの迫害最中には奴隷が拷問されて主人であるキリスト教徒のこのような悪行を白状したと伝えられている。この非難があびせられたこと自体は疑いえないであろう。

ギリシャ・ローマ世界にじつは人の肉を食べる伝説が少なからずあり、人身御供の実例もあった。ホラティウス『エポーデー』には魔女カニディアが少年を殺してその肝臓をとり、もとの愛人に食べさせて愛をとりもどそうとするという話があり〔『エポーデー』五〕、げんに前九七年、元老院は人間を生けにえとする儀式を禁じた、と大プリニウスが伝えており〔『博物誌』三〇・三〕、ハドリアヌスはそれを再発令したという。魔術をおこなった人物としても有名なテュアナのアポロニオスも、未来を占うために少年を殺したとして告発され、皇帝のなかでもコンモドゥス、エラガバルス、ウァレリアヌスらが人を生けにえにしたと伝えられる。コンスタンティヌスに敵対したマクセンティウスは、妊婦の腹を切り裂いてなかの嬰児《えいじ》をみたとか、一七二年にエジプトで反乱をおこしたブコロイとよばれた人びとは、ローマの軍人を殺し、臓物を食べて反ローマの誓いをなしたなどという話もある。これに加えてカルタゴ人の初子《ういご》の生けにえのならわし、カティリナ一派の血盟、ドルイド教徒の人の肝臓占い、など事例は豊富で、テルトゥリアヌスは、人を食べるのはキリスト教徒ではなくてローマ人たちだと反論する［『護教論』二三］。それも根拠のないことではないわけである。

二世紀の護教家の一人ミヌキウス・フェリクスの作である『オクタウィウス』は、非キリスト教徒ローマ人カエキリウスとキリスト教徒のオクタウィウスの対話というプロットをとる、めずらしい形の護教論だが、そのなかの一節が、ローマ帝国人のイメージにあったキリスト教徒のいまわしい饗宴の叙述として有名である。カエキリウスはその話をある書物から引用したといっているが、その書物というのは、名はあげられていない。一般には当時の著名な修辞家マルクス・コルネリウス・フロントーが書いたものだと推測されている。フロントーは元老院議員でコンスルまでつとめ、マルクス・アウレリウスの修辞教師として親交を結んだから、彼がキリスト教徒弾劾の書をものしているのなら皇帝もその影響をうけたはずだ、とこれはまた別の問題に発展するが、フロントー説を認めない学者もいるので、ここではミヌキウス・フェリクスの文章としてのみうけとめよう。

それによると、入信希望者のための式のとき、赤子を箱にいれ、上から粉をかけてそれとわからなくしておいて、入信者はそれを叩くよう命じられる。彼はそれと知らずに赤子を殺す。その後参会者一同が血をすすり、手足を切り裂く。そのうえで秘密をまもることを誓う、というのである。カエキリウスはなんとひどいことだ、と非難するのだが、彼にしてもまた、情報提供者がフロントーだったとしても、キリスト教徒の集まりをいったん偏見をもってながめるなら、そこにカニバリズムのような醜行を重ねてみるのは、ギリシャ・ローマ社会の人間からするなら、けっして突飛な発想ではなかったことは、ローマの過去の歴史の実例が知られていたことからもいえるのである。

そして、じつはキリスト教の一派にこのような行為をげんにおこなうものがいたことを、キリスト教徒自身が証言しているのである。四世紀後半から五世紀に生きたエピファニオスという修道士出身で、のちキプロスのサラミス司教となった人物の著作に『パナリオン』という作品がある。これは数多くのキリスト教異端を列挙し、それを矯正する方法をしるすと称するもので、その一つである、フィビオニテスという派が性的饗宴と、人工堕胎によってえた胎児を食べることを教義上の礼典としていた、とされるのである。

フィビオニテスにはまたのちの章でふれるが、彼らもやはり胎児に粉をぬり、調理してそれとわからないようにして食べた、としるされている。ベンコという学者は、フィビオニテスのこの儀式は彼ら独特の観念から出産を忌避したために、義務として胎児を処理したのだろうと推測している。

フィビオニテスはグノーシスの一派と考えられ、エピファニオスがしるしたのは四世紀後半のことであるが、おそらくその起源は、「ヨハネの黙示録」に初出し、二世紀のエイレナイオス、ヒッポリュトスの正統派教父も言及する「ニコライ宗」の支脈だろうといわれる。ミヌキウス・フェリクスが知らせる記事から、フロントーであれ、ほかのだれかであれ、このフィビオニテスが二世紀ころすでにこの種の儀式をおこなっているのを聞き知って、すべてのキリスト教徒の行為だと拡張解釈したと推測することは可能である。

それにしても秘密のはずの集会の話であるから、記事を額面通りにはうけとれず、フィビオニテスが二世紀にその存在をたしかめられるわけでもない。われわれとしては、このようなおどろおどろしい想像をゆるすような実例が二世紀までのローマ社会にげんにあったこと、キリスト教徒の側に誤解をまねく要因があったこと、を確認するにとどめておこう。しかし、この種の中傷は、プリニウスのような総督でもあらわれれば誤解がとけ、解消してゆくものであった。事実三世紀後半、オリゲネスは、一時はずいぶん非キリスト教徒のあいだにひろまっていたこの噂も、いまでは信じる人などほとんどいない、と述べている。そうであるならば、逆にキリスト教ローマ帝国下の四、五世紀にこのことを暴露したエピファニオスの異端「中傷」には、キリスト教正統派による異端迫害の姿勢をみいだせるかもしれない。

キリスト教徒の熱心

一般社会の市民たちの多くがキリスト教徒に嫌悪感をおぼえた事柄がもう一つあった。それはキリスト教徒の熱心さであり、ことに迫害に遭遇したときにしめされる、激情的なまでの熱狂性と、死を恐れず、ときにそれをのぞみさえする態度であった。現代日本でも「宗教に凝る」ということばがあり、ある人が周囲の人たちに未知の宗教に入信し、熱心になったためにとまどいの念をあたえ、場合によっては家庭や職場から離脱してゆく例がみられる。古代キリスト教徒の行動はその度合いがさらに強かったということである。

キリスト教徒のすべてとはいえないが、一般的に彼らがしめしたこの種の熱心さというものは、彼らの「名そのもの」にくっついてきた噂にくわしくふくまれていた情報ではなかっただろう。せいぜいそこでは、教徒というのは信仰をまもることに執着し、そのためなら喜んで死ぬような連中だ、という程度であったろう。それが、げんにその町でキリスト教徒が伝道をはじめ、それが一時成功して、市民の家庭の主婦なり娘なり奴隷なりがまず改宗すると、彼女らが集会で家を留守にする、夫の浮気を譴責《けんせき》する、教会では夫以外のキリスト教徒男性と親しくする、多額の金を捧げるなどの、家族には奇妙にうつる行動がみられるようになっただろう。

ローマのクレメンスの伝える話では、キリスト教徒たちのなかに、自分自身を奴隷として売ってえた金で、ほかの奴隷教徒を解放してやった者などがいた〔『クレメンスの手紙』(一) 五五・二〕。これも尋常の行動ではない。このような段階で、ユスティノスが伝える、妻がキリスト教徒になってしまった夫は彼女を告発したのだし、アプレイウスが紹介するある主婦はけしからぬ女とみなされたのだろう。またキリスト教徒の礼拝をみた者は、聖霊がくだったなどと称してわけのわからぬことばを口にする信者などをみて異様な熱狂性におどろくこともあっただろう。

原始教会の時代以来、キリスト教徒のあいだでは、イエス自身が予言したこの世の終末、最後の審判のとき〔マルコ一三など〕、イエスの再臨、そのまえに位置すると信じられるようになった理想の君主による千年王国、はいつ到来するのかという問題はつねに意識されていた。もちろん「その時」はなかなかこなかったが、熱狂的信仰をもつ人びと、とくにそのような人びとは特定の地方にかたよって多くいたが、そのような人びとのあいだでは一つのきっかけでそれが終末待望、あるいは到来実現の確信と化し、はげしい運動となって燃え上がることがあった。

一七〇年代の小アジアのフリュギアで、しばらくのあいだ地震などがつづいて人心に不安な空気があったころ、モンタノスというキリスト教徒とそのグループが、ペプーザという町に神の国が実現するといいはじめ、悔い改めをせまる伝道をさかんにおこなった。多くの人びとがひきつけられペプーザに集まった。神の国はこなかったがモンタノスの運動はつづき、多くの改宗者をえたのである。

こういう事例は史料には出てこなくともまだほかにも、より小規模な形で、たとえば迫害の一時的激化などに刺激されて信者のあいだに終末到来の期待を巻きおこすような形で生じたであろう。モンタノスの運動はエイレナイオスらキリスト教の「正統派」の立場からは異端とみなされ、排除されていった。キリスト教が組織化され、規範を確立してゆく過程でそのような措置がとられるようになってゆく。しかしテルトゥリアヌスのような教父は信仰の熱心さ、殉教志向を重視し、正統派にあきたりず、後半生はこのモンタニズムにかたむいていった。社会における少数派であるキリスト教にとって、信仰の熱心さ、霊的要素はある意味で不可欠のものであり、正統派もこれらを排除しきることはできず、この問題は初期キリスト教の歴史の背景に織りこまれているといえよう。

日常的な宗教生活における熱心さならば、非キリスト教徒のなかにもひけをとらない人びとはいた。偽預言者アレクサンドロスがヘビを神体とする新興宗教をおこしてたちどころに人びとを集め、無神論者排斥のはげしい行進をおこなったのもフリュギアであった。エジプトやシリアには密儀宗教の豊かな伝統がなお生きつづけていた。ローマ人やギリシャ人のなかにはこういう宗教の徒にたいしてもいかがわしさを感じる者が多かった。したがってキリスト教徒が他の人びととは際立って熱狂的だとみなされ、嫌悪の感情をあたえるのはやはり彼らが迫害されたときであった。ユダヤ教徒も熱狂的ではあった。しかし彼らは弾圧には反乱という熱狂をもってこたえた。これならローマ帝国市民たちにも理解できることであった。キリスト教徒はまったくことなる熱狂的反応をしめしたのである。

自発的殉教者

小プリニウスは最初の告発で引きだされた人びとに審問し、キリスト教徒だと答えた者には、告白に固執すれば死刑だと念をおして三度くりかえしたうえで、なお告白を取り消さなければ処刑した。この者らを彼は「強情でかたくな」と評した。それが私のいう「熱狂性」であったろう。ローマ市では、何度も引用した（人妻を夫からはなれさせた）教師プトレマイオスが裁判されるとき、すすみでて彼のために抗議して殉教したルキウスという人物がおり、ルグドゥヌムではウェッティウス・エパガトスも自由の身であったのに審問される教徒の弁護に飛びだして殉教した。ルグドゥヌムの殉教者は多くが毅然《きぜん》として、口をひらくと迫害する民衆にたいして挑戦的ですらあった。

殉教伝の総督と教徒の問答には、さまざまな言い方で説得し、形だけでも神々や皇帝への敬意をはらって釈放してもらうほうが身のためだとさとす総督にたいして、頑として応じないキリスト教徒の子どもじみた「強情さ」の例が枚挙にいとまないほどあらわれる。殉教者文学である以上そのような叙述も当然ではあるし、誇張もふくまれているだろうが、事実の核となったキリスト教徒裁判でも、ある程度そのようなシーンはあったにちがいない。マルクス・アウレリウスは、キリスト教徒と明瞭に特定しているわけではないが、死をおそれないことはストア哲学としてのぞましいが、熱狂的にこれみよがしに死をみずからにまねきよせるようなのはだめだ、とある人びとについて苦々しく語っている。たしかにそれはキリスト教徒の姿によく重なる。

その他の具体例をみてみると、ポリュカルポスは一時は田園に身を隠し、逮捕されるときも従容としてむしろ冷静な姿をしめしたが、審問の場ではただ死をのみのぞんでいた。ややくだって、テルトゥリアヌスが伝えるところでは、総督アリウス・アントニヌスのところに押しかけて処刑をもとめて、嘲笑されたアシアの教徒がおり、スキッリウムの教徒にはフェニキア人が多く、小さな町の出身の下層民でローマ市民権などはもっていなかったようだが、本来ローマ市民のみに科される斬首による殉教を心から喜んだ。カルタゴのペルペトゥアは産んだばかりの乳飲み子を牢から外の父親にあずけて殉教をえらび、父親の必死の説得をふりきった。

殉教をめざした者だけではない。裁判のとき、屈服しそうな教徒をはげまして立ち直らせ（？）殉教させた聖職者がおり［エウセビオス『教会史』七・一五・二］、牢獄を訪問して殉教予定者を世話し、崇《あが》める、自由な教徒がたくさんいた。また彼らは処刑された殉教者の遺体をもとめた。手にはいればそれを葬るだけでなく、一部を聖遺物とし、また彼らの記念の礼拝を長くつづけた。拷問をうけたけれど結局釈放された者（告白者）には経験談を語るようすすめた［エウセビオス『教会史』七・一一］。その逆に屈服した教徒には冷たい目をむけ、いたたまれなくさせる雰囲気をつくった。したがって屈服したためにその後罪にさいなまれ、苦悩の後半生を送った者もいただろう［キプリアヌス『棄教者について』］。

非キリスト教徒民衆が見守るなかで毅然として死をのぞむ姿勢をとることは、人びとの憐《れん》憫《びん》をかうことにはならなかった。キニーク派哲学者のなかには予告したうえで、公開自殺をとげる者もいたが、キリスト教徒の自殺的な殉教志向のパフォーマンスはそれよりもいっそう特殊で異様なことと考えられただろう。すでにキリスト教徒にたいして憎悪の念をいだいている民衆が、キリスト教徒とともに興奮し激昂し、彼らの言動を反抗的で挑戦的とみて処刑を残酷にするよう要求したのも当然といえるだろう。

ルグドゥヌムの迫害の規模を大きくしたのも、小アジアやアレクサンドリアでの迫害を激化させたのも、キリスト教徒のこのような無抵抗の挑戦ともいうべき熱狂性が一つの要因であったとしてよいであろう。三世紀末から四世紀にかけてもこの流れはなおみいだされる。しだいにめだってくる軍人殉教者たちがそうであり、大迫害時代のパレスティナにもそのような例が多く知られる。ドゥ・サント・クロワはそこでの殉教者を一〇〇人弱と数え、その半数以上は自発的殉教者であったと分析している。「使徒行伝」のペテロやパウロにはそのような熱狂性もすすんで殉教をもとめる行動もみられない。ステパノは自発的殉教者タイプに属すかもしれないが、そのタイプは彼くらいである。しかし福音書にも使徒の書簡にも、イエスの名のゆえにうける迫害の予言、それへの心構えのすすめはしばしばみいだされる。それに加えて終末の予言もあたえられた。のちのキリスト教会が信者にたいして迫害への忍耐、審判のときの近さへの信仰と希望をもつことをすすめ、そして殉教する者には他人より一歩はやく罪の消滅と天国での生活が約束されると教えたのも根拠のないことではないのである。

原始・初期教会が迫害をある程度の時期経験してゆくうちにこのようなすすめが、いわば自己防衛の手段として、また迫害をうけた者へのなぐさめとして強調されだしたのであろう。一世紀末のイグナティオスにすでに、たとえ人が引きとめ、のがれることが可能でも自分は殉教をえらぶ、またそうすることが喜びであるとの意識が明瞭にされる。殉教願望の究極に、イエスの死のさまと等しくなるということがあったことはたしかである。このように広範に史料からうかがわれる殉教への志向、信仰の熱心さ、という傾向は教会における指導なしには考えられない。棄教者の続出を防ぎ、獄中でたえる教徒の心の支えをあたえるのが殉教待望の意識であった。あるタイプの殉教者は幻体験によって牢獄生活をのりきった。ルグドゥヌムの迫害で凄惨な野獣刑をうけたブランディナはアリーナにおいても恍惚として苦痛を感じなかったかのようである。

そのような教徒への教会の指導は迫害のときには必要であったかもしれないし、「殉教者の血」を「種子」とするために、迫害ののちにもメリットをもったかもしれない。しかし教会の組織と一体性という点からするとこれは両刃の剣であった。熱心な信仰は主張しやすく反論もしにくいものである。それに早い時期からの異端であるグノーシス・キリスト教徒はどの派もなべて殉教にむかわず、迫害されれば一時的に屈服することを意に介せず、またげんにある時点からは迫害もされなくなったらしい。そうなれば、教会で、帝国や異教徒にたいして寛容であったり妥協的になる信者は熱心派から異端よばわりされる空気が生じかねなかったであろう。

しかし、教会が殉教賛美を推進すると、非キリスト教徒からの敵意をさらにあおる危険性があったし、教会内に迫害での対応にしたがって教徒たちのあいだの序列ができあがり、迫害がおわったのち（迫害のおこなわれない時間のほうがずっと長かったことを忘れてはならない）、棄教した者たちの立場は深刻になった。しかし殉教をおしつけられるのをいやがる一般信者がいなかったはずはない。それにグノーシスとは逆に殉教志向を強調する人びとにも、教義の逸脱傾向がみられたであろう。それら両極端におかれる教徒たちを放置することは、キリスト教そのものの存続上危険ですらあった。

かくしてキリスト教は二世紀、迫害の頻度が少しずつましてゆくなか、多くの司教、教父、護教家たちが指導し、著作をものしながら、カトリック、つまり普遍性をもつ一つの教会の形成をめざしてゆくのだが、その流れのなかで、殉教は排除されはしないものの、これに教会としての枠をはめられ、コントロールされるようになってゆく。教会主流は殉教者を信仰の昂揚のためにもちいるが、棄教者も、罰則をあたえたうえで教会にむかえいれ、聖職者は迫害時には避難する措置もとられた。これを教会指導者の保身、殉教者への裏切りと評することはたやすく、実際にそう非難した者たちは主流からは異端として切りすてられてゆくのが三世紀末からの傾向であるのだが、キリスト教の「勝利」のためには、それは賢明な選択であるにはちがいなかったのである。

第三章　ローマ都市のパフォーマンス

1　地中海都市の素顔

階層的ローマ社会

さてここで目をキリスト教徒から少し転じて、彼らが生きていた地中海世界の都市をあらためて視野にいれてみよう。そこに住んでいた人間たちの類型と、彼らの心性をたしかめてみたい。そのようにしてみいだされる都市民モデルのなかにキリスト教徒がはいりこんでゆき、結局はモデル自体を新しくつくりかえることになるのである。

一世紀から二世紀にかけてのローマ帝国社会全体の階層を概観しよう。帝国の全住民は大きくみると自由人と奴隷とに分かれ、自由人はさらにローマ市民権者とそうでない属州民とに分かれていた。これらの身分の区別は全帝国共通で、法的に定まっていたから、ローマ帝国はもはや都市国家ではなく、階層的社会をもつ領域国家となっていたといわなければならない。そしてローマ市民権者たちもまた、特定身分を有する上層と、身分をもたない平民とにきちんと分けられていた。

最上層はローマ元老院の議員たちで、定員は六〇〇名。最低財産額一〇〇万セステルティ以上を所有していなくてはならなかった（これは「最低基準」であるから、もっと下層の市民でも議員以上の財産を有する富豪はたくさんいた）。妻も子も元老院議員身分に属し、息子はだいたい父のあとを追って、しかるべき年齢でなにかの役に就任し、議員になっていった。議員のあいだにも名門・成り上がりのちがい、キャリア・貧富の差はあったが、全体として彼らは帝国最高のエリート層であり、政治・軍事の高官職をになっていた。皇帝は、三世紀なかばまではかならずこの身分から出た。キリスト教徒を裁いた属州総督の半分はこの身分の人びとだった（ポンティウス・ピラトゥスなどは元老院議員が担当しない属州の総督だったので、騎士身分であった）。

第二位には騎士身分があった。この名称はローマの伝統によるので、騎兵という意味はない。騎士のしるしは金の指輪で、共和政期の騎士身分にはげんに馬があたえられたようだが、帝政期にはその制度はなくなったようである。これは子が跡をつぐというならわしはなく、皇帝の判断によって平民の軍人、役人が抜擢《ばってき》された。騎士の多くは帝国の官僚をつとめ、最高の地位は親衛隊長、ついではエジプトなどの属州総督であった。なかには商人などがコネを通じ、財政的貢献とひきかえに騎士身分をあたえられることもあった。最低財産額は四〇万セステルティで、総数は二世紀前半で二万人から三万人と推定される。

第三身分には、きわめてローカルな名士で、帝国内の都市の、ローマでいえば元老院にあたる参事会の議員がこれに属していた。この身分は上級二身分とはことなり、各都市の市民数の多寡、富のありようによってさまざまな人びとをふくみ、財産基準もさまざまであった。以上三つの身分以外のローマ市民ののこる部分は身分をもたず、プレプス（平民）とよばれ、大多数は中下層の農民、商人、職人、労働者などであった。そして属州の辺境や小都市へゆくほどローマ市民は少なくなった。しかし属州民がすべて平民市民より貧しい下層民だったわけではなく、貴族的な人びとも富者もおり、それ自身で地方における階層をなしていた。帝政期がすすむにつれて彼らの上層からローマ市民権をもつ者がふえていった。

地中海の都市的社会は、このような階層的身分制ができあがったからといって、かつてのポリス的・市民共同体的性格をうしなったわけではなかった。帝国各地方には、昔とかわらない都市生活が展開していた。第一に、ポリス共同体とはいうものの元来ギリシャでもローマでも、共同体内の身分の差、貧富の差は歴然として存在していた。歴史上知られるようになったポリスには、すでに貴族と平民の別があり、政治・経済上の支配権は貴族がにぎっていた。平民はしだいに権利の拡大を実現したが、今度は平民のなかの上層が貴族と同盟して中下層市民を支配するようになった。ただアテネなどのみに、他ポリスよりも中下層市民の政治参加の枠をひろげた民主政が実現したが、貧富の差の縮小にはほとんど手をつけられず、またローマでは民主政の動きは小さく、一貫して少数の富裕者・上層が支配的であった。

ローマ帝国の支配のもとでは、その富者支配が各都市においても確立した。都市には自治がゆるされていたが、それは都市国家ローマの伝統である、富者による寡頭体制でなくてはいけなかったのである。ただし、帝国の階層身分を息苦しく固定したものと考えては現実にそぐわない。二世紀までは市民の経済活動への制約はほとんどなく、富を蓄積して上昇してゆくことはよくみられた。騎士身分はその能力、業績を皇帝にみこまれれば元老院にむかえいれられた。平民は騎士の下の軍務や下級官僚からはじめて、騎士の身分に昇ることができた。元老院議員から平民、属州民にいたるまで、より上層の人びととのコネ、パトロネジ関係をもつことが上昇の近道であった。

帝国社会のすみずみまで皇帝の支配は貫徹していたが、皇帝は専制君主というわけではなく、皇帝なりの義務とそれを遂行する努力がたえずもとめられていた。もう一つ帝国上層社会の状況を複雑にした存在に解放奴隷がいた。ギリシャでもローマでも共同体成員の平等の原理をうたっていたし、いかに貧民といえども市民権をもっていれば、市民ゆえにゆるされるなにがしかの特権・利益にあずかることができたが、女性と奴隷とはそれらからいっさい排除されていた。

ことに奴隷は、世界史上でもまれにみるほど地中海世界の都市では多数が使役された。ただ、当時の主要産業である農業が奴隷労働にゆだねられるほどに発達したのは、一時期のアテネとイタリアくらいであったが、紀元一世紀のローマ市では市民が外出するときに二、三人の奴隷を連れ歩けないようでは貧乏とみなされて恥ずかしいといわれるほどであった。その奴隷はギリシャでは解放されても市民にはなれず、居留外国人の地位にとどめられたが、ローマでは正式に解放されるとただちに市民として登録された。

金持ちに所有された奴隷は主人の仕事に携わって、奴隷でいるあいだに蓄財することが可能だったから、その金で解放を実現し、市民になると並みの平民や騎士よりはるかに豊かな解放奴隷市民が出現することになった。彼らはさきにみた帝国の階層秩序からはみだして上昇しえた人びとであった。ことに初期帝政期に皇帝の解放奴隷は騎士官僚の下働きとしてもちいられ、また皇帝に密着してその手足となって働くことも多かったから、元老院議員や騎士にたいしても優位にたつ者がおり、社会的にも実質的に第一、第二身分の地位をもつに等しい者がいたのである。

さて、帝国社会の階層の概観を述べるのにてまどってしまったが、このような身分は都市、とくに属州都市の生活にはどのように反映していただろうか。元老院議員にはしだいにイタリア出身者だけでなく、ガリア人やギリシャ人、アフリカ人も進出していったが、二世紀までは彼らは土地の一部をかならずイタリアに有することをもとめられていた。彼らはつねに何十名かは軍人、高官として任務につき、属州で働いていたが、属州都市に居住することは少なく、多くの議員はローマ市やイタリアに住んでいた。

騎士も官僚や軍人ならローマ市や軍団駐屯地で任務についており、属州都市に定住する騎士は、そのような任務から引退した者か、企業人として騎士身分をえたかした者であった。元老院議員であれ騎士であれ、彼らが担当する属州総督職は、共和政期には任期一年であったのが長くなったとはいえ数年で交代し、かつ属州内をつねに巡回していたから、彼らのいちおうの本拠地はあったにしても属州の社会生活とのつながりは深くはなかった。したがって、属州の都市においては若干の騎士と参事会員たちがエリート層を形成していたことになるが、ときには実質的に最高のエリートとなったのが、つとめをおえ、所領をかまえて落ち着いた、元皇帝の解放奴隷たちであった。なかにはそこが故郷で、奴隷として買われていった者が錦を飾って帰ってきていたかもしれない。

都市のエリート

ここまで私が都市のエリートにこだわってきたのには理由がある。それは、地中海都市の中心にありつねにそれを代表することを自他ともに認められた存在が、上層市民、エリートたちだったからである。ギリシャ・ローマの都市は一貫して、富者・エリートが政治・経済・軍事そして文化において指導者の役割をはたすことによって動いていたことはさきに少しふれた。用語のうえからも上層市民は特別扱いであった。ギリシャでもローマでも、「貴族」ということばは、立派な父、つまりれっきとした先祖をもつ人びと、という意味で、エリートとは生まれのよい人びとという観念がまずあった。

また彼らをさして総称的によぶときは、「良き人びと」「誉れある人びと」「力ある人びと」など、かならず称賛・尊敬の念をこめたことばがもちいられたのである。しかし彼らは、ただ安穏に人びとから尊敬をうけて悠々と暮らしていればよかったわけではない。エリートであるにはそれにふさわしい行動規範が必要であり、それはかなりきびしいものであった。

彼らはその一般市民をはるかに凌駕《りょうが》する富を、共同体のために消費することをもとめられた。都市の公職に就任しても参事会員になっても給与はなく、ただその公職自体は「名誉」とはよばれたが、職務を遂行するのに必要な費用はすべて自弁しなくてはならなかった。彼らは皇帝官僚とはこの点で決定的にことなっていた。それだけではなく、むしろ彼らはすすんで都市の公共施設——劇場・闘技場・集会場・市場・水道などを、私財を投じて建設し、演劇の上演費を負担し、図書館を建て、貧しい家庭の子弟の育英資金を拠出し、都市民の食糧供給に配慮した。キリスト教徒を公開処刑するときの野獣なども彼らが提供したのである。これらは一種の愛郷心の発露でもあったが、累進課税の存在しなかった古代都市においてエリートたちのはたした役割は、構造的に都市社会の維持のシステムに組みこまれていた。彼らのこのような共同体への奉仕は「善行・恩恵施与」（エウエルゲシア）、彼らのことを「恩恵施与者」（エウエルゲテス）とギリシャ語でよんだので、このならわし自体を最近は「エヴェルジェティズム」と称している。富者には大きな負担であったろうが、それをになえることが名誉であり、それにたえるほどの富をもつことも誇りとなり、そのような行為によって共同体から称賛され、大衆から人気をうることは彼らの喜びでもあった。そしてだいたいエリートとはそういうものだったのである。彼らエリートがのこした墓碑銘は、あたうかぎり彼がつとめた公職、なした「善行」の数々を刻みつけているのである。

彼ら都市エリートは「善行」をなす名誉とともに、文化をも独占しようとし、また彼らだけの倫理と行動規範をもつくりあげていた。哲学や文学を読み、また書くことは彼らだけがなしうるものであり、都市で催される劇、競技は、彼らが大衆にあたえるところの、それ自体は品のないパフォーマンスであるにすぎなかった。エリートたる「良き生まれの人士」は（それが男性だけのことになるのはやむをえない）体格も気質も、つねに訓練と注意をはらうことによってすぐれた状態にたもたなくてはならなかった。

ローマ最大の医学者ガレノス（彼がもっていたキリスト教徒観についてはのちにふれる）の四体液説が支配していた時代だから、エリートはそのバランスをも考えて食事をとり、節制しなくてはならなかったはずである。怒ったエリートが、奴隷を殴るなどは恥ずべきことであった。それは人道的見地からいわれるのではない。怒りにかられてみずからを抑制できなくなった、そのことがエリートの姿にふさわしくないからであった。

古代の都市生活は、つねに人びとの視線のなかで生きることを意味した。エリートの身のこなしからまなざしの配り方まで、それはエリートらしい抑制されたものでなくてはならず、かつ男らしさもつねにもとめられた。彼らの性規範は浮気や遊女との交渉や同性愛を禁じるものではなかったが、ガレノスもクインティリアヌスも、過度の性交はエリートの男らしさを衰えさせ、都市での彼らのふるまい、とくに豊かな音声が必要な弁舌の力を弱めてしまう、と注意をうながしていた。

このように、地中海の都市において、少数でありながら中核をになっていたエリートたちはキリスト教をどううけとめただろうか。くわしくはのちにみるとおりであるが、改宗するエリートの数はおそらくなかなかふえなかっただろうと思われる。この時代エリートの多くは、民衆が興味をもたない哲学などの書物に親しんでおり、ストア哲学が流行していた。マルクス・アウレリウスはその一例だが、ストアは人の心を平静にコントロールすることを理想としたから、キリスト教の、論理を超える信仰の決断や、熱心さなどはうけいれにくかったであろう。

エリートは民衆への配慮を義務としながら、民衆そのものを軽蔑《けいべつ》していたから、キリスト教徒が中下層に多い状況では、彼らの興味をひきにくいということもあった。しかし、そのエリートからキリスト教に改宗する者があらわれるなら、ルグドゥヌムの殉教者でたぶん騎士身分であったウェッティウス・エパガトスの場合はかえって民衆の反感をあおって逆効果であったが、多くの場合は教会を財政的に支え、新たに改宗者をひきつける役割をもはたしたであろう。本来都市がまもるべき神々の礼拝の推進役であるエリートが新しい宗教に改宗するということは、他の階層の人びとの場合よりも、個人的にも社会的にも大きな変化であった。元来書物とか議論とかに興味をもっている彼らは、キリスト教伝道者や教父と対話し、その書物を読むことから改宗するケースが多かったろうから、改宗したのちには教会の信仰的エリートとなることも少なくなかった。そのときに彼らは、これまで見下げ、軽蔑していた民衆・女性・奴隷とともに礼拝するようになり、連帯して一つの信仰共同体に属するようになることをどううけとめたであろうか。彼らはやはり世俗のエリート論理をすてさることはできなかったようである。それはのちにふれることにしたい。

パンとサーカス

古代地中海世界には都市中産階級は存在しなかった、というのが多くの学者の認めるところである。豊かな農民、成功した商人、手工業経営者など、実質的な中産階級はもちろん存在したが、身分のうえでは属州都市の場合、参事会員身分のほかはすべて平民であり、かつてアテネにあったような財産額による区分も知られていない。まして実質的中産階級と目される人びとは、意識のうえではエリート予備軍か、いぜんとして一般市民にとどまるかであって、上層とも下層ともことなるような、みずからの階層をアイデンティファイする共通の意識はみいだせないのである。したがって、古代地中海都市には、少数のエリートと、大衆・民衆とのくっきり分かれる二つの層があった、と単純化して考えてよいだろうと思われる。

もっとも、エリートのほうは制度的にも、また意識のうえからも明確な階級として存在していたのにたいして民衆には多様な要素があり、その定義もむずかしい。本書はすでにキリスト教徒に憎しみをいだき、告発したり暴力をふるったり、教徒の処刑を喜んで見物する民衆を何度もながめてきた。しかしそれはキリスト教史料がえがく、ステレオタイプ化された民衆というものに近い。それら史料が民衆についてくわしい分析をおこなっているわけではもちろんないのである。とはいうものの、じつはローマ史の史料のなかには、ことに首都ローマにおける民衆がしばしば登場し、きわめて実体的な存在としてあつかわれている。彼らはことあるごとに騒動をおこし、煽動《せんどう》にのせられやすく、移り気で危険な行動力をもつ、具体的な集団である。

ローマ帝国において比類のない存在である首都ローマの事例を、ほかの諸都市にそのままあてはめるわけにはゆかないが、いずれの都市も自分たちを首都ローマに似せようとし、それぞれの地域ではミニ首都の役割をはたしていたのだから、ある程度民衆についてのローマにおける観察がほかの都市のそれについてもあてはまるところもあるであろう。さて、エリートのよばれ方とは対照的に、民衆は称賛の形容でよばれることはない。ギリシャ語の場合はそうでもないが、ラテン語史料（現存する史料はキケロ、タキトゥスなどすべて元老院議員などエリートの書いたものばかりである）における民衆を表現することばは、「大量」とか「騒々しさ」とか、要するに価値の低い意味しかない集合名詞であることがほとんどである。

エリートの場合は「良き人びと」「最良の人びと」など、かならず複数で表示されるのも対照的である。しかしながらこのように蔑《さげす》みの目でみられたローマの民衆は、市民権者に居留外国人や属州民、奴隷がまじっていたが、無頼の徒の群れであったわけではない。彼らは職人、商人、役人の下働き、芸人、教師、日雇い労働者、若干の農民など、日々働かなくてはならず、またげんにまじめに労働している人びとであった。地中海各地からローマに流れこんできた者も多かった。彼らは狭い高層住宅につめこまれていた。生活は苦しく、住まいは不潔であり、火事は日常茶飯であった。かりに市民権をもっていた者でも自分たちの要求を政治の場で直接実現してゆくすべはなかった。このような背景で共和政末期のローマで民

図7　野獣のショー　富者あるいは皇帝が提供した。ここでは犯罪人の処刑もショーの一環としておこなわれている。キリスト教徒ブランディナは177年、ルグドゥヌムでこのようにして殉教した。

ローマ人から熱狂的にむかえられ、キリスト教ローマ帝国となっても、なおつづいた。アフリカ出土のモザイク。

図5　戦車競走のパフォーマンス　市民たちは戦車競走の賭けに熱中していた。キリスト教徒は建て前上、この種の催しを嫌ったが、かのアウグスティヌスもこれを楽しんだことがある。ローマ出土のレリーフ。

図6　剣闘士競技　訓練された奴隷がおこなうパフォーマンス。エトルリアで神に捧げる生けにえの儀式としてはじまった。この競技は、

衆たちはしばしば暴力的な行動に走ったのであった。法廷や街頭で騒動がおこり、殺人が生じることもまれではなかった。

しかしながらローマの民衆が主体的に集まり、抗議の行動をおこすのは、小麦の不足や自分たちがひいきする政治家の生死にかかわる状況が生じたとき（たとえばカエサル暗殺のとき）とか、彼ら共通の正義感覚が怒りをおぼえたとき（たとえば多数の奴隷が不当に処刑されそうになったとき）など、その理由が比較的明瞭な場合であった。

そうでない事例ではどうかといえば、共和政末期にめだったのはたがいに権力闘争をおこなう有力政治家たち（エリート）が民衆をみずからの勢力基盤として、また政争の道具として抱きこんで生じさせた、一種の党争である。そのとき彼らは煽動され、武器をあたえられた。だから共和政期の有力者は私費でもって派手な凱旋式や競技やショーを催したり、小麦を安く供給したりして民衆にサーヴィスし、人気をえ、いざという時の自派勢力動員にさいしてのそなえにしようとした。帝政期の風刺詩人ユウェナーリスが、ローマの民衆は「パンとサーカス」をあてがわれ、無定見で怠惰な徒輩に堕落したと評するのは、この共和政末期の民衆の一面のみを強調した言い方なのである〔『サテュラエ』一〇・七八〜八一〕。

うしなわれた民衆の政治参加

帝政期にはいると、かつての有力者の抗争はなくなった。元首アウグストゥスはローマ市の美化につとめ、警察や消防隊を強化し、野獣のショー、剣闘士競技、模擬海戦などの見世物をさかんにおこなって民衆たちに提供した。その後の元首たちも程度の差こそあれこれにならった。元首は共和政期の何人もの有力者があたえていた「パンとサーカス」を一手にひきうけたといえる。これは富者・エリートのエヴェルジェティズムの踏襲でもあった。そしてまた、ローマの民衆の潜在的な危険性を考慮しての不可避の政策でもあった。それでもなお民衆たちが穀物不足の噂《うわさ》におびえて、街に出た元首のまわりをとりかこんだり、劇場に集まったとき騒然となったり、元老院議場をとりまいて審議に圧力をかけようとしたり、といった例が元首政の一世紀を通じて散見されるのである。

とはいえ、これら一見無秩序で乱暴な面をしめす民衆たちだが、少し視点をかえて彼らをみる必要があると思われる。ローマ史史料に民衆への偏見がありうることはさきにもふれたが、その史料においても民衆たちの行動が流血をまねいた例は元首政期にはほとんどない。むしろ彼らは穀物供給の安定、不当な裁判のとりやめをもとめ、ときには、カエサルにたいしてなしたように、ゲルマニクスというティベリウス帝の甥で民衆が好いていた将軍が死んだと聞いて哀悼《あいとう》の意を一致してあらわし、カリグラやネロなど、その即位当初には好意をもっていた元首には歓呼の叫びをあたえた。

このように民衆ははっきりした目的をもって集まり、自分たちの感情や要求を表現している。闘技場のまわりで夜中騒いだ民衆をドミティアヌス帝が追い散らした例はある［スエトニウス『ローマ皇帝伝――ドミティアヌス』一三・一二］。また、これはローマではなくイタリアの別の都市のことだが、ヌケリアとポンペイの市民が競技の勝敗をめぐって騒擾《そうじょう》をおこし、ティベリウス帝によって以後両市とも競技の開催を禁じられるという罰をうけた例がある［タキトゥス『年代記』一四・一七］。しかし、ローマ市の民衆が穀物その他の要求をかかげて不穏ともみえる集団行動をとっても、元首はほとんどはこれをとがめず、要求にこたえて必要な措置をとるのがふつうだったのである。

共和政期にはまがりなりにも民会が機能していたから、貧しい市民といえども投票権を行使する機会があった。政治家たちは民会の選挙で最高官職に選出される必要があり、またみずからに有利な法律をとおすためにも民会の多数の票が必要だった。彼らによる民衆抱き込みの目的の一つがこれであった。しかし、元首政期になって最高官のコンスルなどの選挙は民会ではおこなわれなくなった。そのほかの民会の機能も、元首が部下の騎士や自分の奴隷・解放奴隷をもちいてどんどん国家生活上の業務をすすめていったから、民会はその場をうしない、開店休業に等しくなっていった。

民衆はこうして制度として政治に参加する場を奪われることになった。じつは、その民衆が自分たちの要求を権力者にたいして表明し、実現させる、のこされた唯一の場が闘技場であり、劇場であったのである。元首たちは民衆を満足させるためにさまざまなことに配慮したとはさきにふれたとおりだが、彼らのほうもこのような場での民衆たちとの交流を重要視し、政策決定の正式なプロセスの一つに数えていたと思われる。アウグストゥスは「国父」の称号をローマの大闘技場に集まった民衆の歓呼によってうけ［スエトニウス『ローマ皇帝伝――アウグストゥス』五八］、クラウディウスは実子ブリタンニクスを後継者として（結果的にブリタンニクスは殺されて元首にはなれなかったが）やはりそこで民衆に紹介した［スエトニウス『ローマ皇帝伝――クラウディウス』二七］。穀物価格の値下げ、減税の約束もここでなされた。そしてこれらの公共施設はなによりも戦車競走、野獣のショー、演劇などのパフォーマンスのおこなわれる場所であり、元首たちは資金を出してそれらを主催し、無料で民衆に提供し、「善行者」として民衆とともにそれらを楽しむポーズをとったのである。

一世紀末からはじまる五賢帝の時代には、ローマ市の民衆の示威的な行動はほとんど知られなくなる。しかし闘技場での元首との交流が途絶えたわけではなかった。ハドリアヌスはローマの公共建築物をさかんに造営し、マルクス・アウレリウスも好んでではなかったが、闘技場に臨席する時間をさいていた［『ヒストリア・アウグスタ――マルクス・アウレリウス』一五・一］。

そしてややまをおいてコンモドゥス帝の時代、一九〇年、親衛隊長クレアンデルが穀物を買い占めたために不足が生じた、との反クレアンデル派による情報操作がおこなわれ、民衆が大闘技場に集まり、クレアンデル糾弾のデモに出発した。彼らは郊外のウィラ（別荘）にいたコンモドゥスに嘆願すべく行進したが、クレアンデルの部下の親衛隊兵士が民衆を襲い、民衆はローマの狭い街路に散らばってゲリラ戦で抵抗したという。コンモドゥスは急遽クレアンデルを処刑し、その首を民衆に渡して彼らを静めねばならなかったという。ローマ民衆の要求実現の手段はなおも忘れられていなかったといえるだろう。

そしてこのような形で民衆が行動し、皇帝に影響力を行使するような関係は四世紀以後、キリスト教ローマ帝国の時代においても、その首都コンスタンティノポリスにおいて展開することをみてとれるのである。

ローマは市民の共同体としての政治のシステムを、元首政期になって完全に消滅させたようにみえるけれども、古代都市民、とくに都市民衆の政治参加の意識は形こそかわれ、存続を認められ、かなりていねいに配慮されていたことが以上の例からもうかがえるであろう。もっとも、ローマ市は特別の首都であったから、そこの民衆にも元首の特別の配慮がはらわれたとはいえる。彼らは直接元首・皇帝と交渉することが可能であった。

属州の都市ではそうはゆかなかった。ハドリアヌスのような皇帝は帝国のすみずみの都市まで足をはこび、アテネ、エペソス、スミルナなどの都市には手厚い施与をおこない、その他の都市でも住民のさまざまな要望に具体的にこたえてやる皇帝であった。しかしそれは都市民衆の恒常的な生活とふれあう形でおこなわれたのではもちろんなかった。属州都市では、ずっとミニマムな形で民衆たちがその都市の広場や競技場に集まり、都市の役人、地方名望家エリート、たまに属州総督と対座し、要求をかなえさせたり、娯楽を提供されたりするシーンがみられたのである。

ここで都市民衆のこのようなあり方をキリスト教徒との関係に少し関連させて考えれば、初期キリスト教徒迫害の背景が推測できる。ローマ市においては民衆がキリスト教徒を告発したりフォルム（公共広場）で暴力をふるったり、裁判や処刑に立ち合って嘲弄《ちょうろう》したりする確実な例はまったく知られていない。人口一〇〇万以上を数えた巨大都市にあってはキリスト教徒はまだあまりにも少数であったことを意味するのであろう。

属州都市には人口が五万を超えるものはほとんどなかったろうから、市民の大部分が顔見知りという都市も少なくなかった。そこにあらわれたキリスト教徒は、ほんの一握りでも全市に知れわたることになった。戸外でくらすことの多い地中海都市だから、市民のあいだで彼らの噂は迅速にひろまったであろう。とりわけ、田園にウィラなどをもたず、都市をもっぱら生活の場としている民衆は不安や不満を感じたら役人、参事会員の地方エリート、総督たちに訴え直接要求することをつねとしていたから、キリスト教徒告発もそのような事項の一つであったのだろう。

ある市民は妻がキリスト教徒になってよそよそしくなったというので告発する気になり、最近の天候の悪さはキリスト教徒のせいだ、という者がいたかもしれない。キリスト教徒は裁判になれば死刑だということも彼らは噂により、経験によりよく知っていたのだろう。そして祭典が近づく興奮。キリスト教徒の側には神々を公然と偶像よばわりする挑戦的な熱心派がいる。こういう状況のなかで迫害は生じた。しかし民衆はキリスト教徒を駆りたて、歓声のうちに当局につきだすことはときにあったが、それ以上の行動に出ることはまずなかった。伝統の、公の場での要求貫徹のプロセスを彼らはまもったのである。判決がくだされ、公開処刑になれば、それは共同体の娯楽であり、一種宗教的な儀式であることも都市のパフォーマンスなのであった。

2　富める者と貧しき者

上層民キリスト教徒

今度は地中海都市においてキリスト教を信じた市民たちを、それぞれの市民のその社会における立場に視点をおいてながめてみよう。キリスト教はローマ帝国のどの社会層から浸透していったのか、という問題については、古くより初期キリスト教史をあつかうどの学者もなんらかの言及をしているが、それらの見解は分かれる。史料の決め手がないのだからそれも当然である。

ただ、キリスト教が奴隷のあいだからまずひろまっていったという説は、いまでは夢想的なキリスト教史観としてしりぞけられねばならない。パウロが展開したような贖罪《しょくざい》・救済論は帝国社会のかなりのインテリ層しかわからなかったろうから、最初の教徒にはあまり多くの下層民ははいってこなかっただろうという意見もある。これも一面しかみていない考えである。たしかにキリスト教は経典をもち、それに加えてさまざまな文書をうみだし、広い範囲の集会で回覧するようなこともおこなった、古代ではめずらしい形をとった宗教である。しかし、古代ではそもそも文字を読み、内容を理解できる人はごく少なかった。最初から文字の読める人だけを相手に伝道していては、教会は成り立たなかっただろう。説教をする者と若干の教徒が聖書を読めるほかは、みな耳だけで福音に接したであろう。

四世紀、すでに大都市では教会が立派な会堂すら建設していた時代、大迫害が勃発《ぼっぱつ》して教会の聖書が命令により没収されたが、一つの教会が捜索されてみつかる聖書の数はごくわずかだったようである。聖書はまだ貴重品というか、一般信者のもつものではなかったのである。聖書が信者たちの家にゆきわたっていたのなら、このような命令は意味がなかったはずである。

結論として私は、フォックスなどとともに、初期キリスト教徒たちの出身階層は、最上層が極端に少なく、最下層つまり奴隷も少なく、あとはだいたい一般社会の階層の数に比例して中下層民が多数をしめただろうと推測する。小アジアのフリュギアなど、またシリア、パレスティナ、エジプトでは田園地方にも早くからある程度のキリスト教徒がいたろうが、他の地方では都市にかたよって存在したこともさきに若干ふれたところである。

都市の民衆は、キリスト教徒をはげしく迫害するときの主役になるが、その人口が多い分だけ教会においても多数だったということだろう。奴隷には自由に教会に出入りするのに障害が多く、社会における実数に比して信者内にしめる割合は小さかっただろう。女性信者の出身階層にはさきにも述べたように男性の場合と多少のずれがあった。たとえば上層民のあいだでは妻たちが夫たちよりも多く信者になったと思われる。

古代の教徒・非教徒の証言も信者の階層については一致しない。キリスト教批判者である二世紀のケルソスは教徒には下層で無学な者、女性が多いといい［オリゲネス『ケルソス駁論』三・四四、五〇ほか］、ミヌキウス・フェリクス『オクタウィウス』のキリスト教批判者カエキリウスも、教徒は社会の最下層の人びとと熱狂的な女たちばかりだと軽蔑的に語る。これにたいしてオクタウィウスみずから「われらのほとんどは貧しいとみなされている」と認めるが、三世紀のオリゲネスは上層民が多いと反論する〔『ケルソス駁論』三・五五〕。そしてオリゲネスと同じアレクサンドリアで二世紀末にさかんに著作をものしたクレメンスは、知的で富裕な教徒にも単純な信仰をもつ大衆教徒にも語りかけているのである。

少数とはいえ、たしかに存在した、都市の上層に属したキリスト教徒からながめてゆこう。パウロは属州総督（ユダヤ、キプロス、アカイア）にたいしても語り、小アジアの都市の上流婦人たち、マルタ島の権威者、アテネではアレオパゴス会議、つまり都市参事会の議員のまえで弁舌をふるい、コリントス市の役人と親しく、エペソス市民でアシア州議会議員をつとめる人物から好意をえていた。彼と親しい教徒には皇帝の解放奴隷もいた〔「ピリピ四・二二」〕。新約文書のなかではもう一人、ルカが福音書と使徒行伝を献呈しているテオフィルス（テオピロ）は、「ルカによる福音書」一・三では「閣下」とよばれており、上層の人であったとみなされる。これは通例元老院議員に付される尊称ではあるが、彼を最初の元老院議員キリスト教徒、あるいはルカのようなローマに親しみをもつ記者からよびかけをうけた最初の議員と想定するのは少々冒険のようである。

その後、キリスト教徒上層民の情報は途絶える。ドミティアヌス時代に処刑・追放されたフラウィウス・クレメンス、アキリウス・グラブリオ、ドミティラという最上層家系の人びとを、われわれはキリスト教徒であったとは思わない。少しのちに小プリニウスが小アジアで、あらゆる階層の老若男女にキリスト教徒がいる、としるしているが［『書簡』一〇・九六・九］、最上層にどのような人がいたかなどはまったくわからない。

二世紀はじめの成立とみなされる『ヘルマスの牧者』には、ローマ市のかなり富裕な人物たちが財政的な支えとなっている教会の姿がうかがわれる。またルグドゥヌムの迫害の殉教者のなかでローマ市民として名をあげられる唯一の人物アッタロスは地方名望家の一人であったかもしれず、ウェッティウス・エパガトスも騎士身分ではなかったかと推測される。二世紀末から三世紀はじめにかけて活躍した教父テルトゥリアヌスは小プリニウスと同じようにあらゆる階級にキリスト教徒がいるというのだが、二世紀までの上層キリスト教徒の実例はこのように僅少である。

墓碑銘の証言

三世紀になると多少事例は多くなる。アレクサンドリアのクレメンスはそのような富者教徒のために『富者はいかにしたら救われるか』というパンフレットを著わし、「富んでいる者が神の国にはいるよりは、らくだが針の穴を通る方が、もっとやさしい」［マルコ一〇・二五ほか］というイエスのきびしいことばが、彼らの心配の種にならないよう注釈している。

碑文などにも、都市社会で活躍していたキリスト教徒の存在がたしかめられる。フリュギアには参事会員をつとめ、都市での競技開催の費用を負担してエヴェルジェティズムを顕彰された教徒がおり、ビテュニアで都市役人をつとめた教徒、ガイウスという名の法律家、エウメネイアにはアシアやイタリアで、ギリシャ・ローマの神々のための競技で勝ちまくり、いくつもの都市の市民権をえ、エウメネイア参事会員になり、そのなかの長老会議の一員ですらあったヘリクスという名のキリスト教徒が知られ、オスティアでは船主組合の一員の墓碑銘に教徒たることが刻まれている。

この世紀前半を生きたユリウス・アフリカヌスという人物はやはり地方名望家で、独特多彩なキリスト教徒であった。彼はイエルサレムのうまれでシリアのエマオスという都市に住み、そこの有力者になって都市の興隆に尽力し、都市の使者としてエラガバルス帝のもとに伺候し、都市の名をニコポリスと改称する許可をえた。エデッサというメソポタミアの小王国の王バルダイサンという人物もキリスト教徒になっていたが、ユリウスはこの王とも親しくしていた。彼は各地を旅行し、図書館をエマオスにつくり、自身ホメロスの写本を調べたこともあった。動物学にもくわしかった。旧約をも研究して「スザンナ物語」が虚構であることを証明して、オリゲネスの称賛をえたという人物でもあった。

このようにみてくると、三世紀になって、比較的自由闊達《かったつ》に都市的生活を享受し、公的な義務もはたしながらキリスト教徒である、という人びとがあらわれてきたことがうかがわれる。キリスト教はそれだけ伝道をすすめたということであろうし、ある程度、いやかなりの程度まで一般社会との妥協をおそれなくなったということをこれらの事例はしめしているだろう。もっとも三世紀がすすむにつれて総体的に帝国の都市の活力は弱まり、エリートたちが税の負担にたえかねて貧困化したり、都市からのがれたりする傾向があったから、都市参事会員の財産基準も下がり、それらはもはやエリート集団とはいえなくなりつつあった。だからそこにキリスト教徒がみいだせても、まだ上層への浸透とただちに評価はできないのである。ただ、この世紀になっておおっぴらに自分の墓碑銘にキリスト教徒であることを刻む者が多くなったのは注目される。彼らが自信をもつにいたっていること、迫害はやはりそれほど恒常的なものでなかったことがわかるのである。

富裕な女性の存在もいっそう教会において大きくなっていった。ある属州総督の妻がキリスト教徒であったことがヒッポリュトスによって伝えられ、オリゲネスは聖書注解でマリアを高く評価し、彼女は名門の生まれで聖書にもよく親しんでいたなどというのも、三世紀の教会における女性の重みと彼女らの出自の高さを暗示しているようだ。ことに夫をうしなってその遺産を自由にできるような女性は、教会のなかに生きがいのある道を用意された。教会が意図的に彼女らを利用しようとしたわけではなかったのかもしれないが、教会の指導者たちは再婚をすすめず、富は献金して貧民への施しにあてるべきだと教え、教会ではなにかの地位を彼女らにあたえた。そのようにして、社会の組織のなかではじめて積極的に働きうる場所をあたえられた女性も少なくなかっただろう。

三世紀末にいたっても元老院議員でキリスト教徒であったとされるのは、エウセビオスが名をあげるアステュリウスというカイサリア出身の人物ただ一人である［『教会史』七・一六］。それすらもその実在性は疑わしい。ローマ建国一千年祭を挙行したフィリップス・アラブス帝がキリスト教に改宗して礼拝に出席した、とこれまたエウセビオスが記しているが

くるのは、皇帝コンスタンティヌスが権力をにぎって以後とみるのが妥当であろう。〔『教会史』六・三四〕、史実とは認めがたい。結局ほんとうに帝国の上層が教会にはいって

それまでの時代、教会のなかに一般社会のエリートはまさに微々たるものであったとするほかはない。もっともさきにもみた、二世紀後半スミルナで殉教したポリュカルポスは総督に反論し、われわれは権威ある者とは語るが、民衆などはその値打ちがないと考えると答えている。その姿勢が象徴するように教会は、あるいは教会のエリートである司教層は一般社会の富者・上層を評価する価値観を共有しがちであった。しかし彼ら自身はまだ真に上層出身者ではなく、それはキリスト教がローマ帝国社会にとって危険な価値観の持ち主でないことを主張したいがための姿勢であったというべきかもしれない。というのも、ローマ帝国社会はつねに富者エリートを高く評価する社会であり、民衆を無視あるいは危険視していたからである。

富者は救われるか

キリスト教徒は、まわりの社会にとけこもうとしない集団を形成していた。とはいうものの、彼らがローマ帝国の、そしてそれぞれの都市の住民として生きていたことにまちがいはなく、そのことを彼らが拒否しようとしたわけではけっしてなかった。護教家たちはかならず、キリスト教徒が害のない善良な市民で、自分たちの神に皇帝と帝国の安寧のために祈りつづけていることを力説している。キリスト教徒の帝国観や皇帝観は一般帝国民のそれと

くにことなってはいなかったのであり、それは一般生活上の道徳、労働観、戦争観、奴隷の用い方、魔術とか悪霊などの神秘な事柄についての考え方、古典文化への態度、などについてもある程度いえることであった。

近年はキリスト教徒が異教徒、一般ローマ帝国人とかなりの点で重なるものをもっていたことが指摘され実証されてもいる。にもかかわらず、キリスト教徒が異質な社会的存在として糾弾されたことも事実である。そこにはまったくの偏見による中傷もあったが、キリスト教徒が信仰以外の、主として社会生活にかかわることで他の人びととは多少ことなる意味づけをそれらにあたえていたことも否定はできない。その微妙な意味づけのうちのあるものは、しだいに意識的に追求されるようになり、古代末期以後のキリスト教の歴史に重要な特色をあたえることになる。その一つが性にかかわる問題の意味づけであり、また一つは富と貧しさの問題であった。

ギリシャでもローマでも富というものはよいものであり、それはだれも疑うことのないことであった。富があるということは、その人が倫理的にもすぐれていることをしめす、とすら一般には考えられていた。財産権の重要性もキケロあたりから論じはじめられた。もっとも、観念のうえからはストア思想では富へのこだわりは恥ずべきことで、必要以上に富をもとうとする貪欲さは非難されないではなかったが、一般に人間は、かなりの富豪でも自分が余るほどに富をもっているとは思わないもので、あの小プリニウスは自分がローマの上層階級のなかではさしたる富の持ち主ではなく、つつましい生活をしていると告白しているが

[『書簡』二・四・三]、イタリアにいくつもの農場を所有していた彼の財産は、ダンカン・ジョーンズの試算によると約二〇〇〇万セステルティで、帝国全体では四〇番目くらいの資産家であっただろうという。

そのような世界でイエスが貧者に温かい目をそそぎ、富者には救われるために財産を手放せとすすめたのは、たしかにめずらしい例といえた。しかしイエスが貧しさを評価したのは、彼が近いと信じていた神の国の到来にさいしてそこにはいってゆくためには、この世の事がらは邪魔になるという文脈で語られている。そこには社会的・政治的意味での富者批判がこめられていたわけではない。しかし、イエスの富者へのきびしいことば自体は、のちのキリスト教の歴史のなかでことばどおりにまもられたわけではないが、少なくとも忘れられることはなかった。

原始教会は財産共有制などは実行しなかった。むしろギリシャのピュタゴラス派やキニーク派、ストアの理念に賢人同士のあいだでの完全共有制の考えがあり、ユダヤ教でもクムラン教団がそれに近い制度をもっていたのであるが、キリスト教にみられたのは信者が自分の財産の一部を献じ、それで教会全体の費用をまかなうという考え方であった。

教父の時代になってもイエスの富める青年への財産の放棄のすすめは、「もしあなたが完全になりたいと思うなら」という、「マタイによる福音書」一九・二一だけにあることばのほうに重点をおく解釈がなされ、現実の富の放棄が主張されることはなく、個人のもつ富も非難されなかった。テルトゥリアヌスはキリスト教徒のあいだでは、妻以外は共有であるといっているが［『護教論』三九・一二］、これはキリスト教徒の性的紊乱《ぶんらん》への中傷にたいする反駁《はんばく》のほうが強く出た言い方だからであろう。

もっとも、キリスト教異端のなかに財産どころかたしかに、妻をも共有していたといわれる一派がいたことが知られる。三世紀のアレクサンドリアのクレメンスが伝える、グノーシスのカルポクラテスの子エピファネスが、すべての私有を放棄してあらゆるものを平等に共有すべしと主張したという。また同じグノーシスと思われるエビオニテスも共有を実行した、とさきにもふれた四世紀のエピファニオスが伝えている。四世紀のガングラの教会会議は、エウスタティウスという人物が、所有物をすべてすてないような金持ちには救いの可能性がないと説いたとして、彼に異端の烙印を押した。教会の正統派は現実的な考えをとってはいるが、キリスト教の底流には、やはりイエスにさかのぼる、富へのこだわりがなくなりはしなかったということである。

二世紀後半のエイレナイオスは異端論駁《いたんろんばく》の書で、キリスト教徒の財産は改宗するまえのその人の貪欲による所有物、不正の賜物だ、などというのだが［『異端論駁』四・三〇・一］、彼が富の所有自体を否定するわけではない。別のところで彼は、出エジプトにさいしてイスラエル人たちがモーセの命令でエジプトでえていたものをすてないでもって出たことにはおおいに共感をいだいているのである。キリスト教の主流の考えは、やはりアレクサンドリアのクレメンスの『富者はいかにしたら救われるか』のそれであったといっていいだろう。

つまりそれは富者弁護論であった。彼はいう。貧しさがすぐれているのでも富が悪いのでもない。富は友情と分かち合いをうむ道具である。富者にはより多くその道具があたえられていることになる。隣人を助けることのできる財産を捧げることを惜しんではならない。あまり豊かでない者が多くありすぎてもいけないが、富者は捧げることによってその身の救いを確実にすることができるのだ、と。もちろん彼は福音書の富と富者への非難を比喩《ひゆ》的に解釈する。

膨大な著作をのこしたクレメンスは別のところでは、神は水も空気も平等に人にあたえた、富も同じであって、富者と貧者の別があるのはまちがいだ、平等こそ正しい、ともいい、他方キリスト教徒は正しい富の所有を実行している、などとも述べるのである。しかし最初にふれたあのパンフレットのすすめが教会の金持ち層を安心させたことはたしかであろう。三世紀の教会では、彼らのような教徒が物質的な支えとなる状況になりつつあったから、これは重要な発想であった。

テルトゥリアヌスも富は施しができるので便利なものだ、という。キプリアヌスは財産をもつこと自体をとがめることはいっさいなく、ただデキウス迫害のとき実際にあったことだが、神々への祭儀を強制されて、祭儀した証明書を金で入手するような用い方は許されない、といっている。教会は少しずつではあるが強くなっていた。その過程で、教徒の富は献金の形で教会に役立っていた。この経験をふまえて教徒は富の一部を捧げればよいとされたわけだが、献金はおおいに勧奨され、救いの条件とされることも出てきたろう。教会は確実に豊かになっていった。しだいに聖職者の月給制もおこなわれ［キプリアヌス『書簡』三四・四。三九・五。テルトゥリアヌス『護教論』三九・五。『十二使徒の教訓（ディダケー）』一三・三。エウセビオス『教会史』五・二八・一〇〕、他の教会への援助のシステムも機能していた。

上層民は多くはなくとも教会財政を豊かにした。だが貧しい者も捧げはしたであろう。そのような一般信者の献金のほうが教会の致富には効果的だったかもしれない。かくして三世紀の教会はかなり富裕になっていたようにみえる。デキウスとヴァレリアヌスの迫害のときにアレクサンドリア教会を率いていたディオニュシオスは、教会財産が没収されたことを迫害の主要項目の一つに数え、ガリエヌス帝のときにそれが返還されたことを非常に喜んでいる〔エウセビオス『教会史』七・一一・一八。七・一三・三〕。ガリエヌス以後皇帝の迫害は休止したが、そのあいだに小アジアのニコメディアなどの教会はついに都市の真ん中に大きな会堂を建設することができたのである。

キリスト教公認をみた教父ラクタンティウスも、私有財産は太古からのならわしであり、共有などの考えは不適当だという。そして彼もまた富を個人の楽しみにではなく、多数の人の利益のためにもちいることが正義だ、と論じる。富の肯定と教会への献金はやはり緊密に結びつけられているのである。

教会の致富にともなうかのように、教父たちのあいだから今度は富や所有自体への否定の論調があらわれてきた。その傾向はキリスト教公認、教会の権力化のすすむ四、五世紀に強まってゆく。早いところでは三世紀のオリゲネスがきびしい。彼はクレメンスなどとはことなり、富を否定した聖書の語句を比喩的にとらなかった。彼によると富は一時的なものにすぎず、人を堕落させるものだった。神にものをねだるような祈りをすべきではなく(だからオリゲネスは主の祈りのなかの「日毎の糧をあたえたまえ」ということばを、これはほんとうの食べ物ではなく霊の食べ物のことだと解釈している)、聖職者はいっさいの財産をすてるべきだ、財物をもとめるような者はキリストの弟子ではないとすらいうのである[「創世記説教」]。オリゲネスが熱心な殉教志向者であったことはさきにふれたが、性的欲望を断つためにみずから去勢し、きわめて禁欲的な生活を実践した彼の富への批判は、彼のその禁欲的信仰から導き出されたものであろう。キプリアヌスはキリスト教徒の富の堕落的使用を非難するが、そのような歪んだ富の考え方が教会内部にもしのびこみ、聖職の地位の争奪に富が介在しはじめたことを知らせている。キリスト教徒が富の誘惑にたいして、非キリスト教徒よりも強いわけではなかったことも明らかである。だからこそ四世紀以後に教父たちから富への批判が相つぐことになるのであろうが、それを語る教父が信仰の純粋さの復興のみを願っていたわけでもないようである。

富に批判的な代表は一連の東方の教父たちで、ナジアンゾスのグレゴリオス、カパドキアのバシレイオス、アンティオキアのテオドレトスなどにそのようなことばが多くみえ、ヨハネス・クリュソストモスは矛盾したこともいうが基本的には富者に批判的である。彼はかなり現実的で、神からあたえられた富自体は不正なものではないとして、やはり貧民救済に結びつけて論じる。彼は当時(四世紀末)のアンティオキア教会には富者が一〇分の一、中間層が五分の四で貧民は一〇分の一だといい、教会の収入は一人の富者なみだから富者が教会に一〇人いて、金を出せば貧民は全部救われる、とデータらしきものをしめしている［「マタイ福音書説教」］。

一方、西方の教父ではミラノのアムブロシウスが財産に否定的で、富は持ち主の罪を贖《あがな》うために施しにもちいるべきだと強調する。ところでこれら教父たちはこの時代にはかなり高い社会的階層の富裕な家柄の出身者がほとんどになっている。アムブロシウスの父はガリアの総督で、三七四年に彼がミラノ司教になったときには彼自身がそれまでイタリアのアエミリア・リグリアの長官をつとめていた。クリュソストモスの父は将軍職にあった。彼ら富裕な教父たちの富批判は、多分に理想化された空論の観があり、またこの時代顕著になっていた禁欲修道制にたいする顧慮が背景にあったことを念頭におかなければなるまい。

ちなみに自身修道生活も体験したアウグスティヌスはアフリカの貧しい自由人のうまれで、その論議に富の空しさへの指摘はあっても所有の放棄のすすめなどはまったくない。彼がくりかえし弾劾した論敵ペラギウスのほうが、富は現実には罪ではないが、罪を結果することが多いからすてさるべきだと主張していたのである。

結論的にいうと原始教団以来、キリスト教は個人の財産権を否定せず、能力に応じて献金することをもとめた。富者教徒の増加は教会を富ませることになったが、教会自体が富み、また豊かな人びとによって支えられることへの批判はあまりなかった。ただ、教会内、ときには外の、貧しい人びとや孤児、病者への施しはよくおこなわれた。しかしその費用は教会財政の一部にすぎなかったようだ。三世紀後半ころから教会にはその富ゆえにであろうが、一般社会とかかわりのない買収などの不正現象が生じてきた。四世紀はじめの公認と皇帝による教会への庇護は致富の可能性をさらにひろげ、そのゆえの危険性も大きくなった。そこで教父たちの良心的（？）富否定論が数多く説かれるようになった。施しのシステムが制度として確立もした。そして富のことのみならず、教会内のゆるみ、汚れに批判の目をむけた禁欲主義者たちが都市の教会を出、富をすて、修行の生活にはいってゆく構図が明瞭になってくるのである。

施しの構造

三六一年に皇帝となった「背教者」ユリアヌスは短い在位のあいだにキリスト教の弾圧をおこない、キリスト教批判の書をも著わしたが、そのユリアヌスがキリスト教のことで唯一高く評価し、その点でギリシャ・ローマの神々の祭司たちをとがめ、キリスト教に学んでとりいれさせるべきだと考えたことは、キリスト教の整った教会組織と、教会がすでに長いあいだ慣習としておこなってきた、貧民への施しであった。

初期キリスト教における富の観念と施しとの密接な関連はいまみてきたとおりである。もっとも基本的な考え方は、富者はその富を教会に捧げ、そこから貧民への施しをおこなうべきだということであった。そこには施しという行為によって富者の罪はそれだけ償われる、という解釈があった。『ヘルマスの牧者』がすでに富者と貧者の分かち合いという発想をしめし、施しをあたえられる貧者ややもめ、みなし子は富者のためにとりなしの祈りをするだろうと述べている。そしてアレクサンドリアのクレメンスは、施しはその人の救済を贖いとることができるといい、「なんとすばらしい商い、神聖な取引だろうか」とたたえている［『富者はいかにしたら救われるか』三二・一］。

四世紀のオプタトゥスにいたっても、神は人を富者と貧者に分けて創造した、それは罪人に罪を償う機会をあたえるためであり、施しによって罪は消える、と論じられている。ヨハネス・クリュソストモスもアムブロシウスも同様にいい、アウグスティヌスは貧者は必要

図8　市民に施すマルクス・アウレリウス
ローマ帝国の施しは、市民のみにあたえられた。これにたいし、キリスト教会の施しは、貧者と弱者を対象としていた。やがてキリスト教の施しは、国家の福祉事業をになうものになっていった。

以上の施しをもとめてはいけないとするが、それ以下で満足するなら施しはよいことだ、という。

キリスト教会におけるこのような施しへの評価とその実行を、地中海都市における行為として考えてみるならば、初期教会の富者と教会、あるいは富者と一般信者との関係は、古代都市特有のあのエヴェルジェティズムと連続するのではないか、そして別の言い方をすればこれもローマ社会の特質の一つとしてあらわれた親分子分のクリエンテラ関係、富者が他の人びとのパトロンとしてふるまう関係とも連続するのではないか、という問題がうかんでくる。

おそらく富者がその帰属する共同体に財政上貢献をなして、共同体のメンバーから顕彰や尊敬という形の利益をうる、というエヴェルジェティズム、あるいはパトロネジのシステムやそのならわしがキリスト教会における富者信者の位置づけにさいしてモデルとして想起されていたということはたしかであろう。『ヘルマスの牧者』の、楡《にれ》の木を富者に、それにからみついて高くのびるぶどうを教会にたとえているあたり（第二のたとえ三）は、まさにそういう感じをいだかせる。しかしモデルとしつつも、そこではキリスト教的な意味づけが暗黙のうちになされていたとみなければならない。

教会においては男女、富者・貧者、自由人・奴隷のあいだにへだてがなく、いずれも平等な信者であり、役目や序列は教会内で独自に定められ、世俗の身分や力ではなく、信仰にもとづいて定まる、という建て前はある程度まではまもられつづけた。だから女性が執事とよばれる役職につき、奴隷もなんらかの地位をえ、富者が多額の献金をなしたとしてもただちに教会の上席にすわることにはならない、というのが初期教会の原則であったろう。

このような外の社会の序列の逆転をも可能にする現象は、教会においてどの程度まで実現していたのか、そしてそれは時代とともになんらかの変化をしめしたのだろうか。単純なキリスト教史観でみるならば、これこそが古代世界においてキリスト教のみが実現しえた信仰共同体の理想だとして説明できるかもしれない。しかし、近年の研究はさきにもふれたように初期キリスト教徒と一般ローマ帝国社会の人びとの、一般の事柄についての通念やモラルなどにたいする姿勢のあいだには顕著な相違はみいだしにくいとの指摘をしきりにおこなっている。その動向に即するならば、げんにおこなわれていた教会的エヴェルジェティズムについても、やはりローマ帝国社会との関連性で考えるべきだということになる。

この、施しについてのキリスト教的意味づけにかんしてはP・ブラウンが卓抜な説明を加えている。彼にしたがって少しその考え方をたどってみよう。まずキリスト教は一部はユダヤ教にならい、またイエスのことばをも受けて、ギリシャ・ローマ社会では一般に嫌われ、忌まわしいとされる概念であるところの、死、罪、貧しさについて特別の意義を付し、非常にこれらにこだわったという。

たとえば死。キリスト教徒はギリシャ人たちのならわしよりもいっそうていちょうに仲間を葬ったが、それだけではなく共同の墓地をまもりしばしばそこに集まり、礼拝して、死者は眠っているが最後のときにまた出会うとして、彼らとももともに礼拝するという意識をもった。殉教者の遺体も、ときにはその一部をも気味悪がらずにたいせつにし、崇《あが》めもした。キリストの来臨、あるいは最後の審判と、信者はパラダイスにはいるという信仰は、教徒にとってはきわめて現実的なものであったようだ。

また、罪というキリスト教の観念も非キリスト教徒には異様で、信仰をうけいれるさいの障害となったであろう。人間がすべて原罪を負い、キリストはその全人類の罪の贖いのために死に、甦《よみがえ》ったことを信じ、信者はたえず罪を自覚し悔い改めの生活を送らなければならない。キリスト教批判者が、教徒というのはつねに自分が悪人であると暗い顔で告白しているわけのわからない愚か者だときめつけたのも、あながち的外れではなかった。罪の問題を理解して教会の仲間となるには、かなりの教育の期間を要したにちがいない。しかし、いったんキリスト教徒となった人びとのあいだでは罪を自覚し、救いをまつ群れという自己意識は、それを知らないまま滅びに予定されている（と彼らがみた）外の人びとと別の、えらばれた民としての連帯性と結束力を強める役割をはたしたであろう。

ともあれ、このような観念が支配する教会に富者たちがある程度増加してきたときに、彼らは礼拝所のまえにつめかけて教会にくる人びとから施しの食事や金品をもらおうとする貧民を眺めて、そこに罪人の姿を重ね合わせただろう。みずからは幸いにもこのように惨めな貧民ではないが、説教では自分たちも罪人だと教えられる。あれら貧民が罪という点では自分の姿をしめすのかもしれない。富者は施しをすすめられる。捧げた金が現実に教会の施しの事業によって貧民たちを救うのを彼らは目でみ、実感できる。それをみるとき彼らは自分の罪が軽くなるのを信じたのである。これがキリスト教会が施しをおこないつづけたさいの支えとなった観念の構造だ、とブラウンはいうのである。

二世紀の教会文書『ディダケー』がしきりに施しをすすめ〔四・八、一三・四〕、二世紀なかばのユスティノスはローマ教会の慈善がすでに組織化されていたことを知らせる。こうして三世紀なかば、ローマ司教コルネリウスはアンティオキアのファビウスにあてて、ローマ教会のスタッフの数を紹介する手紙のなかで、司祭四六人、祓魔師《ふつまし》・朗読係五二人などとしるしたあと、教会が養う寡婦《かふ》および困窮者は一五〇〇人以上、と書いているのである〔エウセビオス『教会史』六・四三・一一〕。

富者たちはこのような、観念のうえだけでの説明と位置づけで完全に納得したわけではなかったであろう。なかには教会にはいってきたが、迫害によらなくとも失望して去っていった人びとも少なくはなかったであろう。社会的に地位のある者がなかなかふえなかったのは、教会内に自分をしかるべく認めてくれる場がなかった、という面もたしかにあったかもしれない。そのようにして去っていった人びとが小プリニウスの裁判で何年もまえに信仰をすてたと証言したのかもしれない。

しかし教会の施し・慈善がつづけられたことはまちがいない。罪の償いとの結合もつねに主張された。教会生活に生きがいをみいだした、ことに処女や寡婦たちにとっては、そのために奉仕することが大きな意義をもったであろう。貧民の側からするならば、都市のエリートたちにたいすると同じありがたさを教会に感じただけであったかもしれないが、エリートの勢いがしだいに弱まってゆく時代、教会の施しは相対的に都市において重みをもってゆくことになったであろう。

しかし、慈善ということ自体、そして富者を納得させるキリスト教的な施しの意義づけももちろん、貧者蔑視のイデオロギーにたっていたことは否めない。現代においてもすでにかなり以前から、かつてはヒューマンな行為として推進され称賛された慈善や福祉が、結局は貧困と貧者への差別を固定化し、その事業に携わる者も、対象となる弱者を平等視できなくなる、という問題が指摘されてきた。ドゥ・サント・クロワなどはこの点からも、キリスト教が古代においてはたした役割を革新的でも民主的でもなかった、と批判するのである。たしかに現代人の差別・平等・人間の解放という感覚のレヴェルでとらえるならば、初期キリスト教のとった道は富への迎合であり、権力者への屈服であり、差別としての施しを美化したのは大きな欺瞞である、という批判が可能であろう。しかし、富者が私財をはたき、貧しい者たちがそれをうけとるという関係は古代世界においては（富者が大衆にある種の侮蔑感をもっていたことは否定できないが）、なんら倫理的なみじめさの感覚などなしに存在していたことも理解されなくてはならない。

キリスト教は都市の社会の富者・貧者の関係の構造を自分たちの共同体のなかにふくみこんだ。そしてそれに特有の意味づけをした。それがはらむ差別等の問題はまだ少しのちのこととしたほうがよいであろう。

3　奴隷の信仰

「奴隷のままでいなさい」

奴隷というものもまた、現代人の感覚からすると存在すべからざる非人間的な制度の犠牲者であるから、古代における奴隷(制)とキリスト教の関係についても、いささか感情的・道徳的な観点から、両極端な判断をくだされることになる。つまり一方では、キリスト教は当初から奴隷を教会に平等にむかえいれ、古代世界において奴隷制を廃棄する先頭にたった、という評価があり、他方、キリスト教は奴隷の存在を是認し、彼らの解放の推進などは考えず、むしろ奴隷制を強化する反動的な役割をはたした、と批判されるのである。私はもっと事実と古代人の心性に即して考えるべくつとめたうえで、この二つのうち、やや後者に近いところにキリスト教徒と奴隷の関係があったと思う。

ギリシャ・ローマ社会では奴隷が多数働き、かなりの労働力を期待され、奴隷を所有するのは当然のことと一般にみなされていた。もっともアリストテレスの定義、ある人はうまれながらにして奴隷にふさわしく、彼らは奴隷として使役されることが自然にかなっている、という考え方はそれほど一般的ではなかったようだ。ことにローマでは、奴隷の解放があたりまえにおこなわれ、解放されればすぐに市民団にうけいれられていたから、アリストテレスの観念はむしろ不合理であったといえる。

奴隷制とキリスト教徒の関係をとらえるのに、いまみたような主観論に陥らないために、ローマ帝政期の奴隷制についてある程度の認識をえておくべきであろう。この分野の研究も多いが、わが国での専門家である島創平《しまそうへい》氏によると、ローマ市民たち、つまり奴隷所有者のあいだには奴隷使役は危険であり、奴隷というものは劣格人種である、とする観念と、奴隷を残酷にあつかうべきではなく、積極的に解放すべきだとする姿勢が、矛盾しながら併存していた。そして奴隷の労働も、元首の側近、官僚的役割をなす奴隷から、貴族の家庭教師、家の召使い、職人の下働き、農場で集団労働させられる奴隷、そして最低の環境におかれた鉱山奴隷まで、きわめて多様にローマ帝国の人びとの生活のいたるところにおよんでおり、それぞれの奴隷の労働の条件も、所有者の観念も、また奴隷自身の考えも非常に差があった。これらのことをふまえたうえで、奴隷制にかんする個々の問題を考えなければならないのである。

そのうえでもなお、奴隷という観念がローマ人にあたえるものは、自由をもたない、人間としてはもっとものぞましくない状態だというものであったことはたしかであり、奴隷たちはたとえめぐまれた状況で働いていたとしても、つねに解放を願っていたのである。したがって、キリスト教徒がしばしば自分たちを神の奴隷、キリストの奴隷と称し、そのような表現はパウロの書簡以来、現存する諸文書、教徒の墓碑に頻出するが、それはとりもなおさず奴隷は不自由な、主人によってしばりつけられた、惨めな存在であるという前提があってはじめてなりたつ逆説的表現だったわけである。その意味ではキリスト教徒が罪、死、貧しさなどの低い価値概念にこだわった、さきにもふれた傾向の一つでもあった。

さて、イエスの弟子や彼を信じた人びとのなかに奴隷がいたという言及はないが、イエスのたとえのなかには「不正な家令」や「忠実な僕《しもべ》」などがあらわれ、彼も奴隷がふつうにもちいられていた社会を前提としていたと考えられる。そして批判的な学者たちは、パウロの姿勢を、奴隷制の是認、むしろその強化をめざした、とみて彼を初期キリスト教の反動性の元凶とみなす。

パウロにおいて、自分＝キリスト教徒は奴隷であるという表現は何度もあらわれる［ローマ一・一、六・一六以下。Ⅰコリント七・二二、九・一九。Ⅱコリント六・四、八。ガラテヤ二・四。エペソ三・七。ピリピ一・一など］。現実の奴隷は人間にとってはのぞましくない状態だという観念も、もちろん語られる［ローマ六・一六。Ⅰコリント七・二三。Ⅱコリント一一・二〇。ガラテヤ二・四、四・八、五・一など］。そして個々の奴隷キリスト教徒にたいしては、主人を神のように思って従順に仕えよとすすめている［エペソ六・五］。

彼が現存する奴隷制を尊重した証拠として、ときに批判されるのが「ピレモンへの手紙」である。パウロはピレモンという主人のもとから逃亡してきたオネシモという奴隷を、ピレモンにたいしては寛容にむかえることを説きながらも、結局送り返しているからである。また「コリント人への第一の手紙」七・二一も彼の奴隷観をしめす箇所としてしばしば引きあいに出される。ただしこの箇所は訳がむずかしく、反対の意味になる二つの訳がなされる。口語訳聖書は「召されたとき奴隷であっても、それを気にしないがよい。しかし、もし自由の身になりうるなら、むしろ自由になりなさい」とする。ここだけとりあげてこの訳をみれば、パウロは奴隷解放を支持している響きが感じられよう。しかし、別に「しかし、」以下を「かりに自由の身になりうるとしても、そのままにとどまっていなさい」という訳も可能なのである。私は、この節にさきだつ二〇節の「各自は召されたままの状態にとどまっているべきである」ということばをうけるならば、後者の訳のほうがよくつづくと思う。そうなればパウロはいっそう奴隷制論者として糾弾されかねないが、パウロにとっては現在自由であろうが奴隷であろうが、キリスト教徒として生きるうえでは関係がなく、信仰の事がらのほうが中心におかれるべきだという発想が第一にあったから、このような表現も当然なのである。

彼はほかのところで「もはや、ユダヤ人もギリシヤ人もなく、奴隷も自由人もなく、男も女もない。あなたがたは皆、キリスト・イエスにあって一つだからである」「ガラテヤ三・二八」と述べている。彼が奴隷を差別する観念をもっていたときめつけるのは、いささか酷というものであろう。

ペテロの書簡にも、奴隷が主人に従順に仕えるべき教えがしるされ［Iペテロ二・一八］、第二パウロ書簡である「コロサイ人への手紙」三・二二〜二四も、奴隷にあたえられた教訓である。パウロも、そしてこれらの記者にも共通するのは、奴隷に従順を説くと、すぐに奴隷所有者にたいしても奴隷を寛大にあつかうよう命じることである。彼らは奴隷を人間として、キリスト教徒として語りかけているのである。このような奴隷への姿勢は、同じ時代のギリシャ・ラテンの古典史料にも例がないのではないかと思われるのである。

温存された奴隷制

さて、その後のキリスト教会において奴隷はどう位置づけられたであろうか。一世紀末のイグナティオスは、教会が金を出して（おそらく非キリスト教徒の所有者のもとから）キリスト教徒奴隷を解放してやるようなことはすべきでないときびしく命じている［「ポリュカルポスへ」四・三］。同じことはテルトゥリアヌスもキプリアヌスも述べており、げんにそのようなことをする教徒がいたのであろう。

それはそれで注目に値するが、少なくとも教会の指導者たちは、奴隷の地位にかんしては保守的であり、奴隷所有者の立場で考えていたわけである。その他の史料にみるところでは、『ディダケー』が主人には奴隷に怒らぬことを、奴隷には従順に仕えることをすすめ［四・一〇、一一］、「バルナバの手紙」が主人に訓戒し［一九・七］、イグナティオスもさきにふれたと同じところで主人には冷静さを、奴隷にはその身分にとどまることが信仰のためだとさとし、三世紀のアレクサンドリアのクレメンスは多少哲学的発想で、奴隷である人はなにかの罪をもつ、などと論じるが、結局所有者の見方をしている。

すでにパウロ書簡にもみられる、信者の信仰生活への具体的な訓戒は、使徒教父たちもその書簡の文章にはさみこむなどして発展させた。そのような訓戒のまとめが『ディダケー』であり、三世紀はじめにヒッポリュトスの手で編纂《へんさん》されたといわれる『使徒伝承』である。

その『使徒伝承』には受洗志願者が奴隷であった場合、彼の主人がキリスト教徒であれば洗礼を受けるかどうかの諾否をたずねなければならないとする。そして主人が非キリスト教徒であったなら、いさかいを生じさせぬため、奴隷にはその主人の気にいるようつとめよと教えるべきだ、とある。主人が教徒でない場合、よほど彼が寛大でないかぎり、教会は彼の奴隷に洗礼をさずけたりはしなかったということであろう。このような形で、教会は奴隷所有権をたしかに尊重しているのである。

また『使徒伝承』は主人の妾《めかけ》となっている女奴隷は、子を産み主人に貞節をつくしているなら礼拝に出てよいとし、自由人女性キリスト教徒が奴隷と同棲しているなら出席を禁じている。このような奴隷制尊重の姿勢は、三世紀から四世紀にかけて成立したといわれる「使徒の規定」でもまもられているが、多少前向きになった点もある。それはキリスト教徒の奴隷所有者に奴隷の休日をかなり大幅に認めるようすすめた規定であるが、また奴隷を聖職につけるのには主人の同意を必要とする、とも明記している。

三〇五年のエルヴィラ公会議決議は、夫と姦通《かんつう》した女奴隷を鞭打《むちう》ちで殺した妻（教徒）にたいし、五年から七年の聖務停止処分を科しているが、これにたいして夫をすててほかの男と再婚した女性は、生涯追放の処分であった。奴隷を人ではなく物とみる姿勢だというほかはない。

四世紀、キリスト教が公認宗教として確立したのちも奴隷制が存続したのにあわせるかのように、キリスト教徒の奴隷制観はかわらなかった。アウグスティヌスは奴隷制は正しいことではないと認めてはいたが、それを神が人間の罪にたいしてくだした罰だとみなした。そして使役される奴隷をも罪のゆえにその境遇にあるとみて、奴隷制は彼らを矯正《きょうせい》し、祝福するものだとすらいうのである〔『神の国』一九・一五〜一六〕。この点はアムブロシウスも軌を一にしている。またヨハネス・クリュソストモスは富者への警告の一環として奴隷を多数所有することを堕落とするが、少しだけ所有して、よくしつければよい、という発想である。ドゥ・サント・クロワにいわせると、「初期キリスト教著述のなかに奴隷制廃止の要求はおろか、解放の促進をもとめる主張すらまったくない」のである。わずかにグノーシス的な「トマス行伝」八三に神のまえでの人間の平等の主張と、悪逆の主人に虐待される奴隷への同情がみいだせるくらいだというのである。

このような初期キリスト教徒の奴隷観にたいして、ストア哲学がすでに奴隷を自然に反すると主張しており、ことにセネカにそのような発言がみられる。エピクテトスも、ストレートではないが一人の奴隷が出世して元老院議員に成り上がる話をし、議員といっても所詮《しょせん》は奴隷、という表現で奴隷制批判ととれる言い方をしている〔『語録』四・一・四〇〕。ローマ法家のあいだにもおそらくストア派の影響で、二世紀以後奴隷制は自然法に反した制度だという言明がときどきみいだされるようになる。

彼らローマ人がだからといって奴隷制廃止を考えたわけではない。せいぜい奴隷への虐待を抑止する規制をおこなう程度であって、奴隷所有者の利益は擁護されつづけた。キリスト教もまた一貫してその姿勢をたもっていたといえるだろう。しかもキリスト教は主人にも奴隷にも、この制度を対立と支配・服従の関係でなく、親しい人間関係とするように教えたから、その点では独自の主張をなしたといえるが、逆にいうならば、奴隷制の強化に力を貸したとの批判もなされるわけである。

また奴隷の信仰を主人がどう考えたかという点でも、キリスト教徒は消極的であった。ギリシャ人やローマ人は奴隷個々人の宗教にほとんど興味をもたなかったようだし、ローマ人などは自分の家の宗教行事を奴隷にまもらせることがあり、奴隷個人が宗教をもつなどという意識はなかったようだ。ユダヤ教のラビは、ユダヤ教徒は自分が所有する奴隷にはユダヤ教への改宗を働きかけ、彼らに割礼を施すようにすべきだとすすめたという。そのことを紹介するフォックスは、このユダヤ教の奴隷改宗策は彼らの伝道の強力な一手段であったといっている。それにたいしてキリスト教文書には、キリスト教に改宗しようという奴隷をむしろ主人の意向をたしかめてから、などとする姿勢がみられ、奴隷一般に積極的に伝道をおこなおうという発想はみられない。

このようにみてくると、キリスト教の奴隷制にたいする姿勢は古代世界においても保守的で、奴隷所有者の論理そのまま、あるいは積極的擁護の立場であったということにならざるをえない。その姿勢を無理に弁明する必要もないが、もう少し公平に眺めるべき視点も忘れてはならない。

キリスト教徒はなんといってもまだ奴隷がいるのがあたりまえとする観念の強い世界に生きていた、ということが第一点である。そして少なくとも教会は、奴隷が教会のメンバーに加わることについて閉鎖的ではなかった。そして『使徒伝承』などの奴隷所有者、とくに非キリスト教徒の主人への慎重な配慮は、彼ら都市民からキリスト教は自由人と奴隷との社会的秩序をこわそうとしているとか、非キリスト教徒の家から奴隷を改宗させて奪いとる、などの非難をうけないようにとの判断からなされたのではないかと思われる点である。

おそらくげんにそのような奴隷や、それを支援する教徒があらわれていたのであろう。二五〇年ころのピオニウスの殉教伝に、サビナという女逃亡奴隷がいたことはさきにふれた。彼女の主人ポリッタは、サビナの改宗を主人への裏切りとしておおいに怒ったのであろう。イグナティオスらが教会の金による奴隷解放への援助を禁じた背景に、このようなことも意識されていた可能性がある。

それに加えて、これも島氏の研究が教えるところでは、ギリシャ・ローマ社会における正式の奴隷解放はきちんとした儀式を必要としたが、ことにギリシャのそれは神殿においておこなわれる、きわめて宗教色の強いものであったという点が指摘される。パウロ以来キリスト教が奴隷解放をさっぱり主張せず、あるがままでの主従関係の良好化のみを説いたのは、キリスト教徒が解放の儀式にかかずらうことによって、神々＝偶像の礼拝にふたたびそまる危険をおもんばかっていたからこそだ、ということもいえるかもしれない。実際に教会はしだいに自前の、教会での奴隷解放の式をおこなうようになる。しかしそれが正式に定められるのは、コンスタンティヌスの時代をまたねばならなかった。それにまたキリスト教異端のなかに奴隷と自由人の平等を強く主張する者がいたことも、正統派教会の姿勢を固くした一要因であったろう。

信じる奴隷と裏切る奴隷

このようにキリスト教は奴隷の存在を前提としたうえで、奴隷への接し方を温かく、人間的にするようにすすめ、彼らを信仰の仲間としてむかえいれたが、奴隷がふつうの人間以下のいやしい存在だという「常識」までくつがえしたわけではなかった。キリスト教徒は、あるがままのローマ帝国世界の奴隷制をうけいれていたのである。ここではそのキリスト教徒のなかにいた奴隷たちを具体的にひろいだしてみよう。

新約中に言及される明白な奴隷はそれほど多くない。さきほどのオネシモをのぞくと、「ローマ人への手紙」末尾でパウロが言及する人びとのうち、アリストブロの家の人たち、ナルキソの家の人たち〔一六・一〇、一一〕、その他クロエの家の者たち〔Ⅰコリント一・一一〕、ステパナの家の者たち〔Ⅰコリント一・一六、一六・一五〕、がそれぞれの家の奴隷と思われるのと、これはつぎでとりあげる、「カイザル（皇帝）の家の者たち」〔ピリピ四・二二〕がクラウディウスかネロいずれかのローマ皇帝の奴隷もしくは解放奴隷と推定される程度である。「使徒行伝」や書簡に多数あげられている個人名のなかには、奴隷や解放奴隷がもっとふくまれていたと思われるが確証はない。

その後の時代でもキリスト教徒奴隷がいたこと自体は、史料の一般的叙述からうかがうことはできる。しかし具体的な証例は迫害史料から多く知られる。興味深いのは迫害にかかわって言及される奴隷は、くっきりと二つのタイプに分かれてあらわれることである。一つのタイプはキリスト教徒にとっては苦い事例をなした。小プリニウスをふたたび引用するが、彼が匿名告発文書をうけて審問してゆくうちに、キリスト教徒の行動の実態を調べる必要にかられ、「彼ら（キリスト教徒）のことばでミニストラエとよばれている女奴隷たち」を拷問してみた、という記述がそれである。彼女らは事実をねじまげた、キリスト教徒への中傷をむりやり白状させられたのではなかったようだが、ともかく奴隷は裁判のために拷問してもかまわないというローマ人の慣行がここでは適用された。

教父のほうでもユスティノスがこれと同様の例を知らせ、ポリュカルポスが一時逃亡したときにも奴隷の一人が拷問で彼の隠れ家を白状した［『聖なるポリュカルポスの殉教』六・二］。ルグドゥヌムでは奴隷がキリスト教徒主人たちの乱交やカニバリズムを密告させられた。これら奴隷はプリニウスの例以外では、かならずしもキリスト教徒であったわけではない。エイレナイオスは、ある奴隷たちは拷問をうけても主人の不利になることはいっさいもらさなかったといっているが、それは例外で、奴隷を所有するキリスト教徒（けっして少なくなかった！）は、とくに信仰を同じくしない自分の奴隷にたいしていざというときの不安を隠しえなかったのではないかと思われるのである。

テルトゥリアヌスは非常に悲観的に、「家にいる奴隷たちはキリスト教徒の敵だ。奴隷というものは本質的に主人を憎むから」［『護教論』七・三、二七・五、七］と述べている。ここにはローマ社会に伏在した、奴隷制についての一方の暗い見方がそのままあらわれている。

この面だけをみると、教会規則や教父たちがことさらに奴隷への寛大で人間的な取扱いをすすめたのも、奴隷にたいする潜在的恐怖の念があったからではないかと考えられてくる。

しかし、第二のタイプは、教会のなかにかくたる地位を自由人と平等にあたえられ、その任をはたし、また迫害にもたえて殉教する奴隷としてあらわれる。イグナティオスは教会で奴隷が自由人なみにふるまうことに不快感をおぼえていたようだが、幾人かの奴隷は高い評価をうけて教会の役職に任じられていたことがわかる。プリニウスに拷問された女奴隷は「ミニストラエ」とよばれていた。これをギリシャ語のディアコニッセの訳だとすれば、それは「女性執事」ということになり、古代教会では司祭・執事につぐ、女性としては最高の地位であったと想定される。

奴隷が完全に身分の障害なく教会で平等にあつかわれていたかどうかまではわからない。それに、ローマ人が家の宗教については奴隷にも参加させる風習をもっていたこともさきにふれた。だからキリスト教会における奴隷の位置をことさらに評価するには慎重でなくてはならないが、信仰という面でのある程度の平等視があったこと、その度合いは教会の外の社会の常識をやや踏みだすくらいのものであったことは否定できないだろう。

迫害史料からみてゆくと、二世紀なかば、ローマでユスティノスとともに殉教したエウエルピストスは、ユスティノスの殉教伝の二つの版で「皇帝の奴隷」としるされている。ルグドゥヌムの最後の殉教者ブランディナと、そのまえに死んだビブリスが奴隷であった。二〇三年カルタゴでペルペトゥアとともに殉教したフェリキタスも奴隷で、しかも八ヵ月の身重で逮捕され、獄中で出産した。その赤子は彼女の姉妹（捕らわれなかったキリスト教徒？）がひきとって育てたとされる。彼女は非キリスト教徒主人の子を身ごもり、主人からは見捨てられたのかもしれない。レウォカトゥスという彼女の仲間もやはり奴隷であった。このほかピオニウスにつきそっていた逃亡女奴隷サビナについては何度か述べた。彼女も女執事の地位にあったと推測する学者がいる。

殉教者ではなく、解放されてから活躍した人物ではあるが、三世紀はじめのローマ司教カリストゥスも、奴隷キリスト教徒の一人であった。彼は皇帝の解放奴隷らしいカルポフォロスの奴隷として働き、そのころキリスト教徒になったようだが、金銭上の失敗をおかして免職になり、サルディニアの鉱山奴隷とされた。コンモドゥス帝の愛人マルキアのとりなしで、鉱山奴隷は釈放されたが、カリストゥスだけはもれてしまった。彼は必死に嘆願して釈放をかちとり、のちローマ教会で働いて執事から司教に昇進したのである。このような事例はほかになく、このことをしるす唯一の史料のヒッポリュトスの記述に、カリストゥスにたいする悪意もこめられているので、ここから奴隷の教会聖職への任用を一般的傾向として推論するわけにはゆかないが、一つの事例として記憶に値するとのみしておこう。彼は奴隷として改宗し、それでも商売については世俗性をうしなわず、解放されても教会からはなれず、教会の仕事にはいっていった人物で、この時代のキリスト教徒の生き方としても興味深い。

これよりのちの例では、四世紀の大迫害においてディオクレティアヌスの宮廷にいた奴隷、迫害をうけた何名かの奴隷が知られる。しかし三世紀までについてみてみると、その時代までのキリスト教会における奴隷のしめる度合いはあまり大きなものではなかったように思われる。史料に出てくる人名のうち奴隷と確認できる者はあまりにも少ない。史料の記者は登場人物が奴隷であるかいなかに興味をもたなかったとか（しかし『使徒伝承』は新洗礼志願者の出自に神経質であった）、身分が奴隷であるとあからさまにすることをはばかった事例があったなどの想像もされるが、それらを勘案したうえでもなお事例は多くない。

教父たちの奴隷への言及も少ない。アテナゴラス、タティアノス、ミヌキウス・フェリクスはいっさい奴隷に言及していない。確定的なことはいえないが、奴隷キリスト教徒は非常に少ないままであったのだろう。個人の所有物であった奴隷に教会が積極的に伝道することもなかったのであろう。一方迫害する側からすれば、奴隷教徒が告発の対象になることはありえなかった。彼らが迫害される場合は、リンチにあうか、教徒である主人について当局から拷問されるときであった。デキウスの迫害でも同様であった。この皇帝が命じたのは、ローマ「国民」にたいする、神々への祭儀であったのであり、市民権をもたず、法的人格を認められない奴隷は、けっして国民ではなかったのである。

奴隷は、キリスト教徒である主人が誘うような条件があってはじめて教会にはいってきたのであろう。ときに例外的に非キリスト教徒を主人にもつ奴隷が教会にくると、教会は多くの場合は警戒して彼らの主人の意向を配慮し、なかなかそのような奴隷はうけいれなかったのではあるまいか。しかしいったん奴隷を教徒として認めたなら、彼を自由人と平等な信仰者とみなすことは、一般社会の奴隷への姿勢よりもすすんだ程度でおこなわれたと考えてよさそうである。なかには熱心な信仰をもつ奴隷もあらわれ、ブランディナやフェリキタスのように殉教者の仲間入りをすることもあったのである。

キリスト教は奴隷制自体をどうこうしようとする意図はもたなかった。その姿勢は四世紀の公認後もかわらなかったと思われる。奴隷制そのものはたしかに三世紀から衰退していたが、それはキリスト教のキャンペーンのゆえではなかった。コンスタンティヌス以後のキリスト教徒皇帝は一方で、非キリスト教徒所有者のもとにあるキリスト教徒奴隷を保護する法や、教会における奴隷解放の式を定めるけれども、奴隷制を強化する立法をもおこなっている。

教会会議も奴隷制についてはあいかわらず消極的であった。エルヴィラ会議は教徒に、自分の奴隷が偶像礼拝をおこなうのをゆるすな、と命じる。しかし奴隷が多数でそれをおこないつづけておさえられないなら放置せよ、主人がその偶像礼拝に近づいて汚れてはならない、と付け加えている。奴隷というものへの奴隷所有者としての潜在的恐怖感を、教会がまだいだいているのである。修道士などのなかには奴隷たちに主人への不服従をけしかける者もいたが、三五四年ころのガングラ会議できびしく弾劾《だんがい》され、ヨハネス・クリュソストモスもこの種の思想を非難した。教会は逃亡する奴隷にも冷淡であった。修道院が彼らをかくまい、彼らのアジールとなることも禁じられてゆくのである。

解放奴隷キリスト教徒

奴隷がキリスト教徒になることは、市民の場合よりも困難が多く、げんに初期教会に奴隷のしめる割合は大きくなかっただろうとわれわれは推測した。その一方で、自由になった奴隷、解放奴隷のキリスト教徒はかなりいたのではないか、とくに社会的に上昇した解放奴隷のキリスト教徒が少なからずいて、彼らが教会の有力メンバーとなり、上層階級とのパイプともなったのではないか、という意見がある。そのことを強調するのは、初期キリスト教の社会とのかかわりを研究したキュルタタスである。

彼の説くところに即してながめてみよう。パウロの「ローマ人への手紙」末尾の人名にはギリシャ名が多い。エパネト（「アジアの初穂」）、アンデロニコ、ユニアス、アムプリアト、スタキス、ヘロデオン、ペルシス、ルポス、アスンクリト、フレゴン、ヘルメス、ヘルマス、ピロロゴなどがそれである。ローマの奴隷にギリシャ人は多かったのであり、彼らも奴隷だったかもしれないし、実際には解放奴隷である者が少なくなかった、といってもいいすぎではない。なにしろ当時のローマには奴隷の数はきわめて多く、解放もどんどんおこなわれていたからである。

ある学者は前一〜後一世紀のローマ市住民の八〇パーセント以上が奴隷か解放奴隷か、さもなくば何代かまえの先祖が奴隷であったかした人であったと推定している。解放されただちに市民権をえて自由人となった彼らには宗教を選ぶ自由もそれだけ多くなったと考えられる。もちろん解放奴隷にもピンからキリまであって、解放されても名目ばかりであいかわらず旧主人のもとで働かされる奴隷もいたのだが、なかには奴隷身分のうちから蓄財し、富裕になった者もいくらでもいた。その代表は小説『サテュリコン』の主人公トリマルキオである。

最高の名誉をもつ解放奴隷は、元首政期になって突然登場した、皇帝の家に仕えていて解放された奴隷であった。彼らは皇帝の手足となって、権力の中枢で実務につき、蓄財もし、元老院議員や騎士とも親しくなり、ときには彼らのうえにも影響力をふるった。皇帝が崇められ、神聖視されてゆくにつれて彼ら皇帝解放奴隷もまた特別の威光を身におびるようになった。故郷の都市に帰っても、彼らは皇帝に仕えたことを誇りとし、属州の皇帝礼拝の先頭にたち、また地方都市エリートとして帝国都市の繁栄に貢献した。

パウロの時代のローマ教会にそのような解放奴隷の一員はいたであろうか。「ローマ」にはアリストブロとナルキソの家の人たちがあいさつの対象となっている［一六・一〇、一一］。キュルタタスは彼らをみな皇帝の解放奴隷と考えているようだが、それは推測の域を出ない。ナルキッソスという解放奴隷がクラウディウス帝のもとにいたことは事実であるが、「ローマ」のそれと同定することはただちにはできない。しかも「ローマ」ではさらにその「家の人たち」というのだから、パウロが言及しているのは、ナルキッソスらの家にいる召使い、奴隷か解放奴隷のキリスト教徒なのである。

しかし、ただ一ヵ所、ローマで比較的自由な幽閉の身であったパウロがピリピ人にあてて書いた手紙のなかで、皇帝に仕えていたキリスト教徒について言及している。その手紙の末尾には、「カイザルの家の者たちから、よろしく」［四・二二］とある。ローマにいる人たちであるから、彼らは明らかにネロ帝に仕える人びとである。この時代、どういう労働をしていたのかはわからないが、元首のもとに何名かのキリスト教徒がいたことになるのである。

この文面だけからは彼らが奴隷であったのか、解放奴隷であったのかまではわからない。彼らは六四年のネロの迫害ではどのような運命をたどったのであろうか。

その後のキリスト教史のなかにも解放奴隷をみいだすことができる。一世紀末のローマのクレメンスは、個人名フラウィウスで、九六年にドミティアヌス帝によって「ユダヤの風習にそまって」処刑されたコンスルであった人物と同名である。ローマの奴隷は、解放されると旧主人の名をそのまま名乗ることもよくあった。彼がそのコンスルの解放奴隷であった可能性はなくもない。そのクレメンスの手紙をコリントス教会にはこんだクラウディウス・エフェボスとウァレリウス・ウィトーが皇帝解放奴隷だったろうとは、キュルタタスだけでなくほかにも推測する者がいる。クレメンスが皇帝に仕えていたことがあったのなら、このような人脈が教会にもちこまれたということだろうか。

二世紀成立の外典『ペテロ行伝』にも七名の皇帝解放奴隷とパウロの交わりがしるされている。この文書の俗悪さからして、このこと自体は額面どおりにはうけとれないが、キリスト教徒が皇帝宮廷内にある程度存在していたという事実をふまえているのかもしれない。教父エイレナイオスも「王（たぶん皇帝）の館にいる信者」が彼のもちものを貧民に分けあたえているなどといい、ローマの司祭フロリヌスにたいして、彼が少年時代フロリヌスは王の館に仕えていたが、そのときすでにキリスト教徒で、ポリュカルポスからも認められているりっぱな信者だった、と思い出を語っている［エウセビオス『教会史』五・二〇・五］。

三世紀にはいって皇帝解放奴隷のキリスト教徒は多くなってくるように思われる。ローマ出土碑文から知られるマルクス・アウレリウス・プロセネスはキリスト教徒として碑文をのこし、セウェルス朝の時代、皇帝の寝室係であったともしるしている。二一七年にローマ司教となった奴隷出身のカリストゥスの前主人カルポフォロスはコンモドゥス帝の解放奴隷であったといわれる。テルトゥリアヌスもセプティミウス・セウェルスの宮廷にはキリスト教徒がいるといい［『護教論』三七］、その子カラカラ帝の時代の碑文にもキリスト教徒の宮廷人がみいだされる。

またこの時代にはアレクサンドリアでティトゥス・フラウィウス・クレメンスという教父が活躍しているが、その名は完全にローマ元老院議員家系のそれである。さきのドミティアヌスに処刑されたクレメンス（皇帝の一族）の解放奴隷がエジプトにもどり、代々その名を名乗りつづけて、それがこのクレメンスだろう、とキュルタタスは想像する。ドミティアヌスの氏族名がフラウィウス、彼の兄で先代皇帝の名がティトゥスであった。

そしてセウェルス家最後の皇帝アレクサンデル・セウェルスが殺されて位についたマクシミヌス・トラクスは、セウェルス家宮廷にあまりに多数のキリスト教徒がいたので、まず迫害に着手した、とエウセビオス『教会史』はいう［六・二八、七・一〇・三］。これまた真実に遠そうではあるが、当時宮廷にキリスト教徒がともかくも存在していたことは否定できまい。三世紀なかばに皇帝による迫害が本格化したとき、ウァレリアヌスが聖職者等逮捕の命令をくだした勅令をキプリアヌスは事前に察知していた、とフォックスは推測する。そしてそのキプリアヌスは宮廷のキリスト教徒をとおして情報をえたとしか考えられないというのである。

二五八年におこなわれたウァレリアヌスの迫害では聖職者だけでなく、高い地位にある者（これがなにをさすかは不明）と宮廷のカエサリアニが逮捕され、祭儀を拒むと処刑された。このカエサリアニというのはキプリアヌスの言い方であるが、おそらくファミリア・カエサリスと同義であろう。これがいままでのべてきた、皇帝に直接仕える奴隷と解放奴隷の総称であった。そしてアレクサンドリア司教ディオニュシオスも「彼（ウァレリアヌス帝）の宮廷はすべて神を恐れる人たちで満たされた一つの教会で」あったと証言しているのである［エウセビオス『教会史』七・一〇・三］。

この迫害でも皇帝側近からキリスト教徒が一掃されたわけではなかったようだ。三〇三年にはじまるディオクレティアヌスの大迫害のきっかけになった、宮廷での獣の肝占いの儀式が、そこに立ち会ったキリスト教徒のために不調におわった事件をラクタンティウスが伝えている［『迫害者の死について』一〇］。ここにいたってもなお、帝国の迫害はキリスト教徒殲滅《せんめつ》をめざす徹底性をみせず、キリスト教徒の側もおそらくは屈服者を出しながら、すぐに棄教者は復帰してまた皇帝に仕えるということだったのであろう。

元老院議員や騎士身分のキリスト教徒が初期の教会の史料からほとんどみつからないのにくらべると、解放奴隷キリスト教徒はかなり確実に把握できるといえそうである。富者・上層になかなか浸透できなかったキリスト教がはいっていった唯一の実質的上層がこの解放奴隷、なかんずく皇帝の解放奴隷層であった、とキュルタタスはいうのである。

ローマにおいて教会は積極的にこれら上層解放奴隷に伝道したのではないかもしれないが、彼らがキリスト教徒を庇護してくれれば皇帝へのとりなしや、裁判時の便宜などもはかってもらえ、また富裕な彼らが教会財政にあたえる寄与も重要だった、というわけである。皇帝解放奴隷の側にしてみても、権力の座に近くあるとはいっても皇帝個人だけが彼らの頼りであって、その地位はけっして安定したものではない。信仰への欲求も強かっただろう。また彼らの多くは属州や外国の出身で、ことに東方出身者が多かったから、東方の宗教になじみをもつ者もいただろう。

しかし、彼らの存在をあまりに過度に強調するには慎重でなくてはなるまい。具体的なデータはやはりきわめて少ない。キリスト教史料は自己正当化のために、権力に従順であることを強調する傾向があることを忘れてはならない。それに皇帝がいかに迫害を積極的におこなわない場合でも、キリスト教徒が死刑対象であるという原則は生きつづけていた。宮廷の人びとがキリスト教に改宗するには、相当の覚悟が必要であったろう。それほど多数のファミリア・カエサリスの改宗は想定できないのである。

4　キリスト教徒のイメージ

「キリスト教徒」ペレグリノス

ここでは非キリスト教徒によってえがかれたキリスト教徒の姿と、それら著作家たちのキリスト教観についてながめてみよう。彼らの言及はほとんどが断片的で多くは偏見をもち、キリスト教史料の豊富さに比すべくもないが、外から、すなわち地中海世界都市の側からながめた証言として、十分検討に値するほどの分量がのこされている。そしてそれらの集成や分析も近年とくに活況を呈している。

なかでも小プリニウス書簡が質量ともに最高の史料であることはいうまでもない。これにくらべるとタキトゥスは、そしてスエトニウスはさらにいっそう断片的である。これらはすでにたびたび言及した。このほか、二世紀の弁論家アエリオス・アリスティデス、文人ルキアノス、アフリカの文人アプレイウス、医学者ガレノス、哲学者エピクテトス、そして哲人皇帝マルクス・アウレリウスの著作にキリスト教徒にふれた箇所がみいだされる。これに加えて、フロントー作といわれるキリスト教弾劾の書がミヌキウス・フェリクス『オクタウィウス』、哲学者ケルソスの本格的論難の書がオリゲネスの、キリスト教史料の引用だけによってその存在が知られる。三世紀になると、新プラトン主義哲学者ポルフュリオスがキリスト教攻撃の書を著わし、その断片はエウセビオスによって知られ、四世紀にはユリアヌスなどかなりの非キリスト教徒著作家がキリスト教について批判しているが、本書ではこれらについてはふれない。

これら初期キリスト教徒についての非キリスト教徒の証言のなかで、少し踏みこんで、キリスト教徒をみた都市民の心性をかいまみさせるものでは、ルキアノスの作品がとりあげられるべきであろう。この、二世紀のローマ帝国の、とくにギリシャ人の世界のさまざまな事象について小説風に論じた文人は、二つの作品でキリスト教徒のことをとりあつかっている。一つは本書でもすでに無神論のところで引いた『偽預言者アレクサンドロス』であり、当時の民衆の神々信仰の単純さと熱狂性、皇帝も庶民も魔術的な礼拝を真剣に信じる姿をシニカルにえがいている。もう一つがここで少しくわしくとりあげたい『ペレグリノスの死』である。これはいささか意表をついたところにあらわれるキリスト教徒の例である。

ペレグリノスは実在の哲学者で、ルキアノスの記述は基本的に事実にもとづくと考えられる。キリスト教教父たちも彼について言及し、アウルス・ゲッリウスらローマの文人らもその講義を聴いている。ルキアノスはといえば、ペレグリノスを徹底してうさんくさいキニーク派の煽動的な哲学者として、カリカチュア化してその生涯をえがいている。

ペレグリノスは小アジアのミュシアのパリオンの資産家の息子であったが、生来並みの人間の枠におさまらない人物で、少年を愛して彼を堕落させたとして親から訴えられて三〇〇〇ドラクマの慰謝料をとられ、やがて父親が死ぬと父殺しの疑いをかけられた。ペレグリノスはこうして故郷を出奔《しゅっぽん》する［九、一〇節］。放浪するうちに彼はキリスト教の祭司・書記（ルキアノスの用語）と知りあってその知識を身につけ、自分もキリスト教徒になった。彼はパレスティナの教会で活躍し、たちどころに信者の尊敬を集め、預言者・礼拝指揮者、シナゴグの長（同じく）などの役をうけもった。聖書を解釈して解き明かし、みずからも書物を著わした。教徒は彼を神のように崇めた。「この新奇な礼拝を世にもちこんだためにパレスティナで十字架につけられた男」のつぎの地位におかれるほどだった［一一節］。

そんなときパレスティナで迫害が生じたらしい。たぶんハドリアヌス帝の時代であろう。ペレグリノスは牢にいれられたが、外のキリスト教徒が彼を応援しようと朝から牢につめかけ、牢番を買収して食物などを差しいれ、ペレグリノスも牢内で説教して、人びとからは新しきソクラテスとよばれた〔一二節〕。遠く小アジアのキリスト教徒も献金を送り、ペレグリノスはたちまち大金持ちになる。ここでルキアノスのキリスト教徒観がしるされる。「この貧民たちは（信仰をもてば）不死となり、永遠に生きると確信して死ぬことを恐れなくなり、多くの者はのぞんで逮捕されようとする」と。そして「彼らの最初の立法者（イエス?）は彼らに、すべてが兄弟として生き、ギリシャの神々を否定して十字架につけられたソフィストを礼拝し、彼の法のもとで生きる」ことを教えたのだ、という。彼らはすべてのものを共有している、ともルキアノスはいう。だから詐欺師でもいれば彼らのような単純な連中だから手玉にとって巨万の富をかたりとるのは簡単だ、と〔一三節〕。

ペレグリノスを審問したシリアの総督は彼がむこうみずで、名声のためなら喜んで死ぬということをみぬき、罰に値することは十分に知りながらも彼を釈放した。ペレグリノスはそれからパリオンへいったん帰ったが、父殺しの件が蒸し返され、財産も一部は奪いとられていた。灰色の髪を長くのばし、うす汚いマントに身をくるんだペレグリノスは民衆に、自分の財産はすべて町に寄付すると宣言して彼らから真の哲学者とたたえられた〔一五節〕。

また放浪の旅に出たペレグリノスはキリスト教徒といっしょになったが、禁じられた肉を食べたことでついに教会から破門されてしまった。一文無しになってまた故郷にもどり、皇帝アントニヌス・ピウスに訴えて財産をとりもどそうとしたが失敗［一六節］、エジプトへわたってアガトブロスという人について禁欲修行をおこなった［一七節］。それ以来彼はほうぼうで皇帝やさまざまな権威を弾劾し、アテネではギリシャ人にローマへの反乱をよびかけたりしたが［一八、一九節］、哲学の講義もおこなった。結局彼は四年後にオリュンピアで、競技の最終日に焼身自殺をとげると公然と予告し、弟子たちからはほめそやされたあげく、ルキアノスもみまもるなか、「わが父と母の霊よ、われをうけとりたまえ」と叫んで火のなかに飛びこんだ［三五、三六節］。

ペレグリノスという、一筋縄ではゆかない異能の人物にかきまわされたキリスト教徒をルキアノスはえがいている。しかし彼は教徒を忌まわしい憎むべき人びととみなしている風はない。ペレグリノスの時代、迫害の形跡はみられるがキリスト教徒は公然と礼拝し、属州から属州へ大金を自由にはこんでいる。死刑が原則のキリスト教徒が裁判をうける一方で、かなりの自由を享受しているというあの、矛盾の構図がここでもみいだされる。シリア総督は自己の自由裁量権でペレグリノスをあえて釈放しているのもこれまでみた事例と合致する。そして著者ルキアノスはキリスト教徒を、信仰に憑かれてすべてをなげうつ哀れな人びと、と軽侮の念をもってとらえている。

ルキアノスのような見方をする人ならば、あえてキリスト教徒を告発し、迫害の火をつけることもしなかったであろう。一方、ルキアノスが知らせるキリスト教徒の姿は、現実にかなり近いものではなかったかと思われる。一見財産共有制をとっていたとみなされる記述があるが、これは先にも述べた、献金と相互扶助の実行のことをさしていよう。二世紀にはたくさんの教会著述家が輩出したが、個々の教徒の群れには知性とリーダーシップをもつ人材はそう多くなかったことがうかがえる。しかし、信仰の熱心さとその行動力は、遠隔地の教会との連絡協力網のたしかさとあわせて驚嘆に値しよう。また「使徒行伝」一五・二九のいわゆる食物規定がなおもまもりつづけられていたことがわかる。ペレグリノスはたぶん偶像にささげた肉を食べるかなにかをしたのであろう。

ペレグリノスはその違反のためにキリスト教をはなれたとされているが、彼自身がしだいにキリスト教にあきたらぬものをおぼえていたと考えられるし、一方、キリスト教徒のほうもこの指導者に警戒の念をもつにいたっていて、ちょっとした違反で追放ということになったのかもしれない。ここにも初期キリスト教がまだ安定した宗教でなく、かなり人の出入りがあったことがしめされているようだ。

ペレグリノスがほんとうにキニーク派であったかどうかにはまだ問題もあるようだが、少なくともルキアノスがえがくよりももっと真摯《しんし》な求道者の姿をペレグリノスにみようとする人もいる。キニーク派は哲学から発し、中途半端な適用をきらう、一種のラディカリズムであった。唯一神論にちかく、清貧の生活を実行して世俗の権威や富を攻撃した。一ヵ所に定住せず、物乞いを恥とせず（ペレグリノスがキリスト教の食物規定に違反したのはエジプトで修行する以前のことであるが、キニークというものがどんな食物をもいっさい顧慮しなかったことと符合する）、死を恐れなかった。これらの点はペレグリノスがキリスト教をはなれてから以後の彼の生き方に多くは合致する。

教父たちもキニークについては知っていたようだが、一般にこの二つが類似しているとみられたかどうかはわからない。さきにもふれた教父アテナゴラスは、ペレグリノスの死後生地パリオンには彼の像がたった、と好意的にいい、テルトゥリアヌスは彼を殉教者にも等しいなどといっている。一方、同じ教父でもタティアノスはキニークの傍若無人《ぼうじゃくぶじん》さに批判的である。皮肉なことにそのタティアノスには禁欲的傾向があり、ユスティノスの弟子であったのち東方にもどるとエンクラト派という禁欲的な異端に接近し、肉も酒も断ち、結婚をも否定するにいたった。そのタティアノスをヒッポリュトスは異端と攻撃し、「まるでキニークのようだ」と揶揄《やゆ》しているのである。

これに加えて、小アジアのギリシャ人弁論家アリスティデスもごくわずか、「パレスティナの恥ずべき者ども」に言及し、人のものを勝手にもちい、この世のことを蔑み、うそをつき、傲慢《ごうまん》で家族のなかに不和をもちこむ、と非難している。それはまさにキニークにふつうあびせられたことばである。

都市から都市へ伝道したキリスト教の使徒たちは、外見上遊行の哲学者たちと区別がつかなかったのかもしれない。彼らもなにももたず、各都市の教徒たちに生活の支えを頼りながら旅をしたのである。キリスト教徒自身がよそからやってきたキリスト教伝道者と称する者が真の使徒か、いかがわしい哲学者かの区別がつかないこともあった。『ディダケー』は、イエス・キリストの名によってくる旅人をむかえいれよ、しかし三日以上その人がなにもしないで泊まっていたらにせ物とみて注意せよ、と教えている。帝国社会にはかなり多様な旅人がいたようだし、社会から白い目でみられるグループはこのほかにもかなりいたのかもしれないのである。

医師ガレノスの診断

ガレノスはローマ帝政期の医学の最高権威であっただけではなく、哲学の蘊奥《うんおう》をも究めて物質の存在を四体液説で解釈し、彼の理論が当時のインテリの信奉するところとなるほどの大学者でもあった。彼の医学書は中世イスラムでも尊重されたから、アラビア語の翻訳だけがのこっている著作もあり、それをふくめて四ヵ所ほど断片的にキリスト教についての彼の言及がみいだせる。

ガレノスは一二九年、小アジアのペルガモンにうまれている。宗教的にはきわめて多様で、しかもどの宗教も活発な都市であった。ゼウスの巨大な神殿や皇帝神殿があり、丘上の町からくだったふもとには全地中海世界でもっとも名高い医神アスクレピオスの神域があり、一大リクリエーションセンターとなっていた（第五章1節を参照）。一方、「ヨハネの黙示録」に名のあげられている七つの教会の一つがここにあり、しかもニコライ宗とよばれた異端の活動も早くからさかんであったらしい。そういうギリシャ都市に育ったガレノスは、そこのアスクレピオス神殿で医学を学んだ。彼の学問がたんに自然科学の域にとどまらないものへと深まっていったことは偶然ではなかった。

ガレノスが、キリスト教徒に言及したほかの非キリスト教史料の著者と決定的にちがう点がある。彼はキリスト教を迷信とはみなしておらず、まして忌まわしい中傷などはいっさい無視している。彼はまだユダヤ教とキリスト教を明確に区別できていないようだが、どちらをも哲学の一派とみなしたうえで批評を加えている。

まず、「モーセやキリストの信者に新しいことを教えこむのは容易なことだ」、そして「彼らのように明確にしめされないような法にしたがうべきではない」という二つの言及（ベンコの英訳）は、ユダヤ教とキリスト教とが程度の低い、内容のととのっていない思想であって、固有の哲学をもっていないと判断している。彼はモーセ五書（「創世記」から「申命記」までの諸書）などは知らなかったのであろう。

これではまだキリスト教とかみあう論議にはならないが、ユダヤ教からは一世紀にフィロンのような哲学者がすでにあらわれ、キリスト教の側からもユスティノスを先頭にギリシャ哲学研究などを経験した人から改宗者が出て、ギリシャ哲学の用語や観念でキリスト教教義を考え、教会の内外にそれを説明しようという動きが出ていたのだから、二世紀に思想上の歩みよりがはじまったことはたしかであった。しかし、ガレノスのみるユダヤ教とキリスト教はとてもまだ哲学のレヴェルにはなかった。

第三のアラビア語断片は「あらゆることを信じてうけいれよと教えるモーセとキリストの派には定義というようなものを教えてもむだなことだ」という。キリスト教が根本的なところで思想・哲学の考究を拒否して霊的信仰の理解をもとめることは、いかにギリシャ哲学を頼りとしたユスティノスでも、また、のちさらにキリスト教のギリシャ哲学による解釈をすすめ、三世紀のギリシャ哲学者としても第一人者であったオリゲネスでも認めていたことである。ガレノスはその点は的確に認識していたのである。

最後の断片は、「キリスト教徒は死ぬことを恐れない。そして性的欲望をきわめて抑制している。食物についても節制し、正義をもとめる。これらのことをみると彼らはあたかも哲学者のようだ」といっている。二世紀のローマ帝国ではやっていた主流の哲学はストア派で、プラトンのような観念論ではなく、もっぱら実践的道徳的なものであったことに注意すべきである。だからこそガレノスもキリスト教をさして評価はしないものの哲学のなかにいれてあつかったのである。それほど教養のある者はおらず、ひたすら信じており、しかし倫理的生活をまもり、外からは奇妙にみえる熱心な信仰生活を送り、迫害にさいしては死をも甘んじてうける初期キリスト教徒たちを、ガレノスは多少の感嘆の念でみていたということであろう。彼の視点をうけついだ非キリスト教徒論者は知られていない。

逆にキリスト教のなかには、この、ガレノスから驚嘆をうけた信仰の熱心さ、殉教願望をキリスト教の本質とし、哲学的解釈の導入を危険とみる流れもあった。代表的なのが、反哲学の立場を明瞭にしたテルトゥリアヌスで、彼は後半生モンタニズムの霊的運動に接近した。他方、キリスト教神学を哲学の論理で徹底しようとした立場には二世紀末のテオドトス、マルキオン、ウァレンティヌスらがおり、彼らもまたグノーシスなどの異端として排除されてゆき、ギリシャ哲学との高度な融合を主張したオリゲネスも結局正統からはのぞかれるのである。教会の主流・正統派、それを代表する流れはクレメンス、エイレナイオス、ヒッポリュトス、キプリアヌスらの教父と、著作こそのこしていないが強力な指導力を発揮したローマのウィクトル、アレクサンドリアのディオニュシオスらの司教たちである。キリスト教は、哲学と聖霊との中道をえらんだといってよいであろう。

正面からの批判者ケルソス

ケルソスは非キリスト教徒として知られるかぎりはじめてキリスト教について深く研究し、ついに『真理の言』という本格的にキリスト教に反論した書物すら著わした。ガレノスとちがうのはその書物でしか知られていないという点である。彼の書物自体はのこっておらず、一世紀のちにオリゲネスが八巻におよぶ『ケルソス駁論』を著わしてケルソスの書物を逐一引用しながら詳細な反論を加えているので内容を知ることができる。

ケルソスは東方出身のようだが場所はわからず、哲学者ではあったようだがどの派にたっていたのかもよくわからない。宗教にたいしてはきわめて冷静な知識人であった。オリゲネスは彼の原著を正確に再録していると考えられ、反論できないような条項をはぶいた可能性はあるが、二世紀後半に非キリスト教徒帝国人が正面からキリスト教を論じた貴重なその書を保存していることはまちがいない。

ケルソスは旧新約聖書をよく読み、キリスト教伝道者にも直接質問してキリスト教徒への認識を深めている。彼はユダヤ教にも批判的で、ときにユダヤ教のことをキリスト教にこじつけて非難しているところもある。ユダヤ教徒を、エジプトから逃亡した奴隷ときめつけたり、論点のはしばしで事実を誇張して槍玉にあげるなどのゆきすぎはみられるけれども、その批判の多くは、地中海世界の都市市民として、なかんずくローマ帝国国民としてキリスト教徒をとらえて、しばしば正鵠《せいこく》を射て鋭い。その彼のキリスト教批判の概要をながめてみよう。

まず旧約聖書の内容についてケルソスはそのほとんどがおとぎ話にすぎないという。しかも旧約の神は七日目には疲れて仕事を休み、自分のつくった世界の欠陥にあとから気づくなど、その力量はいかにも低い。神が自分の形に似せて人をつくったということもありえない。神と人とはまったく隔絶しているのだから。「創世記」にはロトと娘の話、エサウとヤコブの兄弟争い、老齢の女の出産などいかがわしい話が多い。また箱船やバベルの塔、ソドムとゴモラなどの話はギリシャ神話の借り物だ、という。

ついでイエスにかんしては、彼が神の子であるという点を徹底的に批判する。神が人の肉の形をとって世にくだったというそのことが神を侮辱することだ。イエスの系図は第一級のものだそうだが、それでなぜ貧しい大工でしかなかったのか。夫に離縁されそうになるような糸紡ぎ女のマリアに神が宿るというのもひどい話で、彼女はパンテラというローマの兵士と密通してイエスを産んで、それを隠すために聖霊のお告げなどといいつくろったにすぎない。イエスは若いときエジプトにいっている。そこで魔術をおぼえ、人に幻覚をあたえて奇跡と信じこませることができるようになった。彼程度の魔法使いなら、この世界にはいくらでもいる。

彼は取税人や詐欺師、盗人を弟子にし、あちこちうろつき、追われると逃げかくれた。彼はみずからの運命を予見していたそうだが、泥棒や強盗が捕らえられたら自分がどうなるかくらい、どんな人間でもわかることだ。彼は十字架につけられて死んでしまった。神の子なら十字架の上で姿を消すなどして人をおどろかせてもいいはずだ。神にも見捨てられたただの人間であったいい証拠だ。かりにイエスが神だったとしても、死んで甦るなどということを神ならするはずがない。イエスが復活したのをみたというのはヒステリックな女たちだけで、公《おおやけ》にあらわれたという話は聞かない。最後の審判などというのもまったくの絵空事だ。キリスト教徒は神にはできないことはない、とうそぶくがそれだけではなんの根拠にもなりはしない。

ケルソスは自分が知っているキリスト教徒たちにも批判の矛先をむける。彼らのあいだでは知恵が蔑まれ、愚かさが評価される。無教養な下層民、女たち、子ども、奴隷ばかりだから、イエスが神の子だと証明することなどできず、ただ信じよとしかいわない。そして一家の主《あるじ》やインテリジェンスのある男たちには働きかけず、無知な女・子どもを誘ってその家庭を破壊する。伝道者は占いと魔術の書物をもっていてその力で人びとをひきいれる。彼らはわれわれの神々を否定して、ゼウスの墓がクレタにあるという伝説を信じるのはバカだ、といいながら墓に葬られて甦ったとかいう人物を礼拝している。それに多神教を批判しながら神とイエスを礼拝するのは矛盾ではないか。

キリスト教徒はまたわれわれの神々の像は木や石、金属でできた偶像でなんの力もないと嘲笑する。それらが物質でできた像なのはあたりまえだ。像は神々のしるしなのだから。ところが、そのようにばかにしている偶像に祭儀を捧げることを彼らは拒む。まるで木や石の像を神のように思って、恐れているかのようではないか。神々に捧げた食物も食べないという。この地上のどんな食物にも、水にも空気にも彼らのいう悪霊が宿っているのだから、彼らは生きてゆけないことになる。なにもできないと彼らがあざ笑った神々は、迫害という形で彼らに復讐しているではないか。彼らは自分たちだけのあいだで秘密のサイン（十字？）をつくり、外の人びとと関係をもとうとしない。神々をも皇帝をも拝まない。都市のつとめもはたさない。国民が全部キリスト教徒のようになったら国はなりたってゆかなくなるだろう。彼らは迫害されると拷問されることをのぞみ、喜んで死のうとする。それは国家にとっては好都合なことだ、等々。これらのキリスト教徒観のあるものはすでに眺めたキリスト教徒への迫害の背景として、一般帝国民がいだいていた感情と重なるところが少なくない。

このように冷たく言い放つケルソスだが、彼はキリスト教を無神論とみなしてはおらず、乱交・カニバリズムなどの中傷もガレノスと同じく無視している。むしろ彼はキリスト教徒の行動が倫理的であることを暗黙のうちに認めている。いくつかのキリスト教徒の観念には賛意をしめす。そのうえでキリスト教の本質を政治・社会の面で帝国社会にとっては危険なものと深刻にうけとめている。しかし解決策への希望はもっている。最後に彼はキリスト教徒に皇帝に忠誠を誓い、その守護霊に敬意をはらい、法をまもり、都市の公務を引きうけ、兵士にもなって帝国民らしくふるまうことをすすめているのである。

ケルソスの同時代のキリスト教徒に、彼のよびかけは届いたのかどうかはわからないが、オリゲネスは彼の批判を正面からうけとめ、とくに神学的なことについては、彼のほとんどについて反論しつくしている。ただ子どもが改宗して家庭が崩壊してしまうという批判には十分答えられなかった。そのようなことは実際にかなり生じていたのであろう。

ガレノスやケルソスのような、頭からキリスト教の名をよせつけないのでなく、評価すべき点をみ、批判点を明らかにする論者があらわれて、少なくともオリゲネスのように真剣にこれに答える教徒もあらわれた。しかし、非キリスト教側の思潮にはこれ以後、キリスト教への寛容にむかう論議はあらわれず、三世紀に有力になる新プラトン主義は唯一神的で、神秘主義への傾向をしめしてキリスト教との接点ができてきはするがむしろその論者は、ポルフュリオスやヒエロクレスのようにきわめてきびしいキリスト教批判者となる。それにたいしてキリスト教徒の側には現実面での一般社会との妥協、思想面での哲学化、が指摘される。しかし一方で迫害を甘受する、ときにはあえてそれを引きよせようとする教徒も跡を断たなかった。

第四章　性の革命

1　古代都市民にとっての性

古代の性を見直す

キリスト教徒の名に付着させられたおぞましい性的紊乱《ぶんらん》の行為の中傷についてさきに少しふれた。一方、キリスト教徒の側は性的な事柄にたいしてきわめてきびしい、むしろ性をおそれ、排除しようとする倫理コードをつくりあげようとしたことも簡単に述べた。ここではその性にまつわるキリスト教徒と非キリスト教徒とのあいだの問題を少しくわしく眺めてみたい。まずはじめに、古代地中海世界の性のパフォーマンスと、性観念あるいは性についての感性の変化からみてゆこう。

地中海世界全域を対象に考えれば、性の風俗も慣習もずいぶんさまざまであっただろう。そのいちいちについて紹介することはとても私にはできかねる。キリスト教徒が接した世界であるローマ帝国の、ラテン文学作品、具体的には貴族上層社会や皇帝のまわりから材料をえることができるにすぎない。とはいえ、近年はギリシャ・ローマ社会における性の問題の研究は革命的といっていいほどに多数あらわれ、アプローチのうえでもきわめて多様になってきている。性というものは人間の心性の領域でも大きな位置をしめるから、当然心性史研究の最初の課題の一つであった。

これに加えて、心性史・社会史と不可分ではないが、女性史の観点からの性の歴史の見直しをめざす研究がとくにめだっている。ギリシャもローマもまちがいなく男性が支配する社会であったから、これら古代女性史研究はそのことへの批判的な視座を最初からもつことになる。ときには女性でなくては思い及ばない視点による史料の見直しによって新しい事実の指摘もなされて、男性研究者が知らず知らず陥っていた差別的な見方を反省させられることもある。しかしときには男性支配の歴史に、あるいは男性の視点のみからの歴史研究にあまりに批判的であるがゆえに、史料の無理な読み替えをして強引な解釈をほどこす例もある。しかしいずれにしても近年、人種・民族の歴史研究においてそうであるように、性にかかわる研究にさいしても完全にニュートラルな立場をとることは不可能になっているというべきかもしれない。

さてそのような古代女性史研究の代表的な学者であるアメリカのクールズは、アテネのペロポンネソス戦争時の一宗教事件に題材をとって、沈黙する史料のなかからアテネ女性たちの積極的行動の事実を発掘しようとした。彼女の書物の表題は非常に挑戦的である。『ファロスの王国』というその題は、ギリシャ語ファロスを「勃起したペニス」と訳してしまうと、まだわれわれの感性にとってはいささか刺激がきつすぎる。しかし彼女がこの題であらわしたいことはよくわかる。つまりギリシャのポリスにおいては圧倒的な男性支配の社会が展開していた。政治・軍事・経済・文化、いずれもが男性によって動かされ、になわれていた。女性の社会での活動は特定の女神礼拝など、かぎられた領域におしこめられ、家のなかの仕事をおしつけられていた。支配する男性は性の観念でも、また性生活でもその支配的な地位をたもっていた。ポリスのいたるところに男性の性の力を誇示するしるしがみられ、すべての面での男性の優位を象徴していた。それは石像や壁画、壺《つぼ》その他の日用品のデザインにいたるまでえがかれるペニスであり、ペニスを強調した性的表現の氾濫《はんらん》であった。クールズはそのような表現が男性支配を謳歌《おうか》しているアテネにおいて、女たちが自分たちの意思と行動力で男性市民を驚愕《きょうがく》させる事件をたくらんだ、といささか強引な「史実」の発見をおこなっているのである。

たしかに現在のこっている古代地中海世界の遺跡や出土物には、露骨な性的表現が現代人なら気恥しくなるほどのどぎつさで、しかも日常的にだれの目にもふれうるところ、また日用品にまでえがかれている。神々の像が裸体でえがかれ、それはギリシャ彫刻家の手によって芸術の領域にまで高められている。それをまで過剰な性表現、男性の性支配のイデオロギーでのみ説明するのは不当ではあろう。しかし、その神々の裸像は、それを見る者になんらかの性的感情を喚起させることを意図して、あるいは予測してたてられたことは否定できないであろう。アテネの尊い守護神で処女神であるアテーナーは、けっして裸体でえがかれることはなかったのである。

もっと直接的な性表現になると、ホメロス（彼の叙事詩そのものには露骨な性描写はまったくないが）や神話に題材をとった、神々と人あるいは鳥獣との交合や強姦《ごうかん》のシーン、性器を誇張したサテュロスなどが多数アッティカ式壺絵に登場する。ファロスのみの像も公《おおやけ》の場所に飾られていた。金属製のうつわのふたなどにも性交する男女の図がえがかれ、壁画にもレリーフにも性的な図柄が多くあった。アテネでは巨大なファロスのはりぼてをかついでねりあるく大ディオニュシアの祭りすらあった。

もちろん日本でも男根・女陰は公の目にふれるところに彫刻されていたり、それに似た石や木をまつったり、はこんだりということはふつうにおこなわれていた。それらはいうまでもなく、豊饒《ほうじょう》・多産を祈る人類共通の伝統的な性器崇拝のあらわれであった。そしてそれらの性器、また性器に似た石木を眺め、それらをまつる者たちの性欲がかきたてられることもあったろうし、そこで喚起されるのは、男性の性的感情である場合がほとんどであったろう。その意味で男性支配と性表現とが結びついていたのは、ギリシャだけの特異例ではなかったといわなければならないかもしれない。

しかし、そのような性シンボルの崇拝は、宗教の素朴な段階のものである。ところがギリシャではポリスが発展し、最高度に文明を成熟させた時代にあっても、このような性的表現が、洗練された形で堂々とポリスのなかにあふれていたという点でたしかに顕著だったのである。そのような性のギリシャ的パフォーマンスを、クールズのように女性差別のグロテスクな表現だと批判するのも、このようにおおらかな性の謳歌を、中世以後淫靡《いんび》で「いやらしい」ものにおとしめてしまったのはキリスト教だ、と非難するのもしばらくおいて、もう少し地中海世界の性観念に即して眺めてみよう。

ギリシャのポリスの社会の現実の性的関係がはなはだしく淫乱で、男の強姦が公認されていたわけではもちろんない。結婚は、一対一の男女の結びつきとして尊重されていた。ホメロスでも悲劇でも貞淑な妻が称賛されていた。もっとも「貞淑な夫」が評価される文脈はあまりみいだされないから、女性の貞淑さの称賛は男性優位イデオロギーの裏返しでもある。ただポリス世界においても一対一の男女の愛情が評価されることはめずらしくはなかった、とのみいっておこう。しかし、妻たる女性が夫以外の男性と性関係をもったり、寡婦《かふ》となった女性がそういう関係をもったりすれば、夫によって殺されかねなかったり、また非難の目でみられるのがふつうであった。

そしてそれに反して、妻をもつ男性の側は妻以外の女性と浮気をしても、のちにふれるような少年との同性愛関係をもっても、売春婦のところに通い、また自分の奴隷女を犯しても、社会はかなり寛大であった。ただ、それも度がすぎると他人の噂《うわさ》になったりしたろうし、またそのようなことをする夫にたいして妻が怒り、とがめるということはげんにあっただろうと思われる。喜劇では夫の浮気に怒る妻はやきもちやきとしてこきおろされ、作者の男性支配イデオロギーが顔を出すが、外には出てゆかないものの、家庭をとりしきることをゆだねられたギリシャ市民の妻たちが、そう受け身一方の生き方ばかりしていたことはないはずである。

さてギリシャ都市のこのような性の関係は、ヘレニズム期もさほど変化なくつづいたと思われる。ローマにはそれ特有の性倫理があったわけだが、ギリシャの影響がしだいに強くなった一方、ローマが帝国支配をおこなうようになって、性や結婚にかんする立法をも皇帝が定めることになったから、帝国国民であるギリシャ人にもローマ皇帝の倫理政策がおしつけられてゆき、それなりに変化せざるをえなかったであろう。しかし、ローマ帝国全域に共通の法が施行されるとはいっても、性をもふくめた生活慣習の地域的民族的な相違は簡単にはなくならなかったであろうから、単純にローマ帝政期の性観念をえがくことはむずかしい。そのまえにローマ自体についてみておこう。

ローマ人の性

ローマ人はギリシャ人にくらべて保守的で質実剛健をむねとした、と一般に考えられている。したがってローマ人のあいだでの性的表現も、ギリシャの場合ほどおおっぴらにはなされなかった、と。少なくとも大カトーからキケロにいたるまで、ローマの元老院議員のイデオロギーは性的な行動や表現をふくめて、華美なものや享楽的な風潮をギリシャからの流入とみなし、ローマの謹厳な宗教的倫理の伝統を誇り、そしてローマ的生活がギリシャ風に染まり、堕落することを嘆いていた。事実はどうであったのかはともかく、われわれにはローマ人がそのように考えていたということで十分ではある。

しかし、かりにギリシャ文化流行以前のローマに、ペニス像は乱立していなかったにしても、ローマ世界にもきわめて古くから、ギリシャにけっしてひけをとらない男性支配がゆきわたっていたことはまちがいのない事実である。封建時代の日本の女性三従の教えは、ローマ社会にこそピタリとあてはまり、ローマの女性というものは市民の家の子孫と家産を継続させるためだけに存在を期待されたにすぎないといってよかった。ローマの女性には個人としての名前がなく、一つの氏族にうまれる女性はすべて同じ名でよばれた。たとえばカエサルの属していたのはユリウス氏だから、彼の姉妹も彼の娘も名はユリアであり、彼の養子となったアウグストゥスの娘もまたユリアであった。ローマにおける女性の地位を、この慣習はよく象徴している。こういうわけだから、ローマ人の結婚もまた家名・家産の継承のためにのみ意味があった。もっともそれが本当に意味をもつのは上層市民のあいだでのことであって、正式な結婚の儀（コンファレアティオ）を挙行するのは彼らだけであった。家名も財産ももたない一般市民夫婦は法的に結婚をすることなく、同棲しているだけ、といってよかった。

ローマの男性のあいだでは同性愛はギリシャとはことなる位置におかれたが、まず夫たる男性は妻、娘、それに嫁にたいして（家長である場合は息子たちにたいしても同様であったが）、生死を左右する権利すらもっていた。男性は既婚者であっても売春婦、奴隷女との性交渉をさしてはばかることなくおこない、若い男性との同性愛もふつうであった。さきにエリートの論理のところで多少ふれたが、ローマの男性の性関係は多方面で展開されえたが、それが不面目なこととされるのは売春婦を買ったり男と寝ること自体ではなく、過度に性交して「女々しく」なってしまうことであり、女性上位の体位をとることであり、ホモセクシュアルでも「女役」をやらされることにかぎられていたのである。

ローマ都市の出土品にもあからさまな性表現はみいだせるが、それらがさかんになるのはやはりギリシャ文化とふれあってからのようだ。後七九年、火山灰の下に埋没したイタリアのローマ都市ポンペイの遺跡からは、アテネにまさるセクシュアルな表現のさまざまな作品が掘りだされている。現在ではいわゆる「逸品」は、ナポリ考古学博物館あたりの奥に秘匿されて一般には公開されていないようだが、古代ポンペイにおいては、男女の性交の図が、どう考えても来客や子どもが出入りしたであろう邸宅の居間の壁にえがかれていたのである。アッティカ風の壺ではなく、ここではランプや銀・青銅の器物にファロスやヴァギナの図案が頻出している。

ローマ共和政末期の現実のローマ市の生活は、はげしい内乱が展開する一方で、社会生活の享楽の度はたしかにすすんでいたようだ。そして、女性たちのいろいろな意味での進出も以前よりは顕著になってきていた。高級売春婦の派手なふるまいもその一つといえたが、上流市民の妻たち、それにローマでは女性が夫の財産の一部を相続することも認められたから、夫をうしなったが潤沢な富を自由に使える未亡人たちが、自分の邸宅にサロンをひらいて、貴族の若者や文学者たちを集める風もさかんになった。彼女らがマトローナとよばれる上流婦人たちで、そのサロンではプラトニックな愛も育まれただろうが、ときには保守的ローマ市民の眉《まゆ》をひそめさせ、詩人の風刺詩の題材となって嘲笑《ちょうしょう》されるほどに破目をはずしたものになることもあった。

さて、その詩人たちの作品における性描写が、時代をへるにつれてあからさまなものになっていったのも、ローマ・ラテン語の世界の特色であった。ギリシャではアリストファネスの喜劇にところどころ露骨な表現があらわれたりするが、現代の小説などにくらべるとそうひどいものではなく、こと文章における性表現の露骨さは、黄金時代ラテン文学に比肩するものはないように思われる。もちろんこれらの作品のなかには純な熱愛をえがくがゆえの性表現もある。しかしオウィディウスの『アルス・アマトリア』はときの大詩人の堂々たる性のテクニックの歌であり、彼と並び称されたホラティウスにもきわどい表現はたくさんある。

図9　ペニスをデザインしたランプ
地中海都市の日常生活のいたるところにこのような表現があった。ポンペイ出土。

詩人の世界だけでなく社会一般にも、売春や女性奴隷、外国人女性との性交渉があたりまえになったのが共和政末期である。女性のあいだでの性も、ギリシャの世界にくらべてより開放的であったことはさきにみたとおりである。こうしてローマ人とその支配下にあって影響をうける人びとのあいだには、きびしい倫理的生活や結婚そのもの、家庭をいとなみ子どもを産み教育する、という生き方が軽んじられだした。アウグストゥスは、社会風俗にかんする一連の立法をおこなっている。それは奴隷の過度の解放を禁じ、古来の結婚の価値を強調し、結婚外性関係の禁止をめざした風俗善導の策であったとみられる。

このような策がとられて、オウィディウスなどが追放処分となったのちも、マルティアーリスやユウェナーリスらの風刺詩には、性に狂奔《きょうほん》する市民、解放奴隷、奴隷たち、そしてなかんずく上流の淫乱な女性たちが登場し、こきおろされている。途方もない大富豪の贅《ぜい》をつくした享楽生活をえがいたペトロニウスの『サテュリコン』は、ネロの時代に書かれた。アウグストゥスの女性関係も相当派手であったし、彼の娘ユリアは、父の法に抵触して追放された。カリグラもネロもセックス・スキャンダルにとりかこまれて暮らした。クラウディウスはその妻たちの放埒《ほうらつ》さを制御できなかった。

ローマ市の上層民のあいだでことに顕著であったこの種の現象も、一般市民のあいだや、属州の都市生活に影響をおよぼさなかったとはいいきれない。そうでなくともギリシャ都市の性風俗はおおっぴらだったのである。そしてまたこれに加えて、さまざまな神々の礼拝にも性的な要素がふくまれていた。ことに東方に盛んだった大地母神礼拝にはそれがめだち、神殿聖娼のならわしも広くおこなわれた。農耕にかかわる礼拝に、播種、収穫を象徴させる性行為をともなう密儀はつきものであり、母神と対偶神の性交にならって、信者男女が性交することを儀式のうちにふくむような礼拝がおこなわれ、ときには世人の眉をひそめさせることもあっただろう。キリスト教徒はそのような世界に出現したのである。

ギリシャ・ポリスの同性愛

ギリシャ人のあいだでもローマ人のあいだでも、男性同士の同性愛（ホモ〈セクシュアル〉ということばは本来は女性間同性愛をもさす。後者を日本ではレズビアンとよんで男性間同性愛とは区別するので、本書も以下ホモ〈セクシュアル〉の語は男性間のそれをさすものとしてもちいる）は、当然のごとくにおこなわれていた。ことにギリシャのポリス社会において、ホモ関係は市民男子にとって社会的・文化的な義務ですらあった、と最近の研究は主張している。一方、キリスト教が同性愛を一貫して忌避したことは明瞭な事実であったから、この点でキリスト教徒が古代地中海世界のなかで非常に特異な地位にあったことがあらためて認識されねばならないということになる。

ギリシャ人の男たちが美しい少年に恋心をいだくことは、ソクラテスの対話篇でも話題となっており［プラトン『国家』四七四ｄｅ］、またイタリアのパエストゥムの壁画などにも食事の席でよりそう男同士の姿がえがかれ、もっと官能的な図は壺絵に数多くみられる。近年ドーヴァーやカンタレッラなどの学者が、ギリシャ社会に深く根ざしていた男性間同性愛の諸相を解明してきている。

ギリシャ人は元来、男性は女をも男をも愛することができ、その両方と性交することができるし、またそうすることが不思議ではないと考えていたようだ。これは男性側のみの論理であるから、ギリシャ人の社会というものが成立して以後にうまれた観念であろう。男女両方との性行為、いわゆるバイセクシュアリティ（両性愛）ということ自体は、人類出現以来のものだという説が最近では有力なようだが、本書で問題になるのは古代世界が成熟してより以後の話である。ともあれギリシャ神話には、ニンフに愛されたあげく、女性と合体した美少年ヘルムアフロディテという、両性具有の神もいたのである。

さてギリシャ・ポリスの男子市民は成人に達すると、少年を一人えらんで彼とホモ関係を結んだ。実際に彼と性交して、その技術を教えただけでなく、睦言《むつごと》のなかでかどうかはわからないが、少年に男子市民たるにふさわしい倫理道徳をも教えこんだのである。一対一の市民教育がホモ関係をきずなとして実行されていたのである。もちろん成人男性は妻をもち、彼女との性関係をもって子を産むことを義務とすら心得ねばならなかった。少年もやがて成人すると今度は成人として、同じつとめをはたすのであった。ポリス社会にあからさまにあふれていた男の性のイメージは、女性をも男性をも支配する性の力を意味していたことになる。

不思議、というより不当というべきか、女性間のレズビアンはまったく逆にポリスでは認知されなかった。男性支配の論理においては女性は劣格人類であり、性的な欲望にも負けがちだから、余計な性関係としてのレズビアンは排除されたのだ、といわれる。レズビアンの語源となった、前七世紀のレスボス島の詩人サッフォーの女性たちのグループは、伝説の話か、実際には同性愛集団ではなかったのか（サッフォー自身にはじつの娘がいたようである）、そうであったとしてもまったくの例外であったか、そのいずれかであろう。

　このようなポリス社会だが、だからといってミシェル・フーコーなどのいうように、そこに男中心の性のまったき自由、つまりフリーセックスが実現していたわけではなさそうである。成人男性が妻とともに少年をも愛するというのは彼にとって一種の義務であり、それはポリスの政治や社会上の制度であって、個人が好き勝手にふるまった結果などではなかった、と最近の研究は教えるのである。同性愛の対象としての少年も市民の息子でなくてはならず、奴隷少年を愛することは感心すべきことではなかった。なかなか制約は多かったのである。たしかに、あまり抱きたくもない美ならざる少年を抱かなければならなかったかもしれないし、少年からきらわれる成人市民がいたかもしれない。

　それに、そもそも性がたしかに謳歌されているポリスの社会風潮のなかで、性的不能者はどのような心理的圧迫をうけたのであろうか。そのように考えてみても、ギリシャ都市の性のコードをあまりに一面的に強調することはできないように思われるのである。

　このようなポリスのホモ関係のならわしも、古典期からヘレニズム時代にかけては相当ゆるんでいった。ポリス自体が衰えていったことがその理由であったし、ホモ関係も本来の意味が風化して、享楽的に追求されるようになっていったことも否めない。ことにそのような傾向を象徴したのが、成人してのちも少年時代にえた快感が忘れられず、受け身のホモ役を好む市民男子が増加したことであった。ギリシャ人は、ホモを社会教育の制度として組みこんではいたが、レズとともに、成人男子が受け身になるホモは一般に忌避、嫌悪していたのである。こういう状況にいたったとき、ギリシャはローマと接触することになった。

男に抱かれたカエサル

ローマには元来ホモの慣習はなく、ローマ人はギリシャ人からそれを教えられたのだ、とキケロなどは考えていた。そしてギリシャ文化の理解者であった彼自身少年奴隷を愛していた。しかし実際にはローマ人のあいだでも同性愛は古くからおこなわれていた。ただギリシャとことなっていたのは、それがギリシャ市民のあいだにおけるような社会的関係の一制度としての機能をはたすことなどはなかった、ということである。

ローマ市民男子も、男は女性をも男性をも（男役として）愛することができる、と自然に考えていた。したがってローマの場合、ローマ人が抱く男性は奴隷か外国人にかぎられるべきであった。建て前として、ローマ人もまた性行為を男性支配に結びつけてイメージしていたのである。詩人哲学者ルクレティウスがまさにそのことを証明している。彼によれば性的快楽というものは、男性の精をべつの人間の体に送りこむことによってえられるのであって、送りこむ相手は女性であっても男性であっても同じことだというのである［『事物の本性について』四・一〇五二〜一〇五五］。

ところが、共和政期のある時点から、市民男子のあいだでホモの女役をする者がめだって多くなってきたらしい。それは盛期をすぎたギリシャのあの風習の影響だったのであろう。そしてその風習は、ローマの上層市民のあいだからおこったようだ。かくして、時期は不明だがスカンティニウス法という法律が定められ、おそらく女役のホモをなした市民のみの処罰が定められた。この法律はあまり施行された例が知られない。しかし有効であったことはたしかなようで、後一世紀末にドミティアヌス帝がこの法にもとづいて元老院議員や騎士たちを罰した、とスエトニウスが伝えている〔『ローマ皇帝伝――ドミティアヌス』八・三〕。

ローマ人たちのホモ行為はやがて、有力政治家や、元首政期になると元首その人にもみられるようになり、それがしばしば話題とされ、スキャンダルとされるようになった。彼らが処罰された形跡はない。ローマでは、現代のある国家のように政治家の性的スキャンダルが致命的な結果におよぶことはなかった。ただ、ことが女役のホモだということになると、ローマでもその危険をまねきかねなかったはずである。共和政末期にはなんといってもカエサルの同性愛の噂が有名である。

ローマに服属したビテュニア国の王ニコメデスなる人物にカエサルが抱かれたということは、ローマでは公然と噂され、ガリア遠征後の凱旋式のときには兵士が笑い話のたねにしていたという〔スエトニウス『ローマ皇帝伝――カエサル』二、四九〕。しかしそのカエサルは、エジプト女王クレオパトラをふくめ、多くの女性と交渉をもち、また自分の部下で詩人カトゥルスの敵でもあったマムッラという男をホモの女役としていたというわけで、バイセクシュアルの風聞もあった。そしてなによりもカエサルはローマ世界に比類なき独裁者であり、民衆と兵士の人気は抜群であったのである。権力というものに男らしさを重ねあわせてみるローマ人には、若気のいたりのカエサルのスキャンダルは名声のかすり傷にもならなかったということである。

元首政期になると、眉唾の話も多そうだが、元首が女役のホモにふけっているという噂はほぼすべての元首につきまとった。アウグストゥスはカエサルに抱かれた、と政敵アントニウスは侮蔑的にいいはなち、またアウグストゥスは三〇万セステルティ払ってヒルティウスに抱かれた、彼は女のようにくるみの殻で毛をすり切って肌をきれいにしていた、などともいわれた［スエトニウス『ローマ皇帝伝――アウグストゥス』六八］。劇場でも彼の女役をあてこする劇が上演され、民衆から野次もとんだという。アウグストゥスがカエサルのような人気がなかなかえられなかったのは、カエサルよりもいっそうホモの非難の度合いが大きかったからかもしれない。

ティベリウスにもカリグラにも女役の噂があり、ネロはといえば、たわむれとはいえ去勢した奴隷スポルスと結婚し、さらにまた解放奴隷ドリュフォルスとも結婚してその妻の役をネロがつとめたとすらいわれた［スエトニウス『ローマ皇帝伝――ネロ』二八、二九］。このほかの事例ははぶくが、エドワード・ギボンも、性的淫乱の噂のない皇帝はひとりクラウディウスのみであった、と述べているほどである。そのような噂のなかに皇帝の同性愛行為はかならずふくまれていたであろう。

一九九二年夏、イギリスの新聞に掲載された記事によると、イングランド北辺、ハドリアヌス皇帝建設の城壁付近の皇帝のウィラ発掘がすすみ、発掘担当のR・バーリー教授はそのウィラは同帝のホモセクシュアルのためのウィラだったと発表したという。その理由は、その遺跡からは彼の妻サビナの彫刻が一体も出てこず、少年の像しか発見されていないという

図10　少年を愛撫するアテネ市民
男子市民にとって少年愛は義務であった。

図11　ハドリアヌス(左)とアンティノオス

ことが第一であった。おそろしく乱暴な推論のようにきこえるが、ハドリアヌスがギリシャ人の美少年アンティノオスを溺愛《できあい》していたこと、彼がナイル川で溺れ死んだのちには、エジプトにアンティノオポリスという都市をつくり、各地に彼をまつる神殿をつくり、彼の彫刻も多数つくられたことはあまりに有名であった。だからバーリー教授の飛躍した結論もあながちうなずけないわけではない。

このように、ローマ帝政期にもホモ関係は公然と、たぶん上層民のあいだでのほうがさかんに、もっとも女役ホモになることについては多少のうしろめたさをともなって、連綿としておこなわれつづけたのはたしかである。マルティアーリスとユウェナーリスという、やや時代のずれる二人の風刺詩にも、ホモたちの露骨な姿が、女狂いの男たちや男狂いの女たちとともに登場し、詩人の嘲笑をうけているのである。

つけたしのようになるが、もちろんローマでもレズビアンは論外の恥ずべきこと、と男性からみなされていた。ギリシャ女性にくらべると、男性の監視・保護のものであれ、社会にもっと顔を出し、夫とともにローマ市民のうまれを誇りとし、ローマの古きよき伝統を子に伝える責任を負わされていた女性たちは、共和政末期からはしだいに男たちの輪のなかにはいり、酒も飲み文学も論ずるようになっていった。性的にも闊達《かったつ》な女性があらわれて当然であった。あわてた男たちはこのような舞い上がっている女たちをあばずれと蔑《さげす》むことでおさえつけようとした。

ローマの男たちがとりわけ目のかたきにしたのがレズビアンであった。これは女性最悪の罪とみなされ、禁止法こそ出されなかったが、人妻のレズビアンは姦通に等しいと考えられた。ことにマルティアーリスが名指しでこきおろすフィラエニスという女は、宴会でも男と同じようにふるまい、痛飲しては吐いてまた飲み、女性を愛人とし、少年ともまじわっていた［『諷刺詩』七・六七］。また医師カエリウス・アウレリアヌスは、女と寝たがる女には男のような欲情があり、そういう女はいくら快楽をもとめても満たされない病いにとりつかれているとまでいっている。

なぜこうまでローマ男子がレズビアンを憎んだのか。女性学者カンタレッラは、それはレズビアンは女性と性交することで男性のふりをし、男性的快楽をうることができる。男なしで女が支配者になれる。このことを男は、男性支配へのゆるしがたい反乱とみたからだ、という。ではレズの女役についてはどう考えればいいのか、などという問題はのこるけれども、たしかにフィラエニスはえらく「男」らしくふるまおうとしたようにみえる。そこには彼女の政治・社会への挑戦がこめられていたのかもしれない。

さて、帝政期がすすむにつれて、ホモセクシュアルの法的規制の動きを皇帝たちがしめしだす。セプティミウス・セウェルスは、主人が少年奴隷に男娼をさせて商売することを禁じ、アレクサンデル・セウェルス帝は同性愛者男女に罰金刑を科した。彼は男娼そのものの禁止をも意図したがはたさず、フィリップス・アラプスがその法をつくった。しかしどうも実効性がなかったようで、四世紀になってコンスタンティウスがまた、男娼禁止を残酷な刑罰で実施しようとした。その五十年後にまたテオドシウスが三度目の禁止法を発している。

それほどに男娼はローマ帝国社会からなくならなかったとみえる。ホモ関係そのものはさらに広く深くおこなわれつづけていたのだろうし、娼婦が取り締まられた例も知られない。ただ帝政期の流れのなかで、徐々に国民の性の倫理がかわっていったことも否定できない。ともかく一部のホモの禁止が定められたのだし、六世紀のユスティニアヌスにいたって、ついに同性愛そのものが禁止されることになるのである。

ソドムの罪

このようなローマ帝国・地中海世界の性倫理の変化とキリスト教とのかかわりについては次節でふれることとし、簡単にユダヤ教とキリスト教の同性愛にたいする見方がどうであったかを振り返っておこう。旧約聖書には同性愛にたいする嫌悪感が一貫してしるされているようにみえる。しかし学者たちのなかには、イスラエル人のあいだでも男役のホモはゆるされていた、とかホモへの反感はヘレニズム時代になって彼らがギリシャ人の風習を知ってから以後、律法に付け加わったのであって、それ以前はホモも許容されていた、ただ暴力をともなうホモ行為のみが禁じられ、ダビデとヨナタンのように真の友情の間柄のホモはよかったのだ、などと論じる者があるようだ。

しかしながら、「創世記」一九章のソドムが滅ぼされた物語では、神がソドムにくだした罰の理由が、住民たち（男）が天使（男）をホモとして強姦（?）しようとしたことに象徴される彼らの堕落であったことになっている。また文書としての成立は「創世記」より古い

「申命記」二三・一七以下の神殿男娼と娼婦の禁止の記事、「レビ記」一八・二二と二〇・一三のホモ行為の死刑による禁止、等々をたどってゆくと旧約聖書＝ユダヤ教は、非常に古い時代からまず男性間同性愛を明文化させて禁じていたことがたしかであるように思われる。それのみならず、言及されることはほとんどないが、ユダヤ教では女性同性愛も、そして異性間もふくめての売春行為もまた禁じられていたようである。紀元一世紀のユダヤ人でギリシャ文化に精通していたフィロンもヨセフスも、同性愛と姦通はギリシャ人の風習で、これらをすべてユダヤ人は忌避していると述べ、元首政期のラビ文献にも同じ傾向の考えがしめされる。

ユダヤ人もまたのちのキリスト教徒と同じように異民族・異教のなかの少数民族として生きなくてはならなかった。民族の血をきわめて尊重した彼らは、精液の無駄遣いをそもそも罪悪視していた。オナニーの語源となったオナンは、精液を地にもらして神の罰をうけたのである［創世記三八・四〜一〇］。ユダヤ教ではレズビアンにさしたる注意がはらわれないのは精液が介在しないからだ、という説もある。売春が忌避されたのは、それがバアル、あるいは地母神宗教など異教のならわしだとの意識があったからかもしれない。しかし、ラビ文献は再三にわたって売春を非難し、それに福音書にも売春婦はしばしばあらわれる。それだけユダヤ人は、抑えつけようとしても抑えつけられないこのならわしに手こずったということであろう。

キリスト教はまちがいなく、このユダヤ教の性倫理の影響を深くうけた。もっともイエスにはホモ・男色にたいする非難のことばはない。逆に姦淫した女や売春婦への同情がしめされる。イエスは結婚式にも出席し、飲み食いした。しかしイエスの売春婦への同情は、売春や性的解放をいやしむ風がその社会の人びとの基盤であったからこそ、逆説的な意味をもっていたことを理解すべきである。それにイエスは同性愛や売春はもちろん、結婚すらをも人びとにすすめてはいない。イエスがみつめていたのは、切迫した神の国と、それをまえにした人間そのものであったということであろう。

キリスト教の性の倫理の厳格化についてはパウロのはたした役割が大きい。彼は書簡の多くの箇所でキリスト教徒にむけて、彼らが非キリスト教徒たちのあいだの性的な罪からつねに遠ざかるよう警告している。「ローマ人への手紙」一・二六～二七で彼は男色を弾劾する。しかしそれだけではなくパウロはギリシャ語の同性愛をさす用語を使い分け、ホモの男役も女役も、男娼も、奴隷に売春させる者をも数えあげ、いずれもが神の国を継ぐことのない者、法を犯す者、ときめつける［Iコリント六・九、Iテモテ一・九～一〇］。パウロにおいてレズビアンは非難対象として特定されないが、確実にそれもふくめて彼が姦淫とみなすものをきびしく糾弾したことはたしかである。

結局パウロの結論は、人間は独身で（性的交わりをしないで）いるのがいちばんよく、「情が燃えて」それにたえられないのならば結婚することもやむをえない、というものであった［Iコリント七・八～九］。絶対的なものではなかったにせよ、パウロは性を断つ独身者を高く評価した。彼の使う「独身者」ということばは「宦官《かんがん》」とも訳せることばで、彼が、うまれつきの独身者（不能者）もみずから独身者となった者も等しく評価しているのは、その後のキリスト教の歴史における性の問題の発端として興味深い。

初期キリスト教においては、性から遠ざかること、性を断つこと、ときにはみずから去勢することすら、高い価値をもって位置づけられるようになる。これはユダヤ教にもなかったきびしさである。キリスト教は意識的に古代地中海世界に革命的な性倫理をもちこんだのかどうか、それはのちにあらためて眺めることにしよう。

結婚と家族の再発見

共和政末期から元首政期にかけてのローマ社会は性的にはきわめて乱脈で、古いローマ伝統のもろもろの徳目もかえりみられず、家族や結婚ということも蔑まれる風潮であった、としばしば考えられてきた。アウグストゥスの風俗立法もそのような乱脈な社会ゆえの方策で、かつその法に抵触して彼自身の娘ユリアすら追放されたほど事態は深刻であった、といわれる。史料からうかがえる元首たち、たとえばアウグストゥスその人も、そしていうまでもなくカリグラ、ネロらの行状も相当ひどいものである。性のアナーキーはローマでは不変につづいたのであろう、と。だからこそ、その元首政期にあらわれたキリスト教がしめした性的堕落の批判、きびしい性倫理の実行はローマ社会のなかではきわめて顕著な行動で、心ある人びとをひきつけ、最終的にキリスト教道徳が古代世界のそれを塗りかえることになった、と主張されることにもなったのである。

しかしながら最近の、とくに心性史、そして家族や女性の研究が指摘するところでは、かなりことなる説明がなされるようになってきた。そしてどうもこれまでのローマ社会の性の紊乱という見方は、維持されえなくなってきたように思われる。ここではカンタレッラや本村凌二《もとむらりようじ》氏などの研究から、ローマ帝政期の性についての観念と、性の実態とについての新しい見方を眺めておこう。

それによると、ローマの性的堕落ははてしなくすすんだというのではなかった。アウグストゥスの風俗法以来、元首たちはしばしば卑猥《ひわい》な笑劇や人心をまどわす占星術師たちを禁止したり、追放したりする措置をとった。ことにウェスパシアヌス、その子ティトゥスの時代には倫理回復がさけばれ、古いローマ伝統の徳目がもちだされ、称揚された。彼ら親子の風紀粛正策にはみるべきものがあったようで、タキトゥスも高く評価しているところである［『年代記』三・五五］。

性についての意識の面でもローマ社会に変化がみいだされるといわれる。アウグストゥス諸法では、淫乱あるいは姦通と訳せるところに二つのことばが相互交換的にもちいられて、二つの概念は区別されていなかった。ところが二世紀になると、法学者はこれらを明確に使い分けしはじめる。つまり、姦通というものが夫婦のあいだに生じる不貞、という意味をもたされてくる。それだけ男女の正式な結びつきとしての結婚が重視されるようになってきたということである。そもそもローマ共和政期の結婚は、男女の愛の結合というよりも家名と財産の承継のためであったから、正規の結婚は上層市民のあいだにかぎられていた、とはすでにふれたことだが、それ以後の時代、名家が衰え、結婚自体が蔑まれる風潮はたしかに生じた。しかし元首政期、また結婚する男女がふえてくるというのである。

碑文の教えるところによると、小さな単位の、家族のほんとうの細やかな愛情をしめす墓碑がこの時代、上層民のみならず下層民たちのあいだでもつくられるようになった（下層民は共和政期にはほとんど墓碑などのこさなかった）。いうならばローマ社会に核家族がうまれてきたというわけである。

マルクス・アウレリウス帝の時代、皇帝発行の貨幣にローマの徳目の一つであるコンコルディア（調和）ということばが刻まれるときには、それにそえられる図柄はマルクス帝と彼の妻が手をくみ並んでいる姿になった。別にふしぎではないように思われるかもしれないが、コンコルディアを象徴する図柄は、これまでは男性有力政治家たちを並べるのが常識であった。もっと広くいえば、共和政期には政治家が妻とともに公的な場にあらわれたり、夫婦の像が（棺桶のふたの彫刻は別として）彫刻や壁画にえがかれることはまれであった。すなわち、貨

図12　夫婦の棺のレリーフ
ローマ帝政期に夫婦の価値は再発見された。古代末期、ガリア出土。

幣政策の面からも元首政期、夫婦とはうるわしいもの、人と人のきずなをしめす理想、したがって家庭・家族も美しくすばらしいもの、という観念が強まり、あるいは復古し宣伝されるようになったことがうかがえるのである。

これらの潮流にみあって、姦通と淫乱とは区別され、きびしい見方をされるようになり、そして同性愛のいれられる余地もなくなっていった、と想定されるのである。

性抑圧の心性

これは立法政策にみられる変化だが、その時代の思想家や学者にも同様の変化がみいだせるという。流行思潮のストア派哲学者たちは、人間の欲望や衝動を抑制することが善だと考えていたから、肉の欲を低くみ、性欲は生殖のためにのみ働かせるべきだとした。一〜二世紀に帝国にはたくさんの医学思想家たちがあらわれる。これはローマ人全体が肉体というものに気をつかいはじめたことをしめすかもしれない。ローマ帝国における人間観には変化のきざしがみえていたということである。そして彼らもまたストア派の影響をうけていた。その一人であるソラノスは健康ののぞましいことを論じ、性交ごとに射精は健康を害するから、人は禁欲することがたいせつである、と主張した。ルフス、オリバシウスそしてガレノスも、体の不調を訴える人びとにはスポーツと禁欲とをすすめた。

そうでなくとも元首政期、皇帝権力に服従させられるようになった貴族エリートは、自分たちの健康維持のために抑制的になっていった。性的なそれをふくめて、人間が欲望をいとい、これを抑えつけなくてはと考えたのは、なにもキリスト教徒がはじめてではなかったのである。古くはギリシャのオルフェウス教やピュタゴラス派のような神秘思想の流れに、魂の自由を確保するために欲望と戦うべきだとする、克己禁欲の傾向は強くあった。快楽主義といわれたエピクロス派も肉の快楽は否定し、性交は幸いをもたらさない、とした。あのキニーク派はこと性にかんしてはもっときびしく、禁欲的であった。

帝政期の主流のストア派のほうは、過度の禁欲は主張しなかった。生殖は魂と肉の両方にかかわることとみなされ、結婚も拒まれなかった。セネカは、夫と妻はたがいに愛すべきである、ただし性欲の過剰による愛しかたはのぞましくなく、理性をもって平静に愛すべきで、夫婦間の性交は帝国のために子をなすことを第一と考えねばならない、と教えた。このように、ローマ社会の性的なものにたいする警戒心や禁欲への傾き、結婚や夫婦のもつ価値や精神的な愛への高い評価、こういった事柄はキリスト教が進出する以前からあらわれ、一般の考えとして定着しつつあった、というべきであろう。

しかしながら、一方でさきにもふれたホラティウス、マルティアーリス、ユウェナーリスら、元首政初期の詩人たちのえがくローマ人は、いかに性的堕落をきわめていることか。姦淫、強姦、男色、そして男役をやりたがるはね上がりの女たち……。もちろん理想論と現実とはつねにかみあわないものである。享楽的風潮はさして衰えもせずつづいていたのであろう。そのなかでストアやエピクロス派の理想論は、かつてよりも声高に語られるようになり、元首も家族的道徳向上の政策を上からすすめる姿勢をしめしだした。そのかぎりで時代の流れは少しかわっていったということだろう。

先述の本村凌二氏はもう少し、これら詩人たちの性描写の分析を踏みこんでおこなっている。古い順番にながめると、オウィディウスは性をおおらかに歌った。つぎのホラティウスはこれを突き放してみ、冷笑をもってあつかう。それがマルティアーリスになると性に狂奔する人間への嫌悪が明瞭にうちだされ、ことにホモの女役をする男性を徹底的に嘲笑してやまない。そこにはホラティウスにあった余裕というものはない。そしてユウェナーリスは、性の奴隷となった数々の男女にたいしてはげしい怒りを隠さない。それを本村氏は「ユウェナーリスの義憤」と称する。要するにローマ社会において、性の紊乱の現象自体は巷に存続していても、それをみる詩人の眼はしだいにそれらをうとましく、汚れたこととうけとめるようになり、清らかで倫理的な人間関係に眼をむけ、堕落的行為への糾弾の度を強めてゆくのである。

この流れを元首政期ローマ社会の変質から説明する一つの仮説がここで導きだされる。ふたたび二世紀はじめの小アジアの属州総督小プリニウスに登場ねがおう。彼は皇帝トラヤヌスを「主よ!」とよんではばからず、自分が命令をくだすまえに些事《さじ》にわたってでも皇帝にうかがいをたてなくては決定できない、小心翼々たる役人であった。その彼は帝国の四十傑にはいる大富豪貴族でもあった。しかし、大家族と子分たち(クリエンテス)、奴隷を何百何千とかかえ、政治権力の確保めざしてしのぎをけずる貴族有力者の姿はそこにはない。そのような有力者は共和政末期に消失するか、より巨大な権力者=元首のパトロネジのもとにとりこまれるかしてしまった。貴族も富裕な平民も、彼らがのぞむ最高の地位は、元首の下の高級官僚職となった。彼ら同士はもはや競いあい、争いあうわけではない。エリート集団として連帯感をもち、命令するのでなく、皇帝から命令される身となり、みずからの身をいとおしみ、体制からはみださぬために自己抑制する人びととなった。そのために彼らにとってモラルをきびしくまもることは不可欠の要素になっていった。そもそもローマのエリートは下層民衆への配慮を義務としていたが、この時代それもまた彼らのまもるべきモラルの一つでありつづけた。

一方民衆のほうはといえば、元首政の安定の恩恵をうけて、よりよい生活条件を享受できるようになった。騒動を武器に有力者からパンとサーカスをせびり、不満を暴動で発散させ、エリートからは恐れられ蔑まれる存在から、もっと穏やかになって元首やエリートから安定したエヴェルジェティズムを保障されて、民衆はもうみじめな服属民ではなくなったし、それだけに彼らはりっぱな市民として生きようという姿勢をしめすにいたった。庶民ののこす碑文に結婚している証拠が刻まれる傾向が生じてくる。かつて同棲でがまんしていた民衆が「結婚」し、家族をたいせつにしはじめたのである。奴隷が家族をもつことも広く認められるようになった。そして三世紀、セプティミウス・セウェルス帝はこれまではゆるされなかった現役兵士の正式の結婚を認めてやった。

このようにローマ社会において、人が結婚することの価値が高くなった。それと裏腹にこの時代、都市自体は存続こそしているが個々の共同体としての独立的機能はうしない、完全に皇帝のコントロール下におかれるようになった。だからこそ市民たちは政治・軍事や競争よりも個人を、家族を観念の中心におき、生活の基盤とみなし、かつ人間の心の内面に興味をしめしだした。このような心性の変化は、ローマ元首政が古代地中海世界におよぼした影響のうちでもっとも大きなものではなかったかとすら考えられる。そこにはいうまでもなく宗教意識の変化も生じたことが想定される。いうならばキリスト教はこのようにすでに心性の変化が準備されていた地中海世界に参入していったといわなければならない。キリスト教が世界をかえたのではなく、世界の変化にうまく適応し、かつみずからをも巧みに変化させつつ、変動の時代のチャンスを利用し、大きな影響力を獲得することができたのがキリスト教であったのである。

2　性の饗宴

異端フィビオニテスの汚名

さていま述べたように、ローマ帝国社会にみられる性の観念と倫理とが、いうならばより健全なものへと変化しつつあったときに、キリスト教徒の存在というものがその社会で気づかれはじめた。そのキリスト教徒がしばしば性的な紊乱を重ねているという中傷をあびせかけられたのである。

ストア派よりも遅くはあったにせよ、性的なことからなるべく遠ざかろうとし、同性愛についてもきびしく排斥したキリスト教徒が、とりわけこの種の噂と中傷の対象となったのは皮肉であった。非キリスト教徒たちは、たぶんキリスト教徒が性的に乱れているからおぞましいと考えたのではなく、彼らはおぞましい連中だから性的にもひどいことをしているにちがいない、という順で推測したのだと思われる。前節でみたとおり、性というものに懐疑的できびしくなり、それを淫靡な隠すべきものと考える風潮がひろまり、ことに民衆たちも人間の品位というものにこだわりはじめた一〜二世紀だからこそ、奇妙な宗教グループへの反感はその淫靡な性というものにことさら結びつけられたのであり、キリスト教徒への中傷も増幅されたといえるだろう。

キリスト教徒の性的乱脈について、その実態と称されるものを詳細に描写する最初の史料は、キリスト教徒教父ミヌキウス・フェリクスの、キリスト教徒と異教徒との対話篇である『オクタウィウス』中の、フロントーの書からの引用といわれる部分である。人の肉を食べ、飽食した教徒は酒の勢いもあって性的に興奮してゆく。ランプに紐《ひも》でつないでいた犬を骨でおびきよせてランプを倒させ暗闇にし、性の饗宴はそれを合図にはじまる、というわけである。このような中傷の叙述はキリスト教史料にしかあらわれてこない。しかしユスティノスが論争相手のトリュフォンに、君もわれわれがランプを消して乱交するなどということを信じるのか、と問いかけており〔『トリュフォンとの対話』一・一九九。『第一護教論』二六も参照〕、オリゲネスも、教徒が幼児を食べ、明かりを消して乱交するという噂があると述べ〔『ケルソス駁論』六・二七〕、エイレナイオス、アレクサンドリアのクレメンスもこのことに言及し反駁《はんばく》している。このようにみてみると、この中傷はかなりパターン化してローマ帝国社会一般にひろがっていたことが想定されるのである。

もちろんキリスト教徒は、このようなおぞましい噂を否定することに躍起となった。しかし彼らも認めざるをえなかったのは、キリスト教の異端のなかに、げんに放恣《ほうし》淫乱《いんらん》とみなされる行為を教義のごとくに実行しているグループがいたことであり、そうである以上いかに彼らが必死に反駁しても、外の世界にたいしてはあまり説得力をもたなかったということになる。幾例か知られるそのような異端の多くはグノーシスの系統であった。グノーシスはかなり幅の広い思想の傾向で、エジプト・シリア地方にキリスト教出現以前から存在しており、なかにキリスト教を自分たちの思想に合うように解釈したグループがキリスト教グノーシスで、ことにアレクサンドリアでは一〜二世紀をつうじてその地のキリスト教の主流であった。また首都ローマでも二世紀半ばウァレンティノス（生まれはエジプト）のグノーシス派が勢力をもつにいたった。

グノーシスに共通するのは、人間の救いの手段を内的な知恵（グノーシス）に頼ることで、啓示をうけて知恵は魂を救済へと上昇させてゆくが、この世界は悪意の神の創造物であった魂の上昇をさまたげる。グノーシスはかくして肉を蔑むことになるのだが、そこからさきは、魂を清めるために性をさけて禁欲主義にはしる派と、肉を蔑視し肉から自由であることを実証するために性的放縦にかたむいて、乱交を意に介さない派とに分かれた、と考えられる。この後者の放縦派はすでにパウロ時代のコリントスにあらわれていたとみられ、さらに「ユダの手紙」「ペテロの手紙」が非難する、自由と称しながら野獣のように淫乱な悪業の奴隷となる人びともグノーシスであったろうと考えられている。

「使徒行伝」に登場する魔術師シモンもグノーシスの一人のシモンと同定される。彼はキリスト教徒からは罪と堕落の象徴とされる元奴隷で売春婦のヘレナという女性をともなって、筆舌につくしがたい行為におよんでいた（エイレナイオス、ユスティノス、エウセビオス）。またマルコスというグノーシスは女性にたいし、愛餐《あいさん》にきてみなで一体となろう、たがいに花婿、花嫁になるのだ、と誘いかけていた（エイレナイオス）。二世紀、アレクサンドリアのカルポクラテスとその子エピファネスのたてた一派も、「ルカ」六・三〇や「マタイ」五・四二を根拠に妻を共有するようなグループをつくった。これがアレクサンドリアに根強くつづき、ここからでた教父クレメンスも彼らを非難したが、この一派は四世紀まで消滅しなかったといわれるのである。

こういうグループがキリスト教徒の多い諸地方に、キリスト教だと称しながら存在していた。非キリスト教徒のほうからみればよく区別がつかず、すべてのキリスト教徒はそんなことをするのだ、と彼らが信じ、そのように噂することはさけられなかった。だから、仮にフロントーが本当に『オクタウィウス』引用の文章の作者だったとするなら、アフリカのキルタうまれのフロントーは、アレクサンドリアのカルポクラテス派のことを聞き知っていたのではないか、と推測されるのである。

嬰児《えいじ》を食べるキリスト教徒の一派としてその詳細が知らされている者たちに、フィビオニテスを加えることができる。キプロスのサラミスというところの司教となった、エジプトの修道士出身のエピファニオスの実見にもとづくといわれる叙述によると、やはりエジプトにひろまったフィビオニテスたちのあいだでも、妻が共有されていた。彼らは宴会を好み、そのあと乱交にうつるのがつねであった。射精された精液を彼らは身体に塗りつけたり飲んだりし、この液はキリストの身体だなどと口走った。女性の生理の血も飲んでいた。性交しても妊娠はさけ、快楽のみをもとめた。仲間の女性が妊娠してしまうと、出産ののち嬰児を調理して仲間たち全員で食べ、仲間の過ちをみなで償い、過越しをおこなうと称していたという［エピファニオス『パナリオン』］。これをしるすのが、キリスト教徒のエピファニオスである。同じ時代の非キリスト教徒がフィビオニテスについてどうながめたかは想像にかたくない。

ようやくエピファニオスがこれを書いた四世紀にアレクサンドリア教会は、フィビオニテスを追放した。ということは三世紀まで、彼らはキリスト教会のなかに存在し、黙認されていたことになる。さらに四世紀でも、アレクサンドリア以外の地域で彼らは公然と教会のなかにいたらしいのである。しかし、ベンコという学者などは、エピファニオスによる叙述には少なからぬ誇張があるといい、フィビオニテスはたしかに正統を逸脱したセクトであったにはちがいないが、彼らの一見おぞましくみえる行為もグノーシス思想にのっとる儀式の一環ととるなら理解できる、と主張している。

つまり、この種のグノーシスは、キリストの働きの目的は原初に存していた宇宙の統一を復活させることだと信じた。創造ののち原初の一なる力は別れ別れになった。キリストの救済によってそのバラバラの力は集められ、一つとされる。そこからがフィビオニテスの異端的傾きなのだが、彼らはその創造時の力と性交・妊娠とを結びつけて考えていた。人間にできることは分かちあたえられた力、つまり性的な力を集中させることであった。だから彼らは性交を、ことなる人間が一つになる行為とみなし、精液をすてることもせず、妊娠・出産はその原初の力を分散させると意義づけられたから、嬰児をみなで食べてもとの方向へともどそうとした、ということになる。

彼らは「ヨハネによる福音書」六・五三、五四のイエスのことば、「人の子の肉を食べず、また、その血を飲まなければ、あなたがたの内に命はない。わたしの肉を食べ、わたしの血を飲む者には、永遠の命があり」云々、から拡大解釈し、パンと葡萄酒のかわりに嬰児の肉を食べることでイエスのことばをまもろうとしたのかもしれない。エピファニオスの文章でも、フィビオニテスはこの儀式を聖餐式《せいさん》（アガペ）とよんでおり、そこでおこなわれた祈りも告白も教会での礼拝の形式を形づくっているようにみえるのである。

ローマ帝国在住の一般市民にとっては、フィビオニテスのような人びとと正統キリスト教徒の区別がつくわけはなかった。彼らのことをみ、あるいは噂として聞くだけで彼らはそれをキリスト教徒すべての行為に普遍化していっただろう。だからこそ正統を自任する教会人たちは真剣に、ことあるごとにこの、根拠がなくはない噂について、自分たちはちがうと主張しなくてはならなかったのである。ユスティノスは彼の時代（二世紀なかば）、アレクサンドリアで一人の若い男性キリスト教徒が総督にみずから去勢することの許可を願い出て却下された話を伝えている［『第一護教論』二九］。去勢を公然としめせば、少なくとも男性として性交することはできないことを人に認めさせることができ、乱交の噂を消すこともできる、と彼は考えたのかもしれない。

キリスト教徒の接吻

欧米諸国に出かけて、電車のなかや街角で男女があけっぴろげにキスしているシーンを目撃して目のやりばに困ったことのある日本人は多いはずである。そのキスはときに濃厚であったりする。このごろはホモセクシュアルの男性同士がそのようなキスをしているのもみられる。私はまた、イタリア人（男性）から抱擁《ほうよう》され、頰《ほほ》と頰をくっつけられ口でチュッという音だけを出すあいさつをされたことや、頰に唇でキスされたこともある。家族・公人の親愛の情をしめすこのようなキスにはとくに性的な意味合いがあるわけではないであろう。欧米のみならずアジアの国々にもこのようなあいさつの習慣をもつものはある。しかし日本人の多くにとってはとまどう習慣であろう。

ましてや夫婦・恋人間のキスはいかに公の場でなされるにしても性的意味合いをもたざるをえないと思われるから、われわれはいっそう当惑するわけである。最近はもちろん日本人の若者のあけっぴろげさは、このようなとまどいとは無縁になってきてはいる。世代間の数あるギャップの一つということになるだろう。古代キリスト教徒には、そのようなギャップを、一般社会とのあいだにうむ慣習があった。それがあいさつのキスなのである。キリスト教徒が淫乱な行為にふけっているという風評の一つの根拠となったのが、このキス＝接吻による教徒間のあいさつであった、と主張するのはアメリカのベンコという学者である。あまり論じられたことのないこの問題について彼の述べるところを少し紹介してみよう。

ベンコはパウロの「清い接吻」によるあいさつのすすめから話をスタートさせるのだが、むしろイエスの周りにいた人たちの接吻のシーンが私たちにはなじみ深い。パリサイ人の食事によばれたイエスの足に接吻し、香油を自分の髪の毛につけて彼の足をぬぐった「罪の女」がおり［ルカ七・三八］、そのあとでイエスはペテロ（シモン）に「あなたはわたしに接吻をしてくれなかったが、……」といってこの女をいつくしんだ［同七・四五］。彼女の行為は高価な香油をおしみなくもちいたという点では人目をひいたろうが、接吻をしたこと自体は居合わせた人びとのあいだではそうめずらしいことではなかったようにみうけられる。福音書の接吻のなかでもっとも有名なのは、祭司長たちにイエスを売ったイスカリオテのユダが、捕り手にイエスという人物を確認させるために、その合図としてイエスに近づいて接吻したという話である［マタイ二六・四八、四九ほか］。

これらの接吻には性的要素はない。あいさつ、あるいは尊敬の念の表明としての行為である。ということは、そのような意味での接吻は、すでにユダヤ教徒のあいだでは広くおこなわれていたということであろう。創世記などにも接吻行為をしめす箇所があるが、ベンコはユダヤ教が儀礼としての接吻を創始したのかどうかについては明言をさけている。

さてパウロは「ローマ人」一六・一六、「Iコリント」一六・二〇、「Iテサロニケ」五・二六で、手紙をあてた人びとにたいし、「たがいに清い接吻をかわしなさい」と書き送っている。また「Iペテロ」五・一四は「愛の接吻」という表現をもちいている。これらの箇所で使われた接吻をしめすギリシャ語（フィレーマ、フィレオー、アガパオー）はいずれも語根に「愛」という意味の語をもっている。つまり接吻（する）ということばは人と人とのあいだの、愛情をこめたあいさつであるということがしめされていよう。

使徒たちがすすめた接吻に、エロティックな要素が期待されていたとは思えない。ではパウロは唇をどこに近づけ、あるいはくっつける接吻をすすめたのだろうか。おそらく相手の唇にふれるそれではなかったろうか、とベンコは推測する。そのことが傍目《はため》には性的行為という誤解をまねき、接吻を実行するのが男女教徒であった場合には、思わず知らず性的感情が介在してくることもないとはいえなかっただろう、というのである。

事実二世紀のアテナゴラスは、「われわれは男女間の純潔を保ち、男女間の接吻も二度はしない。それが汚れた思いでなされたりしたら、われわれは永遠の生命をうしなってしまう」［『使節』三二］ときびしく述べ、テルトゥリアヌスも「夫が非キリスト教徒で妻がキリスト教徒だった場合、その妻が他の教徒男性と接吻することをその夫は許さないだろう」［『妻へ』二・四］といっている。初期の教会で接吻のあいさつがつづけられたことはたしかである。そして教父たちはそのならわしが外の人びととの誤解をまねくことを憂慮している。である以上教徒の接吻は唇をあわせるものがふつうだったのだろう。誤解されるだけではなく、男女間のこのあいさつが、性的よろこびとして乱用されることもあったのであろう。

そのような事情をよくしめしているのが、アレクサンドリアのクレメンスの一文である。「われわれは神と隣人とを愛する。しかし愛を証明するのは接吻ではない。温かい思いやりである。しかるになかには愛のない接吻ばかりをふりまく者がいる。恥知らずな接吻の多用が悪意の疑いと評判をまねく。使徒は清い接吻をすすめたのだ。神の国にいる証拠として、われわれは魂の愛を、閉じた口で清く交換する。汚れた毒の接吻もある。口に触れただけで人を殺す蜘蛛がいる。接吻の多用は放縦の毒を入れるものだ。そのような接吻は愛ではない」『パイダゴゴス』三・一一)。

クレメンスの時代、接吻は祈りと等しいほどに大事な、神秘的なキリスト教の行為だと考えられていたようだ。ベンコはキリスト教徒がこのようにけっしてすてなかったあいさつとしての接吻の、キリスト教的なあるいは宗教的な意味づけをさぐろうとする。

宗教的接吻

接吻ということについての専門の研究書もすでにいくつかあり、それらによると人間のおこなう接吻は、呼吸あるいは食べる行為に結びつけて考えられているという。口とそれに隣あう鼻とは呼吸器官であり、これらを通じて人間は生命をたもつ。これらは生命の源といってもよい。ヘブル語のルアーハもギリシャ語のプネウマも、息を意味すると同時に生命、そして霊をも意味することばになっている。他方、口をものを食べる器官とみるならば同じことがいえる。食べるから生命がえられる。口を通じて人は食物と一体になる。したがって人が自分の口を他の人の口と合わせることは、両者が一つになる、生命をともにする、霊を交換する、という象徴的な意味をもちえたことになる。

このようにみると接吻はその起源からして宗教と結びつくものだったのではないか、とベンコはいう。キリスト教徒の時代のあいさつとしての接吻はこのような起源をもっていたものが、強い宗教性をうしなった結果だったのかもしれない。しかし、宗教的な接吻というのは性的な接吻とどちらが古いのであろうか。性行為にともなう接吻は人類の本能としてあったようにも思われる。むしろ口と口との接吻は、本来性的であったものに、宗教的な意義づけが付されたと考えるべきではあるまいか。キリスト教の使徒たちがいかに清いあいさつとしての接吻をすすめても、周囲の者に誤解をあたえているキリスト教徒自身ですら清からざる思いをいだいたのも不思議ではなかったであろう。

それはともかく新約時代以後、接吻に言及するキリスト教史料はユスティノスが最初である。聖餐式において、祈りののちパンが裂かれるまえに、神と人との和解と平和のしるしとして接吻がおこなわれた、と彼はいう〔『第一護教論』六五・二〕。その他の事例でも聖餐式のときにおこなわれるとされるが、受洗した教徒に司教が接吻したり、新しく選ばれた司教に教会の全員がしたり、処刑のまえに殉教者たちが接吻をかわしたり、他の教徒が殉教者にしたり、などの例も知られる。ことに聖餐や洗礼や叙品など、教会ではそこに聖霊が働くと信じられていた行為において、接吻はつきものであったことがうかがえる。

そこで想起されるのは、「創世記」で、神が土をこねて自分の形にし、それに息をふきこんで人を創造したという話と、復活したキリストが弟子たちに平安あれといい、息をふきかけて伝道に送りだしたという記事〔ヨハネ二〇・二一～二三〕である。この神とキリストの、息をふきかけるという行為を接吻と解釈するなら、どちらにも接吻という神（キリスト）の行為があったことになり、それがキリスト教徒に強い印象をあたえたのではないかと推測することも可能になる。聖霊をまねき、とくにサクラメント（秘蹟《ひせき》）において、人と人とのまじわりと一体化を実現させるための行為としてキリスト教徒が接吻を位置づけたことは確実であろう。

その後の教父たちの証言も接吻の重要性とともに、それが口と口との接吻であったことをしめしている。キプリアヌスは迫害をうけた告白者たちに、主を告白するあなたたちの唇に接吻する、と書き送り〔『書簡』六・一〕、アウグスティヌスは先述のヨハネ伝をひいてキリストが弟子たちの口に霊をふきこんだからキリスト教徒は口と口で接吻するようになったのだといっている〔『信仰問答講義』二三・三〕。ヨハネス・クリュソストモスも、唇は名誉ある場所で、「キリストの神殿」であるわたしたちにとって口は神殿の入り口にあたる。そこをとおってわたしたちは主の体をうけとる。だから教徒はここに接吻するのだ、というのである〔『説教』三〇・二。『IIコリント講解』一三・一二〕。その一方で、三世紀から、集会で男女ははなれた席に坐らされることになり、女性はヴェールをかぶって慎みをしめすことがもとめられ、礼拝中「平和」のときになって接吻をかわすさいにも男は男にし、女が男にするときは手に、それも袖の上から間接にせよ、と注意は細かくなっていった。

このように警戒しながらも教会が接吻を大事にしていたのは、神と人との究極的な関係をそれが象徴し、すべてはそれによって一つになると考える神秘思想にキリスト教がこだわったからだ、とベンコはみている。じつはギリシャ人の宗教観念のなかにもばらばらのものが一つとなることを神との合一、始源への復帰とみなす意識はあった。エムペドクレスが、ばらばらになったものは愛によって一つに結びあい、それぞれの事物となり、その過程がくりかえされる、と説いており、プラトンも人間は愛するものと一つになろうとするようにつくられており、男女の性交も妊娠も、人が神に近づこうとする行為であって、愛が介在しなくてはありえない、と考えていた［『饗宴』二〇一～二〇七］。

パウロにもすべてがキリストにおいて一つとなるという考え方は基本的なものとしてあり［エペソ一・三以下、Ｉコリント一五・二二、二八］、教父のヒッポリュトスやオリゲネスにもまた、すべてを一つに帰結させ、一つとなることに救済をみいだす神秘思想がうかがえる。教父の時代のギリシャ・ローマ世界の主要思潮の新プラトン主義の代表者プロティノスは、オリゲネスも学んだアムモニウス・サッカスを師としたが、絶対的一者を根源におき、すべての存在物は一者の流出であって、肉なる人は魂の導きによってその一者をもとめ、そこにもどってゆこうとする、そのような求心力は愛によって働く、と説いた。

このようにキリスト教の考え方は、けっしてその時代のなかで突出していたわけではないことがわかる。しかし、新プラトン主義は一者への合一のたとえに男女の性的な愛を引きはしたが、人の生き方としては魂を肉体や自然から切り離して位置づけた。ニーグレンなどという学者は、キリスト教の場合も愛を精神的・霊的にとらえ（アガペー）、感覚的・自然的愛（エロース）と区別し、後者を低くみた、と主張するから、教徒のあいだの接吻は本来性的な意味をもたされず、神秘的一致の象徴としてのみ実行されたということになる。

ベンコはその説明に満足せず、キリスト教と他宗教の共通性をみいだそうとする。そもそもユダヤ思想にも、そしてギリシャ思想にも古くから、ばらばらの被造物が一つにされるという観念に、性交あるいは聖婚というアナロジーをあてる伝統があったというのである。農耕による収穫を性交と妊娠になぞらえて理解し、支配者夫婦あるいは支配者男性と巫女《みこ》との年一度の聖婚の儀式によって豊作を祈るならわしはメソポタミアに源を発し、アテネでは最高役人のひとりアルコン・バシレウスがこれをおこない、メソポタミア系の豊饒神バアルのその種の儀式をきらったユダヤ教にすらその風習がはいりこんでいた［申命記二三・一七、一八。出エジプト記三四・一五他］。

新約のパウロ以下の文書もまたキリストと教会の関係を結婚になぞらえる傾向をもつ。神と人とは愛なくしては結びつかない。「ヨハネ第一の手紙」三・九において、神からうまれた者のうちにとどまるといわれる「神の種」は精液を意味する語である。官能的な文書として有名な旧約の「雅歌」も、キリスト教の典礼では教会が神を愛し欲求することをしめす文書だととらえられる。教徒がキリストの血を飲み、体を食べることを儀式化した聖餐式も、愛する相手を食べつくすほどになるという性的イメージがこめられていたと考えることができる。

このように、長い地中海（と東方）世界における創造の始源というものの観念と性的神秘の観念との結びつきは、キリスト教においても共有されたといえる。だとするとキリスト教徒のあいだの接吻のならわしはやはり起源において性的な意味あいと無縁ではなかったということになる。そのならわしを実行しつづけたキリスト教徒が性的中傷をあびたのも、キリスト教内のそのような起源を考えるなら当然のことであったとすべきかもしれない。異端とはいえ、グノーシスの一部の性的逸脱も突然変異ときめつけられないことになる。もっとも、キリスト教徒のこの接吻のならわしをギリシャ人、ローマ人異教徒がどうみたのかを直接知らせる材料はない。またギリシャ・ローマ社会にもあいさつとしての接吻があったかどうか、も目下のところよくわからない。今後の研究にまたねばならないのである。

3　性と罪

肉体への不安

二世紀、ローマ帝国人の目は自分が属する都市や帝国よりも自分自身のほうにむかっていったようだ。ということは、彼らは人間というもの、魂というものについて考え、ストア派やエピクロス派、キニーク派などの哲学思想に、以前よりも熱心に問いかけはじめたということである。占星術がさかんになったのもこの時代のことである。彼らは人間の運命の行く末の不確定さに気づき、少しでもたしかな将来の保障を知りたいと思いはじめたのであろうか。アルテミドロスの『夢判断の書』も二世紀に書かれた。現代の学問レヴェルからすれば噴飯ものだとしても、人知のはかりがたい領域にまでメスをいれて、人間の心と行動との関係をなんとか合理的に説明づけようという姿勢は、まさにこの時代のものといってよいだろう。

ローマ帝国人が人間の肉体にも、これまでとはことなってより立ちいった興味をしめし、注意深い配慮の気持ちをいだきだしたことは、高名な医学者たちがこの時代に続出したことと多分無関係ではあるまい。ソラノス、ガレノスらが人間の肉体と精神・行動の関係を多岐にわたって論じ、ムソニウス・ルフスなどの文人も性や感情についてしばしば言及している。このような流れのなかで、さきに述べたように人びとの観念には奔放《ほんぽう》な性関係への嫌悪感が強くなり、結婚や家族・家庭といった伝統的保守的な価値への評価が高まっていったのである。

にもかかわらず、ギリシャ・ローマの性と肉体についての考えがそう劇的にかわったというのも適当ではない。ガレノスは過淫をいましめ、禁欲がのぞましいという。その点はソラノスもアルテミドロスも同様であり、ガレノスはキリスト教徒の性にかんしてのきびしい倫理を高く評価している。ところがそのガレノスは別のところでは、無理に性欲をおさえると痛みを生じさせることになるから、それを知っている上流市民は、快感をえられなくとも健康維持のために性交する、とか女性も快感の絶頂では射精する、などとるして、彼の倫理はかならずしも性的潔白さと関係なかったことを知らせている。

この時代でも、やはりローマ人男性は女性をより劣る生物とみなしていた。ホモは認めても、レズビアンは蔑まれるか忌避された。あの小アジアのローマ総督小プリニウスは幼な妻カルプルニアにじつに微笑《ほほえ》ましい手紙を書いているが、彼の場合も、そして少しのちのプルタルコスの「婚姻の教訓」も、女性を完全に男の一段下の人間とみなし、それを人形かペットのようにして手塩にかけて教えこみ、男の庇護《ひご》のもとに理想的な妻に仕立てあげようとする、男性優位の一方的な姿勢を隠していない。

ローマでは夫にさきだたれた、まだ若いやもめには再婚がほとんど義務づけられていたし、そもそも結婚と家庭の再認識、とはいってももとめられたのは嫡出の子を産み、教育すること、家をまもり発展させることの再評価なのであり、女性の地位の改善がめざされたわけではない。この一方で、子の数が多すぎることをきらっての堕胎や子捨てはあいかわらずおこなわれて、さして糾弾もされなかった。

ギリシャ・ローマ社会の風習として、禁欲的なものをあげることはできる。ローマ古来のウェスタの巫女は、その任にあるときは性的交わりを禁じられた。またペルガモンのアスクレピオス神域に癒《いや》してもらうためにこもる病人は、その二日前から性交しないよう命じられていた。ギリシャ・ローマでも、宗教にかかわる領域においては、性は聖ならざるものと意識されていたのである。しかし性へのきびしさは、社会のごく一部でもとめられたにすぎなかったようだ。ウェスタの巫女も任をおえたら結婚するのは自由であり、一般に女性が生涯処女のままですごすことが高く評価されるなどということはなかった。ましてや、童貞をまもりつづける男性が尊敬されるなどということはまったくなかった。

夫が死んだのち、生涯二夫にまみえず世を去った女性を讃える墓碑銘もないわけでない。また都市のエリートは性を抑制することをもとめられた。しかしそれらは倫理的な性の忌避でも、人間性への配慮でもなく、社会における名誉や体面にのみかかわることであり、体面がととのうかぎり、エリートの性行動へのコードはきわめてゆるいものだったのである。

キリスト教がうみだした倫理は、これらの面でいうならばたしかに異質なものであった。それはまちがいのない事実である。しかしだからといってキリスト教徒が時代にさきがけ、突出した革命的倫理をうちだした、ということにはならない。そもそもローマ帝国社会の性や結婚、肉体についての観念や倫理は少しずつかわりつつあった。キリスト教徒はその流れにのっていた。ただ、キリスト教徒はローマ社会のなかではネガティヴなうけとめられ方をしていたから、それに対応して、独特の倫理をもたざるをえなくさせられたといえよう。そしてそれは社会の風潮に逆らうのでなく、風潮をもっと純化させた倫理でなくてはならなかったのである。

きびしい性の規範

こうして二世紀から四世紀にかけて、明らかにギリシャ・ローマとも、そしてユダヤ教ともことなる、キリスト教の倫理あるいは価値観が確立していった。一口でいえばそれは、人の罪を重視し、性的な事象を肉の罪と規定し、それを個々人ができるだけ遠ざけることをすすめ、処女と、そして童貞を高く評価し、ひいては性を断つという行為を教会内部の信者の序列に関連づけるほどに、性にこだわる倫理だったのである。

キリスト教徒はつねに社会における少数者のグループであった。三世紀なかばのローマ教会だけは数千人の教徒を擁していたと推算されるが［エウセビオス『教会史』六・四三・一一］、その他の都市のほとんどの教会ではせいぜい数十人か百人程度の、絶対的マイノリティであったと思われる。彼らは週の定められた日に信者の家か郊外の墓地に集まって礼拝し、また別の日には聖餐とよばれる食事の儀式のために集まっていた。それはほかの市民からは奇異の目でみられていたが、通常のときには彼らのグループが迫害にさらされるということはめったになかった。しかしいつ、どんなとき、どんな形でグループの指導者や有力メンバーが市民から告発されて裁判にかけられて死刑判決をくだされるか、教徒たちが都市の広場で集団的に暴行をうけるかしても不思議ではなかった。

おのおのの教徒は、男ならばその都市でれっきとした市民として職業をもち、同職組合のメンバーとして、またときには上層市民として、公務上神々や皇帝を礼拝する儀式に出席せざるをえないことがあり、商人の場合には、不正な取引に関与する誘惑にかられることも少なくなかった。女性ならば、キリスト教徒でない夫、舅《しゅうと》、姑《しゅうとめ》との確執に悩むこともあったろう。青年男女ならば自分の結婚相手にキリスト教徒をえらべるかどうか、不安を隠せなかっただろう。

もちろん生真面目で熱心な教徒ばかりいたわけではなかった。異教徒とのまじわりをなんのこだわりなしにおこなって神々の礼拝や祭儀に出席して気にしない教徒、迫害めいたことがおこるとあっさり信仰をすてる教徒もいた。しかし教会としては、伝道し、教徒の子に洗礼をさずけ、改宗を志した人びとには二年か三年かけて教育をほどこし、信者の群れにむかえいれる努力をおこたらず、自覚的な信仰者をふやすことをめざしていた。

多くの危険と誘惑にとりかこまれた絶対的マイノリティの集団が、社会のなかで消滅せずに存続してゆくためには、意識的に強化したアイデンティティを確立し、それを集団的にたえず確認しつづけてゆくことが不可欠であった。メンバーのあいだでの人間関係は、兄弟姉妹のそれとして強調され、共通の聖霊体験が連帯感を強め、その思い出がたえず喚起された。メンバーのあいだではたがいに心のなかまであけ放ち、神のまえにはすべてを隠さない、透明の心をもつことがもとめられた。

このような「ふた心のない状態」をさまたげる最大の邪魔物は、外からの迫害ではなく、人間である教徒自身の罪だ、と考えられた。改宗者はそれより以前の罪を悔い改め、洗礼をうけ、清められてキリスト教徒となり、究極的にはキリストの贖《あがな》いによる赦《ゆる》しと救済にあずかることになるのだが、現実にはアダムの原罪を克服することはできず、改宗しても日々罪を犯す弱い存在であることを彼らは思い知らされていた。「知っていて犯す罪」であるだけに、教会はこの種の罪のあつかいには慎重になった。

教会は各教徒が外の社会で営んでいる生き方をまったく考慮の外におくことはできなかっ

たが、理念としては、真の人間同士の関係は教会のなかだけにしかないと主張できた。少なくとも外の社会における男女、階級の差はなく、富や名誉、またそれらをもとめる競争はいずれもむなしいものだ、と主張できた。しかし、教会それ自体も一つの組織体であることを無視するわけにはゆかなかった。そのために監督（司教）を頂点とする諸役職が定められた。教会内の信者たちはけっして平等ではなく、上から下までかなりの差のある階層をなす一団だと認識されるにいたった。その階層序列をきめる基準となるのが信仰の度合いであり、その度合いは各人の罪がかかわるとみなされ、そのための悔い改めの必要度もことなると考えられた。そしてその罪の最たるものが富の誘惑であり、もう一つが肉の欲であった。「肉の罪」という考えはパウロにおいて強烈であったし、「創世記」ひとつをとってみてもユダヤ教が肉の問題を深刻なテーマとしつづけていたことがわかる。そのような観念がキリスト教の底流となり、ローマ帝国社会の性観念の変化、そこにあらわれたキリスト教徒への性的中傷、が教会の倫理を確立させたのはさきにみたとおりである。

性の規範はとくにきびしいものとなった。過ちには悔い改めがもとめられた。神のような完全性、ふた心のなさが最高の理想の信仰であり、信者には生涯を通じて信仰の高みに昇るはげましがあたえられていた。昇ったと判断される信者がげんにおり、彼らが役職をうけもち、他の信者の尊敬をうけた。女性にはある段階以上の地位は開放されなかったが、かなりの要職である執事（ディアコノス）につく女性は少なからずいた。このような現象はギリシャ・ローマの宗教グループには希有《けう》のことであった。そこでは女性が活躍する宗教があっても、その宗教の場合、参加者がそもそも女性にかぎられていたのである。

罪を犯して悔い改めを命じられた者は、改宗前の求道者とともに、そして洗礼をうけたばかりの初心者とともに、礼拝においては会堂の末席に座るか、入口にたったままで、信仰の高みに昇っている証拠に、会堂の上座にいる信者たちをあこがれの目で仰いでいた。そのような信者は、司教をはじめとする役職者、長い信仰生活をした高齢の信者、かつての迫害でも信仰をすてず、苦難を経験した信者たちであり、さらにそれと並んで、時代とともに重きをなしていったのが、肉の罪から遠ざかっているとみなされた人びと、つまり性を排除した生活を実践している女たち男たちの信者だったのである。

このような階層をうむシステムは、ときにむやみな信仰の競争をあおることもあった。テルトゥリアヌスは二〇〇年ころの北アフリカの教会で教徒たちが激烈な懺悔《ざんげ》を競っておこなう様子を知らせている〔『慎みについて』一三〕。殉教者は当然のことながら、信仰者の階梯《かいてい》をいっきょに昇ることができた。彼らは肉の罪をも消し去らせることができ、ほかの信者より一足さきに天国にはいる、とみなされた。もちろん殉教者は迫害で殺されてはじめて殉教者となるから、教会の会堂に座をしめることはなかったのであるが、迫害が頻繁になってくる三世紀、アフリカなど信仰の熱狂性の強い教会では、志願してつぎの迫害で殉教する決意を表明した者が、教会内でいわば殉教予定者として尊敬をうけるという事態になったようである。また殉教に準ずる「告白者」も一つの資格としてこれまた尊敬されるようになった。げんに死んだ殉教者は教会で長く栄誉を讃えられ、その伝記がよく読まれた。

他方、三世紀の小アジアの人で奇跡行者とよばれたネオカイサリア司教グレゴリオスは、重い悔い改めの罰をうけた信者は会堂の外にたち、ほかの信者が出入りするときは腹ばいになるよう命じられていた、としるす〔『教憲書簡』一〇〕。教徒たちが織りなすスペクトルはこのように幅広いものになっていった。上昇することの価値がくりかえし教えられた。たしかにそこには一般社会とはことなるメリットクラシー（能力主義）が出現していた。

そして性への嫌悪が標榜《ひょうぼう》される。マルキオンは二世紀ポントスうまれでシリアやローマでも聖書学者として働き、旧約を否定し、新約では「ルカによる福音書」と「パウロ書簡」しか認めない極端な思想にはしり、異端とされた。彼は倫理の面でも極端に結婚を忌避し、童貞と処女をまもることを信者に強制してシリアに集団を形成した。このグループは彼の死後も長くつづいた。ユスティノスの弟子タティアノスも結婚を否定し、グノーシスではエンクラト派がきびしく禁欲主義を実行した。

いわゆる正統派とみられる教会においても処女と性を忌避する者（配偶者をうしなっての ち独身をとおす者、あるいは夫婦であっても性行為を断つと表明する者もあった）は、殉教者とともに高く評価されてはいた。しかし教会の群れにはほかにさまざまな弱い、罪をしばしば犯す、世俗的な信者は少なくなかった。正統派教会は彼らをも率いてゆかなければならないことをよく知っていた。罪を犯した者には、耐えることが可能な罰を科すにとどめ、また過度にきびしい禁欲、修行、不婚の強制を命じることはなかったのである。

純潔の美談

イエスは性的禁欲はすすめなかった。しかし彼は離婚にたいしてはきわめてきびしく排斥した［マルコ一〇・一～一二］。それはユダヤ教とも、またギリシャ・ローマの通念ともはっきりことなる点であった。パウロは、みずからは独身をまもり、書簡でも人は結婚しないのがのぞましく、相手にさきだたれたら再婚もしないほうがよい、といっている。そのパウロも、肉の欲の危険こそ強調するが、性にかんして厳格に禁止をもとめるという姿勢はなかった。ペテロは彼自身が妻帯者であった。このような原初期の性にかんする比較的寛容な態度は、使徒の時代にも引きつがれ、せいぜい司教の再婚がとがめられるという程度にとどまっていた。

しかし二世紀になると、再婚だけでなく離婚も、そして必要以外の性行為も、ついには結婚そのものも、できればさけるべきだとする主張が声高になり、逸脱にたいする非難がきびしくなっていった。たとえばテルトゥリアヌスは再婚を排撃し、夫婦であっても性行為をしないですごしている状態が理想だといい、アレクサンドリアのクレメンスも性交は子どもをつくるためだけにゆるされる、と断言している。四世紀になってのことだが、エルヴィラ公会議では妻が浮気したのを黙認した夫に、きびしい罰を科している。

このような性を忌避し、教徒をこれから遠ざけようとする傾向は、さきに述べたような背景から教父など教会中枢によって主導され、教導されたことはたしかである。しかしそればかりではなく、一般の教徒のあいだでも性をうとましいこととみ、それを抑制できる人物を英雄視するという空気は自然にかもしだされていたようにみえる。ローマ帝国の社会風潮にみられた性観念の変化、がやはり影を落としているといえるのではあるまいか。

それをしめす一例がキリスト教黙示文学である。かなり低俗、あるいは庶民的・通俗的なこのジャンルの作品には、信仰者の理想は純潔・貞節であることがくりかえしえがかれている。「パウロとテクラ行伝」には、テクラがパウロの説教で心を動かされたのは純潔の教えであったとされており、彼女は家を出てパウロに付添い、ともに旅をして夜は同じ部屋ですごすが、もちろん清らかなままであった。テクラの両親はこれを淫らなことと非難するのだが、テクラは迫害をうけながらも清らかな生き方と奇跡とで多くの人びとを改宗させた。

キリスト教の文学作品は、ギリシャ・ラテンの通俗小説のパターンを完全に踏襲しているといわれる。もっともギリシャ文学では悲恋の男女は苦難の末に結ばれて夫婦の床につく、というのが基本であったが、キリスト教のそれでは男女の睦みあいの部分は完全に排除され、純潔をまもりつづける男女が讃えられるのであった。使徒たちもこれら後世の作品にしばしば登場するが、そのありふれた筋のパターンは、彼が上層市民の妻や娘と親しくなり伝道するのだが、肉のまじわりはいっさいしなくとも夫や親の怒りをかい、ついには殉教する、などというものであった。

ある学者はこれらの物語の作者は女性だったろうと推測する。作者自身が興にのってしまうと、こんな話もつくられる。シリアでうまれた「トマス行伝」では、徹底的に性を禁ずる使徒トマスがインドに伝道し、彼のすすめで改宗したインド人のキリスト教徒はどんどん夫婦の交わりをやめるようになったというのである。「ペテロ行伝」の名の書物の話としてアウグスティヌスが伝えることも少々おぞましい。ある園丁が娘のためにペテロに祈ってやってくれと頼む。ペテロが、彼女の魂にとって最良のものをあたえたまえと神に祈ると、彼女には即座に死があたえられた。驚いた園丁が娘を生き返らせてくれと願うとそのとおりになるが、まもなく彼女はあるキリスト教徒が所有している奴隷に強姦《ごうかん》されてしまった。またペテロにもきれいな娘がいた。ある異教徒が、ペテロの妻と娘の入浴姿を盗みみた。その男は娘をおそおうとたくらむが、娘はそのまえに突然身体が不自由になってしまい、そのたくらみは妨げられた。ペテロは、これらのことは女性にとって純潔な性こそもっとものぞましいとして神が命じられたのだ、として感謝を捧げたという。

アウグスティヌスは、この偽典的な説話はマニ教徒によってもちいられたといっている。マニ教は本来キリスト教とは関係なかったが、三世紀以後はエジプト、シリア、アフリカなどでキリスト教と接触することが多くなった。マニ教も性の忌避と禁欲をきびしく実行した。アウグスティヌスが若いとき、その教えにひきつけられたことはよく知られている。彼個人は『告白』にしるされたごとく性的誘惑に負ける弱さをもっていた。そのような、いわば凡人がきびしい性倫理に価値をみいだした例として興味深いといえよう。

教会の女性たち

現実に教会には多くの女性たちがいた。聖職者や老人、貧者教徒、子どもたちの世話に、彼女らは不可欠の働き手となった。教会の外で、彼女らは妻、母、娘、あるいは労働者、奴隷として社会、とくに家庭に根を張った生き方をしていた。彼女らが新しい改宗者をまねくことも、逆に迫害をまねくことも少なくなかったであろう。また上層市民の妻たちは教会に多額の献金をし、司教や教師の生活を支えることもあった。オリゲネスの後見人は女性であり、長じた彼のパトロンとなったアムブロシウスという人物の妻マルケッラも、その妹タティアナもオリゲネスを支えたといわれる。

全体的に十代でかなり年上の男性と結婚することがふつうであったローマ社会の女性であるから、まだ人生の盛りに夫に死なれるケースは多かった。ふつうのやもめはまもなく再婚する。すでにキリスト教徒になっていた女性なら、異教徒の男性と再婚するよりも以後の生涯をあげて信仰に捧げ、ひとり身のまま貞潔をまもり、教会への奉仕をしつづけることのほうを好ましく思ったとしても不思議ではない。キリスト教にはそのように熱心な帰属性を喚起する要素はあった。

教会の側も彼女らを再婚させて教会からはなれてゆかせるより（なにしろキリスト教会では彼女らにふさわしい富と身分をもつ男性をえらびだすほどの人材の絶対数がまだ不足していたから）、やもめのままにとどまらせるほうが得策であったはずである。そのような功利主義の見地からだけではなく、教会が性と結婚への見方そのものをきびしくさせていたことが彼女ら、婚姻生活を拒否した女性を出現させやすくしたのである。

しかし、パウロとテクラの道行きは寓話であったとしても、教会に多数の独身女性ややもめが出入りするのは、つねに中傷にさらされている教会としてはよほど注意すべきことであった。実際にシリアのキリスト教徒のなかには男女で伝道の旅をして悪魔祓《あくまばら》いをおこなったりし、女性は男のような服装をして同じ部屋に泊まったりする者があった。貞潔はたもたれていたようだが、このような一団はキリスト教徒のあいだでも批判があった。その批判者（男）は、正しい伝道の仕方として、伝道者たちが村などで泊まるときは男は男だけ、女は女だけいる家をさがし、それができなければせめて夫婦者の家に泊まるようにすべきであるという。そして男が女に祝福をあたえるときには女の右手は衣の下に隠させ、握手するときは衣の上からにぎるように、かりに男が女しかいない家にはいったら、男がいないのはなにかよくないことでもおきたのか、とまずたずねる、そして話すのはその家の最年長の女性とだけにする、女ひとりで住んでいる家は、毒へびのようにこれをさけるべし、と教えている［「偽クレメンス文書」］。

キリスト教はこのように時代とともに性の規範に厳格になっていったが、それは教会に男女が集まり、建て前上、平等に宗教共同体をつくることになって、一般の目を引きだしたのと軌を一にしていたといえよう。アレクサンドリアのクレメンスはまだ結婚生活に肯定的であった。しかしテルトゥリアヌスになると、再婚を禁じ、夫婦も子をつくったのちは、性的交わりを断つべきだという主張である。テルトゥリアヌスは熱狂的信仰にかたむき、モンタニズムにはしったことはすでにふれたが、彼より五十年後の、正統派司教キプリアヌスも、カルタゴに疫病が生じたときに死んでいった若者のことを、性的な経験を知らずに死んだのはむしろ恵みであった、と慰めている。もっともキプリアヌスには処女性への評価はさほどみられず、人間の肉体のもろさ、弱さのほうに目をむけ、人間の体はキリストに捧げられたものだから清らかにたもつ必要があり、怒りやねたみ、虚栄にとりつかれるなどするのもよくない、と主張している。

オリゲネスの禁欲称賛

三世紀後半、アレクサンドリア、シリアで活躍したオリゲネスが教父としては禁欲の価値をもっとも高くおいた人であろう。彼はギリシャ哲学者としても当代一流であったから、魂と肉体を分離させて考える流れにあった。人間の魂は今現在本来の性質から遠ざかっており、肉のうちにとじこめられているが、たえざる努力と天使の助けとによって上昇してゆける。しかし魂を宿している肉体はけっしていやしいものではない。それは魂のやすらぎのためには不可欠なのであり、「人の体は神に捧げられており、それ自体神の宮である」。その肉体はデーモンの誘惑にさらされ、人はそれと戦わねばならない。性欲はそのような誘惑の一つである。オリゲネスは性も、そして結婚すらもさしたる価値のない一過的なものとしかみなさない。人には自分の魂を天にむかわせるという、もっとたいせつなつとめがある。結婚している男女の、とくに和合した姿は、社会の秩序と神の創造のシンボルかもしれないが、すぐにすぎさるものだ。

だからオリゲネスは若者にむかって禁欲を説く。男性も童貞をまもることはすばらしいことだと教えられる。処女・童貞こそは人類が神によって変貌してゆく過程を表象する特権的存在、彼ら自身が神の神殿だ、と。オリゲネス自身自分の手で去勢したと伝えられている。彼にとってその行為が必然なのであり、彼は完璧《かんぺき》な童貞禁欲の生涯のうちに魂の上昇を体験し、「髭《ひげ》もなくつるりとした顔で」（P・ブラウン）教理を説いていたのかもしれない。迫害にあって拷問をうけ、アレクサンドリアを追われたのちは郊外に隠棲して、聖書注解と信仰の哲学的理論づけに生涯を捧げたオリゲネスにはすでに、これより以後東方世界キリスト教の主役となってくる砂漠の禁欲修道士の面影がある。しかし、その教義解釈にかんしてであるが、オリゲネスは正統教会からは排除され、その正統教会は三二五年のニカイア会議で、去勢した男性が聖職につくことを禁止したのである。

　オリゲネスの著作のようなものが一般キリスト教徒によく読まれて、生活面にも影響をあたえた、とは考えにくいが、三世紀にキリスト教徒の生活の主要な倫理として、性的なものの忌避が根をおろしたことはたしかである。別段難解な神学に頼らなくとも、福音書におけるイエスのことば、たとえば「母の胎内から独身者（原語は「宦官」）に生まれついているものがあり、また他から独身者にされたものもあり、また天国のために、みずから進んで独身者となったものもある」［マタイ一九・一二］や、「かの世にはいって死人からの復活にあずかるにふさわしい者たちは、めとったりとついだりすることはない。彼らは天使に等しい者であり」［ルカ二〇・三五、三六］などが十分な根拠となった。

　時代をへるとともにキリスト教徒の子どもたちが、第二第三世代の教徒として成長してくる。若い娘たちもまた、異教徒の中年男性と結婚するよりも、教会において称賛をうける処女のまま生きる道をえらぶことを好ましく思うようになっただろう。出産にともなう生命の危険も現代よりはずっと大きかった。教会に奉仕する生涯のほうが、女性にとっては結婚よりも実際問題としても魅力をもったかもしれない。

性を断つ

テルトゥリアヌスの時代のアフリカの教会では、まったくの処女とやもめとは別の席に坐らされたが、ギリシャ語の教会ではこの二種の「処女」を同じことばでよんでいた。キリスト教の性忌避の流れのなかで、つぎに重要になってきたのは、夫婦であって性的交わりをしない信者たちであった。シリアの教会では独身禁欲者と夫婦禁欲者とは別々の用語で表現していた。夫婦禁欲者は、教会の公衆のまえでそのような誓いをしたようである。テルトゥリアヌスがそのことを証言しており、高く評価している。性を知らぬまま純潔をたもつよりも夫婦となった者がその種の誓いをなすほうがずっと困難だから、というのである。

夫婦禁欲者は「徳高き純潔者」とよばれ、性に未経験な禁欲者は「無垢《むく》の、あるいは祝福の純潔者」とよばれた。彼らは一般既婚信者の上座につき、すでに天使に近い状態にいるとすらみなされた。女性にとってみるならば、処女・禁欲者の地位をしめることによって彼女らは古代世界ではじめて、共同体における優位と自由を獲得した、といえるかもしれない。テルトゥリアヌスは教徒女性たる者は化粧せず、宝石もつけず、髪型や靴にも贅沢《ぜいたく》すべきでない、と教えているけれども。

天使である彼らは男女ともにいても、なんら清らかさをうしなわない。テルトゥリアヌスは童貞男性とやもめたちとの霊的な結婚をすすめた。いっしょに住むが性的な交わりはない。女性は家事にいそしむ。彼女たちは亡夫の遺産をもつから霊的夫婦は豊かである。童貞男性の家には霊的な妻、つまりやもめたちが何人もともに住まうことになってもいっこうかまわない、とテルトゥリアヌスはいうのである。

司教などの家に処女ややもめたちが住むというならわしは、実際に東方でもおこなわれた。残念ながらときにまちがいが生じてスキャンダルとなることもあった。そこまでゆくと、教会はふたたび外からの中傷をまねく火種を提供しかねないことになったわけである。ただ一つ付け加えておかねばならないことは、結婚した夫婦の性断ちの誓いは、われわれが考えるほどに異常でもたえがたいものでもないとみなされていたということである。古代末期一般の医学知識では、性的能力というものはひとりの人間においては量的に限界があり、壮年となるまでの性交と子産みによって消費しつくすもので、中年以降は衰え、なくなってゆく、と観念されていたのである。

いずれにせよ教会にはこのように性を断つ夫婦も、そのまま結婚生活をつづける夫婦もいた。前者が霊的、つまり信仰的に上だ、とみなされながらも、両方の形の夫婦が併存していた。正統教会の内部の裾野の広さはここにもしめされている。そのために対立や堕落を生じさせることにもなったのだが、この種の許容性、あるいは寛容さがあったことがキリスト教自体を存続させる理由であったという事実は否めないだろう。

あと二つの問題に簡単にふれておくことにしたい。第一。原始教団のときから教会は少数の指導者のもとに率いられるという形をとっていた。指導者の権威はつねにキリストと神に根拠をおいていた。その方向はずっとうけつがれ、指導者を頂点に聖職者の組織がうまれ、彼らと一般信者＝俗人教徒（平信徒）とは明確に区別された。だから、俗人のなかから熱狂的な教徒があらわれ、殉教したり、あるいは学問や禁欲において秀でて、ほかの俗人教徒の尊崇をうけることは、指導者たちからするならあまり好ましいことではなかった。

教会の中枢はかくして教会という権威によって、真の殉教者を認定したり、ある信者は異端と定めたり、学者の研究を教会のコントロールのもとにおくか、さもなければ排除しようとした。そして聖職者にはそれだけにきびしい、しかし過度ではない倫理がもとめられるようになった。ローマ帝国、地中海世界の都市と同様にキリスト教も、人と人との関係のなかにエリートと大衆の差別の論理をなりたたせていたのである。この過程において、三世紀以降、ある段階より上の聖職者、なかんずく司教にはきびしい禁欲の実行者、うまれながらの童貞、あるいは妻をうしなって男やもめとなった人物が就任することがもとめられる傾向が強まっていった。

第二。キリスト教の歴史においてシリアとエジプトは、信仰の極限を追究する教徒の姿勢において顕著な伝統をつくっていった。きびしい性規範をうちたて、それをまもる教徒を輩出したという面で両地方はとくにめだつ。神との一対一の対話をもとめ、すべてをすててキリストに仕えることを実行し、性を断ち、荒野にくらして悪魔の誘惑と戦い、天使とまじわる、そのようなキリスト教徒がこれらの地方にあらわれてくるのが三世紀である。

彼らは「独り住む者」（モナコス）とよばれ、また神の人、聖人とも称された。いわゆる禁欲修道士である。これまで述べてきたキリスト教の性のコードの厳格化は、周囲のローマ社会からのインパクトをうけてのことである面があったとはいえ、それができあがってゆく過程は、明らかにキリスト教的な独自性をもっていた。そのゆきつくところに修道士たちは位置する。迫害の対象の外、つまり都市の外で生きた修道士たちは、キリスト教公認後の教会と古代末期都市社会に強烈な衝撃をあたえる存在となる。中世キリスト教世界が準備される歴史の過程で、キリスト教がになう役割の大きさの一端を彼ら修道士たちがになうことになる。しかしそれは本書の視野をもはやこえる事柄である。

第五章　魔術師としてのイエス

1　魔術の風景

魔術の魅力と危険性

古代地中海世界の空間は、現代の空間にテレビ、ラジオ、携帯電話その他の電波が隙間《すきま》なく、目にこそみえないがたえず飛びかっているのにも似て、霊とか魂とか、その種のものがみちみちている、と考えられていた。魔術とは、それらみえざる諸力とこの世の人間がコンタクトをとって、人間がのぞむなにかの目的をはたそうとする行為であるが、じつは奇跡も占星術も、そして哲学なども、その点では似たりよったりの営みだったのである。

ギリシャ哲学史の冒頭あたりに顔をだす数の哲学者ピュタゴラスの学派は、しだいに神秘主義にかたむき、一種の宗教団体を形成する。そこでできあがる伝説で、ピュタゴラスは五感鋭く予言能力があり、牛とも話のできる魔術師的人物に祭りあげられている。彼は、トラキアのアポロン神官アバリスから魔法の矢をえて奇跡をおこし、嵐の海を静め、海蛇を退治し、姿を消すことも、同時に二ヵ所以上の場所にあらわれることもできたという。ローマの時代、一流の政治家大カトーも、ストア哲学者でローマ最高の知識人であったキケロも、このピュタゴラスに傾倒し、魂が不死であるという観念はおろか、ローマの国制すらピュタゴラスに学んでうまれた、と論じている。

要するに古代世界の人間の感性の、神秘なるものをとらえるチャンネルは、現代人のそれとはたしかにことなっていたといわなければならないのである。魔術というものは古代地中海人の感性においては明らかに現存するものであった。しかしそれはいまわれわれが観念するばかばかしい魔術がそのまま信じられていた、というのではなかった。そこでは魔術は、哲学はいまみたとおりだが、宗教とも医術とも、政治、経済、家庭生活等々、要するに社会のメジャーな事柄と分かちがたく結びついて観念されていたのである。

もっとも古代人はなにが魔術か、ということはかなり厳密に考えていた。だいたいこの種の不思議、神秘をさす用語はギリシャ語にもラテン語にもやたらに多く、それらはしばしば混用されたりもするのだが、「魔術」と訳しうるマゲイア（ギリシャ語）もマレフィキア（ラテン語）も、よくないという意味を明白にもたされていた。

魔術である以上、さまざまなおどろおどろしい儀式がともなった。しかし動物を殺したり、特殊な植物を使ったりする儀式が、なにかの目的をもっておこなわれることはいくらでもあった。要するに外見上は同じようであっても、それをおこなう者の意図と目的で魔術か否かが判断されたのである。自分の畑の作物を実らせ、家族の病気の回復を願う儀式で動物を殺してもゆるされるが、他人の畑に呪いをかける儀式をおこなって作物を枯れさせたり、他人を病気にする儀式をすれば魔術とみなされた。そのような行為はローマでは最古の法、十二表法で死刑をもって禁じられていた。魔術にもちいられる小道具もさまざまで、ホラティウスの詩にしばしば登場する魔女カニディアがもちいた、顎《あご》まで土に埋めて、目のまえに食物をおいたまま食べさせずに餓死させた少年の肝臓や髄のようなものから、ロウ粘土の像に紐《ひも》をくりつけて、去っていった恋人をとりもどそうとする、ウェルギリウスが伝える微笑《ほほえ》ましいものまであった。

魔術とみなされる行為はまだほかにもあり、空を飛び、月や星をよびおろし、動物に姿をかえ、嵐を静め、地震をとめ、死んだ人の霊をよびだすなどの行為をなすすぐれた魔術師がたくさんいた。十二表法の禁止規定はあったが、きちんと励行された様子はなかった。それ

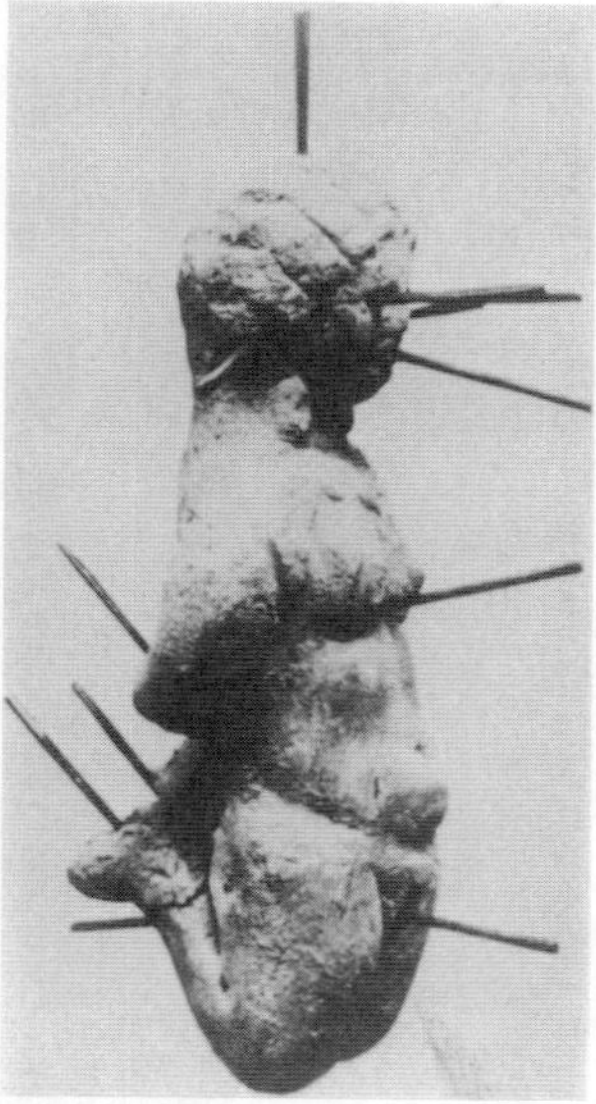

図13　呪いの粘土像
13本の針をさされた少女の像。エジプト出土。ルーヴル美術館蔵。

でも前一八九年にバッカスの密儀グループが大弾圧されたように、人身御供や夜の儀式、秘密結社とみなされる儀式は危険視され、処罰されることがあったようだ。前八一年にはスラが媚薬《びやく》・毒薬のたぐいを禁じている。

それでもローマ社会のなかに魔術的行為は広く浸透していた。ローマ人は魔術はギリシャが本場だと考え、ギリシャ人はエジプトやカルデア、インドだとみなしていた。やはり明確に魔術となると、まともなものではなく、おそれ、はばかる気持ちで彼らも接していたからであろう。

総じて下層大衆のほうが迷信深く、魔術に頼る傾向が強かったが、上層民が理性的とばかりはかぎらなかったのは、さきのピュタゴラス派に傾倒する元老院議員が多かったことからもわかる。町の広場にはカルデア人と自称する魔術師があらわれて、わずかの金をとって説話を語り、悪霊祓い《あくれいばら》(エクソシズム)をし、病気を癒《いや》し、また大昔の英雄の霊をよびだしたりしてみせていた。庶民にできる魔術には、呪い札というのがあった。鉛の板に血で願いごとを書きしるして埋めればよかった。恋した女性がなびいてくれるようにとか、ライヴァルに早く死ねとか、裁判上の敵からなんらかの感覚がとりさられるといいとか、それらの板はなるべく対象の人間の家の近くに埋めるのだった。ローマ帝政期には戦車競走場でギャンブルに熱中した連中が、馭者《ぎょしゃ》がよく馬を走らせられるようにとか、転落するようにとかいう板を埋めた。

東方各地には魔術パピルスが数多く出土している。趣旨は鉛板と似たようなものであるが、そのような鉛板はたくさん出土して新しい研究書も書かれているほどである。

が、ギリシャ語の呪文、たとえば、クメフィス・クフーリス、イアエース、アーエー、アブラナタナルバ（回文）や、わけのわからない絵が独特の魔術信仰の雰囲気をよく伝えている。魔術はたしかにいかがわしいもの、おそろしいものとみなされていたし、潜在的には犯罪すら意味していたといっていいのだが、明瞭に処罰される範囲ははっきりしてはおらず、なによりもローマ帝国人たちの生活レヴェルでなじみ深いものになっていたのである。

名高き魔術師たち

第一、ローマ共和政から元首政時代にかけて、魔術をおこなうという評判の高い人物たちが輩出し、エリートたちとも親しくまじわっているのである。プブリウス・ニギディウス・フィグルスという人物はピュタゴラス派哲学者で、キケロと親交があり、カティリナ一味（この反体制派結社の連中も血をすすって密約をし、魔術的だと指弾された）の陰謀を摘発するさいにキケロはこの人に相談した。フィグルスは法務官となり、内乱期にはポンペイウス派にくみした。彼の屋敷はピュタゴラス派の拠点となった。彼はオルフェウスや卜占などについても書物を著わした。その著作自体はのこっていないが、プリニウスやウァロ、アプレイウス、ディオ・カシウスらが引用しているので彼の説の一端がわかる。

それらによると、彼は豆をきらい、刀を火にかざすなといい、きつい指輪はせず、爪の切り屑《くず》や抜けた頭髪につばをかけぬようにしていた。ピュタゴラス派のタブーであろうが、たしかに奇妙な雰囲気を感じさせる。彼はまたアウグストゥスがうまれたときに、世界の支配者がうまれた、と予言したとも伝えられている［スエトニウス『ローマ皇帝伝――アウグストゥス』九四・五。ディオ・カシウス四五・一・三～五］。キケロなどは、彼を哲学者と思ってつきあっていたのかもしれない。しかし当のフィグルスはのちに、不敬虔《ふけいけん》な者たちを家に集め、禁じられた術を使ったと噂《うわさ》されて追放されそうになったが、カエサルが介入して不問に付させたという［ディオ・カシウス四五・一・四］。彼はやはり魔術と紙一重のところで行動していたのだろう。

そのほかにも、同じピュタゴラス派で自然哲学者のアナクシラオスとか、テッサルスとかパクラテスなどの高名な魔術師の名が知らされている。しかし、元首政期になって、元首権力は魔術への姿勢をしだいに硬化させてゆくことになる。魔術にたずさわった人びとが占星術師などとともに追放、あるいは処刑される例がめだちはじめるのである。アナクシラオスがそうであり、ポンペイウスの子孫で、元首家系ともつながりのある富裕な青年マルクス・スクリボニウス・リボが、魔術師、占星術師や夢解釈人とまじわり、自分がアッピア街道を買いしめるくらい金持ちになれるかどうか占わせたと告発され、また元首ティベリウスの名と妙なしるしを書きつけた紙が彼の自宅から発見された。リボは自殺し、元老院は感謝祭をおこない、それを機会に魔術師、占星術師はローマ市から追放された［タキトゥス『年代記』二・二七～三二］。紀元一九年に元首ティベリウスの甥ゲルマニクスが夭折《ようせつ》したときには、そのまえに彼と不和になっていたシリア総督ピソが、魔術を使ってゲルマニクスを亡きものにしたと疑われた。

まだある。ティベリウスの友人のプブリウス・スルキピウス・クィリニウスは、先妻のアエミリア・レピダ（この女性も共和政末の両有力者スラ、ポンペイウスの家系の後裔《こうえい》）を、淫乱と人に毒を盛ったこと、それに元首の家族の未来を知るため占いをおこなったとの咎《とが》で告発、追及しついに追放刑に追いこんだ。元首の遠縁のクラウディア・プルクラも元首に反抗的なまじないをしたとして処罰された。

クラウディウス帝の時代でも、カリグラの元の妻ロッリア・パウリナが占星術師や魔術師とつきあい、クラロスのアポロ神殿に元首の再婚について神託をもとめたとして告発され、財産没収のうえ自殺を強制された。これは、クラウディウスの後妻におさまろうとする小アグリッピナが、美貌《びぼう》のパウリナをライバル視してでっちあげた事件だといわれた［以上いずれもタキトゥスによる］。

この種の、魔術めいたものと関連づけられた事件はまだ数例あり、初期元首政の時代にめだって多かった。なかにはネロのように、元首その人が占星術や魔術に興味をしめし、自分が殺させた母（小アグリッピナ！）の霊を、霊媒師によびださせようと試みた例もある［スエトニウス『ローマ皇帝伝――ネロ』三四・四］。しかし多くは、魔術めいたものとかかわったことが理由となって、上層民が弾圧されるというのが、この時期に集中したできごとであった。

元首支配体制がまだじゅうぶん固まりきらない時代、元首とその支配権力に依存する新官僚たちに反抗心をもち、あわよくば自分もなにかの地位をえようという、共和政期以来のエリートの子孫たちの潜在的な敵対意識がなくなっていない状況で、この種の告発などによる有力者失脚事件の背景が説明される。元首は自分の地位を脅かす者を、なにかがおこるまえに察知しようとし、また元首に恩を売りたい者は彼に情報を提供する。そのとき、あの人物は魔術によって権力をうかがおうとした、ということは、じつに効果的な告発理由になっていたことがわかるのである。

ローマ人はこのように、魔術と定義づけられたものならばこれを極度に罪悪視した。対立的な要素が大きなローマ社会において、ローマ人は実際に占いや神託、呪いなどの神秘的な行為に頼っていた。それらと魔術との決定的な差はそれほど明瞭ではなかった。だからひとたびだれかを公的生活から葬りさろうときめたなら、その人物の周辺から魔術行為と名ざしうるものをみつけだすのは、それほど困難ではなかったのである。

魔術師のパフォーマンス

下層民のあいだでおこなわれる魔術は、上層民の場合のように反逆罪に問われるおそれは少なかった。上層民首謀の事件のとばっちりで、善意の（?）庶民魔術師まで追放されることはあっても、彼らはまた舞いもどってきた。民衆の生活でも、魔除け、悪霊祓い、賭《かけ》や訴訟の勝利祈願、などで魔術はおおいに利用価値があった。かくしてローマ帝国の時代、偉大な魔術師たちが国民の広い層で人気をはくすることになった。

カパドキアのテュアナのアポロニオスは一般にソフィストとみなされ、三世紀のフィロストラトスによる伝記がある。アポロニオスはそれによると、ソフィストというよりは、不思議をおこなう魔術師であったらしい。彼が一世紀に実在した人物であることはたしかである。その生活は質素で、彼は鳥と話しができ、予知能力を発揮してアンティオキア市民を洪水や地震、へび・さそりの害からまぬかれさせた。同時に二つの箇所に出現し、はるか東方に旅してインドのバラモンと会い、一二フィート（約三・七メートル）の高さの霊と人間とをみたともいう。悪霊を祓い、死者を甦《よみがえ》らせた。エペソスにいたときには疫病がおこり、彼はその元凶である乞食女を発見して市民に殺させたところ、それはライオンのように大きな化け犬だった、というような話ものこっている。キリスト教徒オリゲネスもこのアポロニオスに言及している。

もう一人の著名な魔法使いが、さきにも登場したアボノテイコスのアレクサンドロスである。彼自身アスクレピオスの子、あるいはピュタゴラスの再来とも称していた。それも宣伝癖があったためらしく、当時もアテネ人のみならず広く信者を集めていたエレウシスやアポロンの神託、そして占星術の儀式の要素などをとりこんで、魔術的な混合体の新興宗教をつくりあげたところがおもしろい。小アジアの彼の礼拝所には民衆だけではなく、ローマの元老院議員も訪れ、軍事政策の相談すらもちこんでいた。

ときの皇帝は、ストア派のマルクス・アウレリウスであった。理性的・道徳的であったと考えられているこの哲人皇帝だが、浮気な妻の素行をあらためさせるのに占い師から、剣闘士を殺してその血潮の上で妻とまじわればよい、などという治療法を教えられたり、エジプトのローカルな神の祭司を北方遠征に付きそわせて、ローマ軍が包囲されて水不足にあえいだとき、その神に祈らせて雨をふらせたとか、けっこう魔法にまつわる逸話がこの皇帝の御代には多くあった。

同じころローマには奇跡行者（タウマテュルゴス）ユリアヌスがいた。彼はカルデアの哲学者と自称し、あの世でアポロンやヘルメスとともにいるプラトンの魂と対話したと語り、ローマ市の疫病をも退散させた。ユリアヌスもまた帝国の戦争に知恵を貸し、ダキア人との戦争では土でつくった人形で敵に落雷させてローマの勝利を導いたといわれる。いま述べた、エジプトの神が降らせたというローマ軍兵士へのめぐみの雨は、このユリアヌスが降らせたという説もあった。ユリアヌスがローマにたてた哲学学校は魔術学校だといわれた。それは一世紀ほどは存続したらしい。三世紀の新プラトン主義者ポルフュリオスもユリアヌスに傾倒し、その学校に学んだのである。

ラテン文学ではオウィディウス『転身物語』とともに数ある変身譚、つまり魔法めいた変《へん》化《げ》の物語の代表作である『黄金のろば』を書いたアフリカの文人アプレイウスも、彼自身立派に魔術師の資格をそなえていた。彼はアテネやローマで学問を身につけ旅行中オエア（いまのトリポリ）で金持ちの寡婦プデンティラにみそめられて結婚する。そこで怒ったのが彼女の息子の舅《しゅうと》ヘレンニウスと、亡夫の弟アエミリアヌスで、彼らはアプレイウスがプデンティラの財産をねらい、彼女に魔法をかけてたらしこんだと属州総督に訴えでたのである。それにたいするアプレイウスの『弁明』が現存する。こういう理由でローマ帝国時代アフリカでは堂々と告発できたことを知るべきである。

さてアプレイウスは魔術との疑いをかけられた事項の一つ一つに反論する。魔術用の粉末をもっているとの非難については、ただの歯磨粉だといい、鏡をもっている（ふつうのローマ人はよくうつる鏡などはもてなかったのであろう）との指摘にたいしては、ソクラテスもデモステネスも鏡はもっていたし、鏡は哲学者にはつきものなのだと答える。なにかの種類の魚を捜して魔法にもちいようとしたことについては、アリストテレスと同じ医学上の興味からだと答え、少年に呪いをかけて卒倒させたのは、彼がてんかんだったからだといいかえす。また秘密の道具を隠しもっているという疑いにたいしては、それらは密儀宗教の礼拝に入信したときの記念物で、それがなんであるかを教えることはできないとひらきなおる。

彼の家は捜索されて鳥の羽と煙がみつかり、夜の儀式をおこなっただろうと追及されて、それは否定した。結局、アプレイウスは無事釈放されるのだが、かなり灰色に近い白、というところだっただろう。興味深いのは、このアプレイウスがキリスト教に言及しているらしいことである。『黄金のろば』に登場するパン屋のかみさんについてはさきにふれたが、アプレイウスを告発した一人アエミリアヌスのプロフィールが問題である。

この男はアプレイウスによると、どんな神をも拝んだことがなく、神殿にもゆかない。社《やしろ》のまえをとおりかかっても、敬意をあらわして手を唇にやることすらおぞましいと称してやらない。収穫物の初穂ももちろん納めない。彼の畑には社や聖域、林がない。オリーヴ油をのせる石の壇もきづたの冠をかける枝もない。だから彼には二つのあだ名がついている。一つは、野蛮なのでカローン（地獄の番人）、もう一つは神々をないがしろにするのでメゼンティウス（『アエネイス』にでてくる無神論者の僭主《せんしゅ》）。彼自身は後者のほうを好んでいるというのである。アプレイウスはこれらの非難で告発者に逆襲しているわけである。

このようにえがかれるアエミリアヌスは、まさに異教徒の目にうつった確信的キリスト教徒という感じである。無神論者というあだ名を好んだというのは、キニーク派だからだとも考えられはするが、もしキリスト教徒であったのなら、この二世紀なかば、アフリカのキリスト教徒は一般市民と同じレヴェルで、遺産相続争いに血道をあげ、敵を魔法使いよばわりしてふしぎと思わない生き方をしていたということになる。

さて、ポルフュリオスの師で新プラトン主義の大成者プロティノスにも豊富な魔術体験があった。ただそのことを伝えるのが弟子のポルフュリオスなのであるが。エジプトを尊び、イシス神に敬意をはらうプロティノスにおいて、哲学はもはや魔術と一体化したようにみえる。実際に三世紀後半ころから、これまでは軽蔑《けいべつ》的にもちいられていた魔術師をさすゴエース、マギクス、アリオルスなどの単語が、哲学者、数学者、占星術師をも意味するようになり、しばしば混用されるにいたるのである。民間の迷信的儀式はなおのこってゆくが、たしかにローマ帝政期がすすむにつれ、魔術はいささか知的な装いをまとい、哲学のレヴェルにまで上昇吸収されたかのようにすらみえる。一方で哲学のほうがむしろ、合理性をすてて神秘化し、魔術化したといえるのかもしれない。

二世紀、三世紀になってゆくと皇帝による魔術関係者の追放・処刑の例はほとんど知られなくなる。しかし、法学者のガイウス、パウルス、モデスティヌスなどの記述のなかに、薬や人身御供、夜の密儀などを魔術行為とし、それらや魔術書の所持を禁止する条項があったことがみいだせる。社会全体に神秘なものへ傾く風潮がすすむなかでも、ローマ伝統の魔術観がなくなったわけではない。キリスト教がギリシャ・ローマの魔術を圧倒したのでもない。四世紀のコンスタンティヌス以後のキリスト教徒皇帝は、死霊のまねきよせ、人を傷つける魔術、戦車競争にしかける魔術、夜の祈りと祭儀などを法律で禁じている。魔術自体の存在は疑われてすらいない。禁止されたのが悪い魔術であることもこれまでのローマの伝統的な考えと同じである。かえってキリスト教帝国となって、数世紀前のスラの法と、初期元首政の政策とがもちだされたかの観すらあるといえるだろう。

占星術への信仰

魔術にくらべてもう少し上等なもの、いうならば当時の自然科学でもあったのが占星術であった。これもまたローマ帝政期には人びとの意識と生活のなかに浸透していた。もっとも多少学問的装いをもつとはいっても空中の霊魂を相手にするという点では似たようなものであり、ときに占星術師は魔術師と同じ追放・弾圧の憂き目にもあうのだった。イエス誕生の物語に、東方の三博士を導いた星も登場し、キリスト教と占星術の接触も最初から多少はあった。むしろキリスト教には当時の社会の状況に比して占星術の要素が少なすぎるというべきかもしれない。しかしここではいささか占星術のほうにページをさいておこう。

天文学自体はストーンヘンジの時代でも、中南米古代文化でもうみだされていたらしいが、地中海世界の天文学はメソポタミアが起源で、その天体観測にもとづく占星術も、起源は同じところにあるようだ。ともあれプラトンの時代のギリシャではすでによく知られており、ヘレニズム期、ことにエジプトで洗練された「学問」となり、数学によって武装して疑似科学の地歩をかためた。

占星術の発想の源は、季節の変化をもたらすのは星座の動きだ、とする観念で、夏だから夜空に天の川がみえる、というのではなく、天の川があらわれて夏をもたらした、という風に考えるわけである。そこから、星座は人の運命をも左右すると考えるにいたるのは、短絡すぎるとはいえ理解できないことではない。ヘレニズム時代の科学（本物の）の進歩で、星座などの天文事象がいっそう正確に計算でき、予測もできるようになり、それだけ強く星座が人の生涯を支配するという考えが説得的にうつり、信仰の領域に達していったのである。

ストア哲学は占星術をも重要視した。前一世紀、ポセイドニオスが五巻の占星術書を著わして詳細に論じた。月と潮の干満とが関係あることはわかっていたから、それを根拠に星座が地上のものに影響をあたえるのが当然だとされた。その地上のものには、大地河川だけではなく、人間の運命も加えられることになった。人の運命に定めがある以上（ふつうそのように考えられた）、それはなんらかの方法で知りうるはずで、人がうまれたその瞬間の星座こそがそれである、という道筋で占星術の価値が定まっていった。

はるかかなたの天の運動が、月が海の水に働きかけるように（もちろんまだ引力などは知られていない）地上のできごとに働きかける。ならば天文を子細に観察すれば地上のことはあらかじめ全部わかるはずだ、というわかったようなわからないようなストアの占星術理論は、当時は十分に説得的であった。現代でもおりにふれて星座占いは顔をだす。現代においてもそれを信奉する人たちの根拠はポセイドニオスの説と同じである。

前八六年ローマのコンスルのオクタウィウスは、ポンペイウス派に殺された。その死体から星座表（ホロスコープ）がみつかった。ホロスコープにしめされていた彼のその日の運命は、彼はローマを去ることはない、というものだったという。またそれよりまえのスラは、占星術で自分の死ぬ日を予知していたので、日記はその死ぬ予定の日から逆算しながらつけていたそうである〔プルタルコス『英雄伝――マリウス』『英雄伝――スラ』〕。もっとも、ストア哲学者ではあったが、キケロになると占星術には冷淡であった。彼は壮年のうちにつぎつぎに横死したクラッスス、ポンペイウスそしてカエサルらの大立て者について、ホロスコープはいずれも長命を保証していた、と軽蔑的に語っている。ローマ共和政期には占星術が政治決定に深くかかわるところまではゆかなかった。しかしギリシャ、東方では人びとは占星術を信じ、愛好し、専門占星術師は尊敬を集めていた。

元首政の時代、少し状況がかわってきた。ローマでも幅広い層の人びとがホロスコープを頼りにしはじめた。アウグストゥスの腹心で文人のパトロンでもあったマエケナスがその一人で、建築にかんする書を著わしたウィトルウィウスも、ホラティウス、オウィディウス、プロペルティウスらの詩人たちも、星の支配の力を当然の前提としていた。大プリニウスのような博物学者もホロスコープで一日の行動をきめるということがあったようだ［『博物誌』二・二二〜二七］。その甥で養子の、あの小プリニウスも同様であった。

こうしてこの時代にもちいられた、パピルスにえがかれたホロスコープが現存する。星座の図と細かい表がかかげられており、自分の生年月日と調べたい日付のところをみれば、なにをし、なにをしないようにしたらいいか、一目瞭然だったのである。星占いを笑い飛ばす現代人も、大安に結婚式をあげ、正月には初詣《はつもう》でをし、家をたてるときは地鎮祭をおこなう。そうする現代人の心性と、古代人のそれとは基本的に差はないように思われる。キリスト教徒もそのようなローマ人の心性自体からはみでてしまう存在ではなかった。

アウグストゥスも占星術師を重用した。生涯の転機となるべきときには、彼らの口から偉大な未来を予言されて行動した［スエトニウス『ローマ皇帝伝――アウグストゥス』九四・一二など］。後一一年、アウグストゥスもさきが長くないという噂がひろまり、彼はそれを打ち消すために自分がまだ長生きできることをしめすホロスコープを公表して宣伝したが、三年後には本当に死んでしまった［ディオ・カシウス］。噂の根拠になった、別の「正しい」ホロスコープがあったのであろうか。

その後の元首・皇帝たちも多くがホロスコープを頼った。ハドリアヌスも自分の死ぬ日と時間まで熟知していた一人である。元首ティベリウスの側近であったトラシュルスなどは代表的な占星術師であった。彼はアレクサンドリアの名門出身の文法家で、プラトンやピュタゴラスもよく研究した。ロドス島に一時住んだティベリウスと親交を結んだ。名前もそれからはティベリウス・クラウディウス・トラシュルルスとし、ローマ市民権もあたえられた。コンマゲネの王女と結婚、彼の孫娘はティベリウスの親衛隊長マクロの妻となった。またトラシュルルスの息子ティベリウス・クラウディウス・バルビルルスは、クラウディウス帝に仕え、元首からわが友とよばれるほどの人物となった。

セネカが彼を称賛しており、つぎの元首ネロも彼を頼りにした。ところが、六五年、天に彗星《すいせい》がしばしば出現し、ネロは不安になってバルビルルスに諮問《しもん》した。すると彼は、これは不穏のしるしだが、こういうとき昔は重要人物を生けにえとしたものだと答えた。ネロはただちに有力者の陰謀がおこなわれていると確信し、セネカにその疑いをかけて、ほかの者らとともに自殺を命じたのである。一方、バルビルルスのほうはその後出世してエジプト総督となり、彼の孫の一人はトラヤヌス帝のときコンスルに、また孫娘はハドリアヌス帝に仕えて、一三〇年には皇帝に随行してエジプトのメムノンの石像の「歌」を聴きにいっている(この像は古いエジプト王朝の王の像だが、ギリシャ人たちは勝手にこれを暁の女神の子メムノンとよびならわしていた。石にひびがはいって湿気と温度の関係でしばしば不思議な音色を発したという)。

危険な占星術

これだけ占星術が皇帝の周辺に浸透してくるのにともなって、それが宮廷陰謀と結びついてきたのは魔術の場合とよく似ていた。前三三年にローマ市から占星術師が一時追放されているのはそのためであろう。さきにもふれたが、後一一年、自分の寿命を云々されたアウグストゥスは、すべからく人の死ぬ日を占わせてはならぬとの布告を発した。しかし権力の座をねらう者が魔術師に呪いの儀式をおこなわせたり、占星術師にクーデタをおこす是非や皇帝の未来を占わせるケースが、真偽はともかく、摘発されることはつづいた。

ネロの時代にピソの陰謀事件がおこり、連座した政治家の逮捕が予想された。夫も父もストア派で、ネロに批判的であることを案じたセルウィリアという貴族婦人は、一族の運命を占おうと嫁資《かし》を売って魔術師をやとい、それが発覚して結局処刑されてしまった［タキトゥス『年代記』一六・三〇以下］。六八～六九年の内乱時、オトーは占星術によって自信をえてガルバを倒した［タキトゥス『歴史』一・二二］。ティベリウスからセプティミウス・セウェルスまで、このような事件は一二例を数える。

占星術は魔術にくらべて学問的知識が必要で専門性も高く、特殊な計算、ルール、表などをもちいていささか高尚な外見をよそおって料金も高くとったから、たしかに上層民向きではあったが、闘技場などには大衆のための占星術師も店開きしていた。闘技場は一周を一年、一二の発走ゲートを一二ヵ月にみたてたりして、天体の運行を説明しやすい場所だったのである。そのような占星術師として二世紀のウェッティウス・ウァレンスが知られる。彼は一日に一〇〇人以上の客をむかえ、寿命などを占ってやっていた。

元首政期になぜ支配層に占星術が浸透し、帝国の公的生活に影響をおよぼすまでになったのか。政治決定のシステムがまったくかわったことにその理由があったと考えられる。共和政においては政治家たちのあいだで、あるいはまた民会で、ときに対立と流血があったにせよ、公《おおやけ》の場で決定がおこなわれ、改革もありえないことではなかった。だから将来のことの判断については基本的に未確定であり、オープンであった。しかし、アウグストゥス以後、こと政治については元首以外の権力の介入は封じられ、改革もご法度となった。政治決定も、将来の帝国の運命も、元首が全責任を負って引きうけることになった。

元首はみずからあらゆることの決定をくださねばならない。だから彼は決断するにさいして、ほかの人間のものでない、なにか権威ある保証がほしかった。それは彼の決定を制止するものであってもかまわない。彼がよりかかることのできる、神聖で、万人に納得できる権威でなくてはならなかった。その権威をうるための手段が、たとえば神々への祭儀であり、アポロンの神託やシビュラの予言書であり、占星術であったのである。

占星術は魔術ではなく、疑似科学、ローマ人の観念からすれば学問であり真理であって、エリート政治人に多かったストア派哲学人の信奉するものでもあったから、皇帝が占星術を公の場で頼ってもいっこうさしつかえはなかったのである。こうして皇帝は占星術師を側近にかかえるようになり、あれこれのことについて判断を仰いだのである。皇帝が信用すれば国民一般にも占星術の人気は高まることになる。そうなると皇帝は今度は国民が元首の近未来を占うことをおそれねばならなくなった。皇帝の死期近し、などという占いの卦がどこかでだされ、公然あるいは隠然とでもとりざたされるようにでもなれば反対派のクーデタ計画にもはずみがつきかねず、国境の軍隊などはとくにあぶない。

クラウディウスの死もネロの死も予言されていたという。おそらくだれかのホロスコープによってであったろう。一世紀末のドミティアヌス帝時代まで、占星術師が哲学者と称される政治家とともにたびたび追放された理由の一つはこれであったろう。ドミティアヌスの粛清の犠牲となった元老院議員の一人メッティウス・ポンプシアヌスは、彼の誕生日の星座が元首の地位を約束していると巷《ちまた》で噂されていた［スエトニウス『ローマ皇帝伝――ドミティアヌス』一〇］。

五賢帝時代前半は占星術・魔術のたぐいの影響力は後退する。しかし占星術も、そして魔術もある程度、未来を知ることを重要目的としていた。それを専門におこなう者は予言者でもあり、彼らがローマ帝国社会から消えることはなかった。最近の研究はユダヤのみならず、主として帝国東方世界に、この世のおわりが近く、救世主が出現するとの観念が広くあり、ときにそれは具体的な人物を名ざして熱狂的運動と化すことがあったことを指摘している。ローマ人の文学作品のなかにもアウグストゥスやウェスパシアヌスについて、彼らを救世主とえがくような記述があり、また内乱で横死したネロだが、東方ではそのネロが復活してあらわれ、民衆が歓呼してこれに率いられ不穏な事態を引きおこしたという話が三例も知られている。庶民レヴェルの救世主待望論がこれらの叙述の背景にあったと考えられる。そのようにみるとナザレのイエスもまた、東地中海世界に一般化していた救世主像の範疇《はんちゅう》でとらえられる存在であった。

ネロの時代だが、イラン人と思われるヒュスタスペスという人物が東方に出現し、ローマ帝国の滅亡と世界の終末を予言した。皇帝はこの人物の書物を禁書としたが、ユダヤ人はこれを熱狂的にうけいれた。その数年後にユダヤ人はローマにたいする第一次反乱にたちあがった。ユダヤ人は敗北したが、五賢帝ハドリアヌスのとき再度大反乱をおこす。これも大弾圧され、ユダヤ人は父祖の地を追われることになるのだが、この間、そしてそれ以後も長く彼らは、イエスではない、自分たちの救世主への希望はうしなわなかった。「シビュラ」という、ヘレニズム世界からローマに伝わって尊崇されていた予言書の題をそのままつけて、ユダヤでも『シビュラの託宣』が書かれ、よく読まれた（現存するのはこちらの予言書である）。そのなかにはヒュスタスペスの予言もその跡をとどめている。そしてその書において世界の終末のとき、東方に出現する悪しき支配者はネロである。少し大胆にいえば、確立したキリスト教のなかで主張され、異端を出現させるほどの熱狂をまねいた千年王国や、世のおわりにあらわれるとされるアンティクリスト、などという観念もこのような、東方、ローマ、そしてユダヤの観念と無縁ではなかったということになるだろう。

このように安定の五賢帝時代にも、占星術、魔術、そして予言は公然、隠然とローマ社会に息づいていた。トラヤヌスの時代、パルティア人エルケサイが帝国におそいかかる外民族の脅威を予言して、これをローマに伝える者がおり［ヒッポリュトス］、マルクス・アウレリウスの時代には奇妙な予言者がローマ市のマルスの野にあらわれ、木にのぼってそこからこの世の滅びを予言した［『ローマ皇帝群像1――哲学者マルクス・アントニヌスの生涯』一三］。キリスト教徒のあいだでの終末接近の噂とそれによるパニック、熱狂的な殉教志向の風潮もこの時代にめだってくるのである。

そして三世紀、非合理的な心性はいよいよ昂揚してくる。それはときにローマ帝国下に服属させられたとの意識をもついくつかの民族の反ローマ的空気と結びつく。シリア、エジプト、北アフリカに土着の宗教・祭礼の復活が顕著にみいだされてくるという。上にたつべき皇帝の地位自体はきわめて不安定になっていた。その分だけ皇帝や皇帝志願者は自己の権力を強化しようとした。また皇帝の神的、あるいは神秘的権威をも付加しようとした。社会に瀰漫《びまん》する非合理的心性は皇帝の方針なり心性に合わなければ以前よりきびしく弾圧されざるをえなくなる。皇帝の心性にかなう神なり祭礼なりは国家の手で喧伝されることになる。第一に宣揚されたのは皇帝神化・皇帝礼拝であったけれど。三世紀なかば、デキウスのときからキリスト教徒への迫害は帝国レヴェルの大規模なものとなる。それはこのような時代背景から考えれば説明のつくことなのである。

皇帝はいまみたとおり、魔術・占星術を否定したのではなく、ただコントロールしようとしただけである。だから非合理的心性自体がローマ社会において衰えたわけではなかった。キリスト教を公認したコンスタンティヌスの時代になっても皇帝はシビュラの予言を重宝がった。一方、ある種の魔術はあいかわらず禁止されるほどはやっていた。三七一／二年、つぎの皇帝がだれになるかを占った毒薬づくりと占星術師が逮捕され、一五人が連座してつかまった。そのなかには財務総監や属州総督もふくまれていた。中心人物は占い師のマクシムスという人物で、彼は鉛板にアルファベットの表を書きつけ、月桂樹の枝をその上にはわせて字を読みとってゆく、いわゆる「コックリさん」の方法をとっていた。ΘΕΟΔ（ThEOD）の四文字がしめされた。つまり次期皇帝はテオドシウス、ということだった。事実はそのとおりになるのだが、結局マクシムスら多数が処刑された。これは非キリスト教徒のアンミアヌスが伝える話ではあるが〔『歴史』二九・一・二九〜三二〕、まさしくキリスト教ローマ帝国での話だったのである。

2　魔術師イエスとその弟子たち

奇跡か魔法か

二世紀にキリスト教への正面からの批判論を展開したケルソスが、イエスは神の子などではなく、ただのどこにでもいる魔術師の一人にすぎない、ときめつけたことはすでに紹介した。おそらく、幼いイエスをヘロデ王の探索からのがれさせるために両親が彼をエジプトにともなったという「マタイによる福音書」二・一三〜一五の記事から思いついたことなのであろう。まさしく当時のローマ帝国人たちのあいだでエジプトは、神秘と魔法の発祥の地であり、エジプト人ということばはオリエント世界の一員であったカルデア人、それにインド人、さらにはユダヤ人などとともに、魔術師の代名詞でもあった。

おもしろいのは、ケルソスはイエスが奇跡（魔法）をおこなったということ自体をいっさい疑ってはいないということである。ケルソスもまた当時の社会に魔術・魔法が横行していたことを所与の前提として語っているのである。さきにみたとおり、このように魔術がゆきわたっていた地中海世界でも、魔術を危険視し、軽蔑する風潮は同じほど強固に確立していた。だからケルソスがイエスを魔術師だと評したのは、キリスト教そのものに反感をもつケルソスがイエスをおとしめ、彼の行為が犯罪的であることをしめさんがためであったのだろう。

スミスという学者は『魔術師イエス』という本を書き、イエスとのちのキリスト教徒が、社会からは魔法を使う連中とみなされ、そのことが初期キリスト教徒の迫害の原因となった、と主張した。彼らの魔法が迫害の主因であったとはいいかねるが、キリスト教徒が魔術をおこなうと非難され、彼らはそれを否定したことは事実である。しかし、なによりもキリスト教徒もまたいくつかの点で、当時の地中海世界一般の魔術や神秘の観念を共有していたことが指摘されなければならないのである。

イエスがおこなったとされた魔術的な行為とは、新約の福音書では「奇跡」といわれるものにほかならない。公に宣教するまえの、荒野での悪魔の試みにすでに魔術体験らしいものがうかがわれる。イエスはゲラサ人の地で悪霊につかれた男から悪霊を外に出させ、豚の群れのなかに追いやる、悪霊祓いをおこなった［ルカ八・二六〜三九］。十二年間「長血」をわずらっていた女性がうしろからイエスの衣にさわると彼女は癒された。イエスはそのとき自分から力が出てゆくのを感じて、この女性をすぐに群衆のなかからみいだした。こういう記述はキリスト教以外の、魔術を記載した史料の筆致に酷似しているという。

イエスは人の心をみぬき、予言もした［ヨハネ二一・六］。水の上を歩き、数千人の食事をわずかなパンと魚からふやして提供した。水をぶどう酒にかえた。とりわけ悪霊祓いと癒しは彼の奇跡のなかでも主要なもので、その名声をききつけて集まってきた人びともいた。イエスもこの二つの奇跡をなす力を他と区別して大事なものとし、これらの権能を十二使徒に付与している［ルカ八・二ほか］。

これらの奇跡行為は現代人の感覚からはすべてを事実としては認めがたいために、空想物

図14　長血の女の癒し
イエスの衣にふれた女は、ただちに病いが癒された。「マルコによる福音書」5章25～32節。

語とされたり、合理的な説明をつけたりされている（たとえば、五〇〇〇人の給食の話は集まっていた人びとがめいめいの食糧をもっていて食べたことにもとづくとか、病気の癒しは病人の精神力を強めたためで、いわゆる病いは気から、のたぐいだとか）。しかし福音書の記述をあるがままに、あるいは記者の意識なり、登場者の「生活の座」に視点をすえて解釈しようとする学者たちは、もっと積極的にうけとめる。

彼らによると、イエスの奇跡物語はたんに不可思議な話として語られるだけにはとどまっていない。奇跡のできごとは、イエスの宣教における重要なポイントにあらわれている。奇跡はつねに神の子の権威によってコントロールされており、奇跡の恩恵をうけた者の信仰をうながすことになる。物語のなかにおける奇跡のこのような位置づけは、古代一般の奇跡伝承にはみられないものである。イエスの奇跡は荒唐無稽のおとぎ話として片付けられるべきではなく、魔術・魔法の横行する地中海世界のなかでは、人びとに現実感をもって、強い印象とともにうけとられる、独特のなにか、であったとするのが真実に近いと考えられる。

獄中にあったバプテスマのヨハネが弟子をイエスのもとに送って、あなたは救い主か、とたずねさせたとき、イエスは直接そうだ、と答えるかわりに、自分のきたことによって「盲人はみえ、足なえは歩き、重い皮膚病にかかった人はきよまり、耳しいは聞え、死人は生きかえり、貧しい人々は福音を聞かされている」と答えた［ルカ七・二二、二三］。イエスはみずからの存在が奇跡（＝魔術）の実行と切りはなせないことを自覚していたことになる。あるいは少なくとも福音書記者を代表とする原始教団の人びとはそのように考えていたのである。

ユダヤという、旺盛な民族意識をもちながらもローマという異民族の支配下にあった世界では、メシアをなのり、現状を批判して新しい時代、あるいは最後の審判のときが接近していると告知する運動家がしばしばあらわれ、彼らの行動が奇跡行為をともなうというようなことが生じる下地は十分にあった。「使徒行伝」に言及される反乱指導者のチゥダもガリラヤのユダも、ヨセフスによるならばなにかのふしぎのわざをおこなったとみられ、同じヨセフスはその他の煽動的な予言者についてもふれている［『ユダヤ古代誌』一八・八五〜八七など］。イエスはこれらの人たちと相前後してあらわれたのである。

エクソシズムと癒し

イエスの奇跡の多くは悪霊祓いである。悪霊が病気を引きおこしている事例もある。彼は悪霊を、それがとりついた人から追いはらうだけなら、その人自体にはさわらない。さわるのは癒しのときだけである。いずれの場合も、イエスは権威あることばで命令して追いはらう。これはかなり特徴的な仕方だといわれる。もっとも悪霊がイエスにたいして答えをなし、しばしば名乗りさえし、人（やブタ）からはなれたらその証拠をしめす、というのは、イエス以外の悪霊祓いの事例とも共通するようだ。

イエスはしばしば霊を「叱る」のだが、これはあまりほかに例がない［マルコ一・二五、九・二五］。ギリシャの魔術パピルスでは、後期のものになればなるほど呪文が長くなる。

しかも非キリスト教系の魔術は三、四世紀にさかんになってくる。だから、イエスの簡単な、断言的命令による悪霊祓いは、地中海世界のエクソシズムの古い段階のグループに属するのかもしれない。

癒しの奇跡についてみると、ギリシャやローマのそれでは、癒す人が患者にふれる例はほとんどない（皇帝ウェスパシアヌスの足に病人がふれて癒されたという、スエトニウス『ローマ皇帝伝――ウェスパシアヌス』七の事例などは例外）。イエスはほとんどの場合相手にふれている。彼の癒しが温かみと、相手の人格にふれるという意味をもったことと、伝承自体がイエスの癒しのわざの権威をしめそうとしたことが考えられる。癒しのまえに祈ることも特徴的である。なおるようにとの命令のことばには、「タリタ、クミ」（少女よ、起きなさい）［マルコ五・四一］、「エパタ」（開け）［マルコ七・三四］があるが、いずれもアラム語で、イエスが日常的にもちいていたことばが伝承されただけで、呪文ではない。しかし原始教会にはしだいにアラム語が忘れられ、理解できないことば、つまり呪文として伝えられ、げんにもちいられたであろう。

呪文はギリシャ・ローマの魔術にはつきものだったとはさきにも述べた。また二ヵ所でイエスはつばを道具にしている。聴力と会話力の無い者の舌を自分のつばでうるおして癒し［マルコ七・三三］、視力の無い者の目につばでこねた泥をぬって癒した［ヨハネ九・六以下］。これも地中海世界では類例のある奇跡であった。

最後に、イエスの奇跡、とくに癒しの場合、彼を信じる者にたいしてだけ施されるという点が、きわめて特徴的であることが指摘される。イエスの奇跡が機能しなかったのは、イエスを信じない同郷人のいるナザレであった。ギリシャ・ローマの奇跡のパターンには、それを施す者の祈りや、施される者の施す者への信頼感がしめされる例はみいだせるが、イエスの場合、たんなる奇跡をこえて、悪霊あるいは病気から解放された者に、奇跡の時点よりさきの信仰者としての生き方をあたえる、というえがき方をされるところが特徴的なのである。

イエスの奇跡はあくまで福音書にしるされた伝承の物語として伝えられただけである。そのうちどこまでがイエスの史的行動で、どこからが原始教団が形成した伝説なのかのみきわめはむずかしい。近年の研究のなかには福音書がおこなったのは、イエスがなした奇跡を悪霊の力による不思議な行為、つまり魔術ではなかった、ということをテーマの一つとして奇跡記事を書くことだった、と主張するものがある。イエスがなにかの、だれの目からも不思議とみえる行為をなした、という事実があって、それを魔術だとけなす立場と、擁護する福音書の立場とがあった、ということである。

福音書は、バプテスマのヨハネも悪霊につかれているとの悪評をうけた、とするす［マタイ一一・一八］。そしてイエスはベルゼブルという大悪霊にとりつかれて、悪霊祓いをしていると攻撃された［マルコ三・二二］。福音書はイエスのその種の行為を否認などはせず、悪霊にイエスを讃えさせたり、イエスの奇跡は旧約の成就であるという説明を加えたり、奇跡に信仰的意義づけをあたえ、ことにイエスはそれらを名声や富獲得の手段とはせずにおこなったと主張したのである。イエスの奇跡を奇跡として認め、それを神の子の救いのわざと規定して、悪霊つき、魔術師という中傷から救いだそうとしたのである。

イエスは確実に癒しを主とする奇跡をおこなった。少なくとも当時のギリシャ人、ローマ人にそのようにうつり、キリスト教徒にもそうみえる不思議をおこなったのだろう。それに福音書はキリスト教からの解釈をくだしていった。その過程で、きわめて複雑で、奇跡性の度合いも高い、たとえばはなれたところで病人や死者を癒し、生きかえらせたなどという伝承が創造されたのであろう。また、湖上の歩行や五〇〇〇人の給食の伝承などにも、いっそう後世の創作の気味が強い。これらにはさきの福音書のイエス魔術師説否定論の姿勢に矛盾する要素があり、むしろ非キリスト教世界の奇跡行者の行為を髣髴《ほうふつ》とさせるからである。

「イエスの名」による魔術

福音書記者はイエスのなした奇跡は魔術だ、という非難にたいしてそうではないということを力説するために記事に脚色を加えたかもしれないとはすでに述べたとおりである。その一方でイエスの弟子や使徒たちはイエスの奇跡行為をある程度は踏襲した。

もっとも、イエスは神の名をとなえてその権威によって奇跡をなすということは少なかった。それにたいして弟子たちはほとんどの場合、イエス・キリストの名をとなえておこなっている。福音書のなかでは、弟子がイエスの許しをえてそれをおこなっており［マルコ一六・一七。ルカ一〇・一七］、「使徒行伝」にはイエスの名によってなされる奇跡の例が多い

［三・六。四・三〇。九・三四。一六・一八。一九・一三。以上は悪霊祓い。癒しは、ペテロによるものが二・四三。三・一以下。四・三〇など。パウロによるものが一四・八以下。一六・一六以下。一九・一一以下など］。

イエスの名は初期キリスト教でもたいせつにされつづけ、祈りや預言、洗礼のときにも口にされた。ユスティノスは、イエスの名によるなら悪霊祓いも成功し、ユダヤ教徒が王や預言者、大祭司の名をとなえておこなってもききめはなく、ただ彼らが、アブラハムの神、ヤコブの神、とでもとなえるなら多少はましになるだろう、などといっている［『第一護教論』六］。またオリゲネスは、イエスの名をとなえることの効果はすばらしく、キリスト教徒でないものがとなえてもききめがあるほどだ、と述べる［『ケルソス駁論』一・六］。

この種の、なにかの効果を期待しておこなわれる魔術的行為にさいして、権威ある神的存在の名をもちいることそのものは、ギリシャ・ローマにも先例はあった。非キリスト教徒たちは、キリスト教徒がイエスの名をもちだしてなにかをおこなうのをみたら、そして彼らがイエスについて多少の知識があったら、キリスト教徒は死んだ人の名をもちいて奇跡をおこなおうとしている、というふうに考えただろう。あるいは知らなければどこかの悪霊の名でもとなえている、とみなしただろう。キリスト教徒はそれにたいして、イエスの名の意義を強調したと思われる。「使徒行伝」には「ナザレの」イエスという、付加語つきの名がみられるが、初期教会ではその付加語が長くなってゆく傾向がみいだせる。「われらの主」イエス・キリスト［キプリアヌス］、「ポンティウス・ピラトゥスのもとに十字架につけられた」

［ユスティノス、エイレナイオス］などは、奇跡のための文章に出てくるわけではないが、癒しや悪霊祓いの現場でももちいられたにちがいない。洗礼をさずけるときの式文にもこの種の付加表現が知られている。イエスの名によって、受洗者のエクソシズムがなされるという意味ももっていたのである。

新約の書簡には奇跡についての一般的記述しかない［ローマ一五・一九。ガラテヤ三・五。Ⅰコリント一二・一〇。Ⅱコリント一二・一二。ヘブル二・四］。ただ、「ヤコブの手紙」五・一四～一六だけは病気を癒すときの式文を教えている。初期キリスト教団はもっぱら病気を癒すパフォーマンス集団であった、というとらえ方が近年よく主張されるが（タイセンなど）、これら書簡におけるこのような言及の少なさは、初期教団の主眼は癒しなどではなかったことを暗示するように思われる。第一パウロという人が慢性の病気をもち、それは治らなかった。しかし初期教会が宣教するさいに癒しの儀式をもおこなっていたということ自体は否定できない。ケルソスはキリスト教徒が医者をさけていると非難し［オリゲネス『ケルソス駁論』三・七五］、オリゲネスも教徒は身体の苦痛には医学上の注意をはらうようすすめている［『ケルソス駁論』三・六二］。むしろ一般にキリスト教徒たちのあいだでは病気のときには祈りやお祓いに頼るという風潮があったのかもしれない。それはまた地中海世界一般の住民の風潮でもあったのだ。

パウロは当時教会のなかには異言を語る者がおり、それは解釈者をとおさなくてはほかの者に理解できなかった、といっている［Ⅰコリント一四・一三～一九］。宗教的エクスタシにかられやすい人びとがいて、それが彼らの能力と認められ、礼拝時トランス状態になってなにかを口走るという例があったのであろう。異言の一種が呪文であり、異言者のみならず、一般教徒もわけがわからなくともそれをとなえたりするようになったかもしれない。「アバ」(父)［ローマ八・一五。ガラテヤ四・六］はアラム語のふつうの名詞だが、A・B・B・Aと回文の形をとることもあって、一般には呪文と思われた可能性がある。「ローマ」八・二六のステナンモイス、アラメートイという語も呪文だ、という研究者がいる。キリスト教徒のほうは自分たち特有のことばとして、神の言、あるいは天使の言［Iコリント一四・二、二八ほか］のつもりでいったり聞いたりしていても、外からみれば異様な声、あるいは音、と解釈されることは十分にありえたのである。

マクス・ヴェーバーも魔術と祈りの境界はあいまいだ、といっている。それは、キリスト教のなかにあった呪いについてみてみるとよい。キリスト教徒に固有のものである、神・キリスト・聖霊による「祝福」のことばも、じつは「呪い」の裏返しであり、一種の魔術的表現と解することができる。どちらも未来について、よくなるように(悪くなるように)という予言的命令だからである。イエスも呪いをくだしたと伝えられている。実をならせていないいちじくについて［ルカ一三・六〜九］、コラジン・ベツサイダ・イェルサレムについて、そしてイエスはイスカリオテのユダをも呪った［マルコ一四・二一］。ユダはイエスを逮捕させたのち、無残な最期をとげたことになっている。

「使徒行伝」にも、教会に敵対した者へのこらしめの事例が多い。不正をしたアナニヤには呪いなしに死がくだされるが、妻サッピラは使徒に呪われてすぐに死んだ［五・五、九、一〇］。パウロは「魔術師エルマ」を呪いの言で盲目にした［一三・六～一二］。パウロ書簡には呪いと祝福がよく出てくるが［ガラテヤ一・八以下。Ⅰコリント五・三～五。一六・二二］、彼のことばの用い方は、一般異教社会の魔術的呪文を念頭におきながら、キリスト教徒のそれを対置させている、という学者もいる。使徒教父のローマのクレメンスが、祈りにさいしてさまざまな形容を付して神の名を多用しているのは、異教の魔術パピルスの文言の仕方に似ているといわれる。もちろんパウロもクレメンスも、キリスト教以前にあった表現のパターンを借りながら、キリスト教的内容をそこにすべりこませていることになるのではあるが。

いずれにせよ、使徒の呪いの使用は初期キリスト教徒にもうけつがれた。それに、ユダヤ教は第一次反乱で母地をうしない、ヤブネに教団を再建したが、そこでうみだされた信仰箇条にはキリスト教徒への呪いがふくまれていた。またローマ総督がおこなうようになったキリスト教徒裁判においては、教徒はその信仰を否定したら、しばしばキリストを呪うことをもとめられた。キリスト教徒の側は悪霊や迫害者を呪い、それらに神の罰がくだる物語を好んでつくりだしていった。

クレメンスの時代におそらくは書かれたであろう「ヨハネの黙示録」には、魔術のパターンと幻の題材が豊富である。黙示文学のジャンルでもまた、キリスト教はユダヤ教の先例を踏襲した。さて「黙示録」の魔術記述がまさにギリシャのそれをうけついでいる。ある学者の分析によれば、⑴「突然」ということばが多用される。これはギリシャの魔術パピルスに共通する。⑵魔術的呪文が数ヵ所出てくる。一・四、八、一七。二一・六。二二・一三。⑶第四章に登場する無数の目をもつ怪物は、ギリシャの呪文を刻んだ鉛板にもよく登場する。⑷一七回もちいられる"νικαν"（勝つ）という動詞は、パピルスや魔術文学では「成功」を意味する語としてもちいられる。⑸五・一二の栄光の祝福の用語は魔術文学のそれと同じ。⑹神の名が悪の力にたいする魔除けとなることも。七・二。三・九など。⑺悪の首領の頭についているという神を汚す名。一三・一、一七・三。⑻アルファとオメガという表現。一・八。二一・六ほか。⑼数字三と七を多用する。⑽まじないの役をはたす、新しい名を刻んだ石。二・一七。

「黙示録」はこれらだけでなく、ほぼ全編を通じて、まさしく不可思議な魔術的世界をみせてくれる。神秘と魔法が実体的で、人びとの生活に根をすえていた地中海世界にあって、キリスト教徒もその心性を共有する新約文書をもっていたのである。キリスト教徒のおこなう不思議は、不思議さという点で一般異教徒に異様な感じをあたえたのではなかった。一般ギリシャ・ローマ人にもわかる魔術の話や行動に、キリスト教独特の解釈を施したところに、周囲との違和感をうむ背景があったというべきであろう。

十字のしるし

四世紀にいたるまで、キリスト教徒たちにたいして魔術を使うという非難は幾度もあびせかけられている。「使徒行伝」で魔術師シモンが、ペテロの奇跡力を金を出せば買える魔術の力だと思いこんでいたという話［八・九以下］は非常に象徴的である。キリスト教徒がつづけておこなっていたエクソシズムも、彼らがそれをどういおうと、悪霊の存在を認めてそれを追いはらうのであるから、やはり魔術とは紙一重、「よい魔術」というのが適当だったのである。

ケルソスは、イエスだけでなく彼の時代（二世紀）のキリスト教徒も魔術をおこないつづけていると非難する。教徒たちは彼らの悪霊をもちい、まじないによって彼ら自身は奇跡と称するものをおこなっている。魔術の書までもっている、とケルソスはいう。キリスト教徒のあいだにそもそもペテロとあの魔術師シモンの魔法合戦や少年イエスの悪魔的な行動をえがく伝奇的物語がもてはやされていたのだから、このような外部の非難を否定するほうが無理な話だったかもしれない。

このようなことがあって、個々のキリスト教徒までが魔術をもちいると信じられるにいたった。二〇三年カルタゴで捕らえられたペルペトゥアたちを、役人は牢にいれると魔法で抜けでてしまうと危惧《きぐ》して通常の囚人の場合よりも厳重に監視させた。ケルソスの例からしてもこれはあながち誇張とも思えない。

キリスト教徒はそれでも、魔術などはけっして使わないと否定しつづけた。した、と認めれば犯罪を自白したことになったとはいえ、そもそもこの時代、魔術の定義は悪意をもってそれらしき不思議をおこなうかどうかという主観的なものであったことを想起してみるならば、キリスト教徒の側の否定の論理にも真実を主張する資格はあった。同じような儀式でも、悪意が介在しなければ、それはたんなる、あるいはすばらしい不思議の行為であり、宗教儀式であり、悪くても迷信程度のものであった。

しかし問題は、悪意があるかないかの判断もまた主観的なものだった、ということである。キリスト教徒のほうに害意のない行動でも、偏見をもったローマ帝国人はそうはとらなかったであろう。一方キリスト教徒はキリスト教徒で、異端グノーシスを魔術使用のゆえに弾劾してはばからなかった。この背景には、キリスト教正統派が、グノーシスの常軌を逸した行為に連座させられて、ローマ社会から敵視されるのを嫌い、グノーシスを社会的に抹殺しようとしていたという状況があった。キリスト教徒もまた、敵を葬る最大級の攻撃のことばが、「魔術」であると承知していたのである。

ユスティノスもエイレナイオスも、そしてテルトゥリアヌスも、キリスト教徒はイエスの名によって悪霊どもを追いはらっているのだと胸をはった。しかし教会はエクソシズムをおこなうにしても、よほどルールを定め、断食や祈りをおこない、金などとらないで執行しなくては、つねにユダヤ教や異教のそれらと区別がつかなかった。もちろんいかがわしい連中にイエスの名を僭称されることも少なくなかった。

イエスの名をとなえることが魔術的とみなされたとはすでに述べた。ともかくエクソシズムそのものがなんといっても魔術的だったのだ。イエススという名のつづり文字に対応する数値を総計すると八八八になることが教徒によって意味あることとされたりもしたようである。異言も二世紀まではある教会ではみられた。

また、十字をきったり、指で十字のしるしをつくることが、いかにも魔術的な意味をもつかのようにおこなわれた。ユスティノスがその効果を認めており、テルトゥリアヌスも、教徒は日常あらゆるときに十字をきるといっている。ヒッポリュトスも『使徒伝承』のなかで、困ったときに額に十字のしるしをなぞると悪魔に対抗する盾になる、などと述べている。これはほかにもあった悪霊封じこめの魔術にほかならず、外からみれば、キリスト教徒がする十字のサインは秘密で淫靡《いんび》な行為にみえたであろう。だからテルトゥリアヌスも、教徒女性が非キリスト教徒と結婚するなら十字をきる習慣はやめたほうがよい、魔術と誤解されるから、と諭しているのである。

キリスト教徒の十字のしるしが魔術以上の効果をもつという確信はその後ますます強まり、四世紀はじめ、ディオクレティアヌス帝の宮廷で祭儀がおこなわれたとき、立ち会っていた宮廷役人のキリスト教徒が指で「不滅の印」をしていたために祭儀をしても神の答えがえられず、占いも失敗におわったという話が伝えられている［ラクタンティウス『迫害者の死について』一〇］。この事件が大迫害前夜のことだったのである。

さかのぼって三世紀、アレクサンドリア司教のディオニュシオスが伝えるところでは、ウァレリアヌス帝のところへエジプトの大魔術師が訪れ、キリスト教徒がまじないをするので自分たちは魔術を使えなくなっているから、彼らを迫害してほしいと願い出たという［エウセビオス『教会史』七・一〇・一～四］。このまじないも十字の印だったのではあるまいか。ともかくキリスト教徒のほうが十字の力の魔術的効果を信じ、外にもそれを信じさせようとしたのはまちがいあるまい。その発展の系譜にドラキュラや狼男を顔色なからしめた十字架も属するのであろう。

悪霊はいたるところに

帝国民一般が信じていた悪霊、ダイモニオンの実在をキリスト教徒もまた信じて疑わなかった。キリスト教徒に敵対する力の背後にはかならず悪霊がいると考えられた。キリスト教徒がローマの神々を拝まないから戦争や疫病や飢饉《ききん》の害が生じる、と攻撃されると、そのような害をなすものこそ悪霊だ、とキプリアヌスが答えている。もう一人の教父タティアノスも悪霊というものの分析をおこなっている。ダイモニオンは、火か空気のような体をしており、人をあざむき、迷信的にする、という。テルトゥリアヌスも、悪霊は羽をもち、星や雲の近くにいる、と述べる。「偽クレメンス文書」には、洗礼をうけたキリスト教徒はもう悪霊につかれることなく、逆にこれを追いはらう力をえている、とある。

ローマ帝国の思潮においては、三世紀の新プラトン主義者ポルフュリオスらがダイモニオン論を発展させた。彼らはダイモニオンを天的なものと地に属するものの二種に分け、ともに神と人との中間にいる霊的な存在だと位置づけた。ラクタンティウスもアウグスティヌスも、このポルフュリオス説をそのまま認めていた。そのうえで彼らは非キリスト教徒たちはこの悪霊をたてまつり、頼っている、と非難する。アウグスティヌスもまた、キリスト教はこれらの悪霊を抑えつける力をもつ、と考えていた。さきの教父と同じで、悪霊そのものの実在を否認する、という立場ではなかったのである。べつに不思議ではない。キリスト教の悪霊実在論に、宗教改革の時代をこえても、なお不変だったのである。

みえない霊がみちみちていた古代地中海世界で、一般の市民と同じアンテナで、キリスト教徒もその霊をキャッチできると考えていた。一般市民はキリスト教徒を、忌まわしい、唾棄すべき人びととみなし、他方キリスト教徒のほうは、ギリシャ・ローマ社会を悪霊の支配するところ、と侮蔑的にとらえていた。アウグスティヌスのいうところをもう少したどってみよう。彼は『神の国』のなかで、ヘスペリウスという人物がイェルサレムの土をいれた袋を魔除けとしてもちいており、その袋が地に埋められると、その場所に集まった教徒は病気が癒されたという話や、若い女性のために祈った司祭の涙のまじった油には悪霊を追いはらう力があること、聖遺物の行進ではこぼれた花が盲人を治したこと、夕べの讃美歌が若者から悪霊を追いはらった話、などを書きとどめている［二二・八〜一〇］。彼もまたきわめて霊的な、あるいは迷信的な世界に生きていたというほかはない。キリスト教徒は地中海世界に根ざした心性の一端に、しっかり結びつけられていたということである。

イグナティオスやエイレナイオス、ヒッポリュトスら一連の教父たちはまた、聖餐《せいさん》の魔術的効果をも信じていた。聖餐は「不死の薬」といわれる［「イグナティオス」］。この、薬＝ファルマコンというギリシャ語は神秘的な効能をもつ薬についてもちいられることばであった。聖餐式も、そのときの祈りも悪霊を追いはらう力をもつと考えられた。異教の神々の像にそなえた菓子を食べた子どもが、聖餐式のときになるとパンをとろうとせず、無理に食べさせると泣き叫んだとか、異教徒女性が教徒のふりをして聖餐をうけると、そのあとで毒をのんだように苦しんだ、とかいう話をキプリアヌスが伝えている。

テルトゥリアヌスは水を重視し、水は天地創造の以前から聖霊の座として存在しており、永遠性をもっていること、水をもちいる洗礼はそのゆえに重要であることを論じている。アウグスティヌスも洗礼によって引きおこされた奇跡の例をいくつかあげている。

初期キリスト教のサクラメント（秘蹟《ひせき》）はそれほど種類が多いわけではなかったが、教徒たちだけの集まりでおこなう礼拝は、外からみれば秘密でまがまがしい魔術行為ときめつけられる要素に欠けてはいなかったのである。礼拝は朝おこなわれたが、断食のための集まりや年一度の過越の日などは夜に、それも教会が公然と独立した建物にならないうちは墓地や私人の家でおこなわれたから、疑いをまねく危険は大きく、キリスト教徒もそのことはよく承知していた。テルトゥリアヌスは、異教徒の夫をもつ妻たちが夜の教徒の集会に出席することにはとくに慎重になるようながしている［『妻へ』二・四］。

キリスト教は、神々を否定しながら、悪霊については存在を否定しはしなかった。聖餐、洗礼、そしてエクソシズム、癒しなどの行為に、信者の信仰心をかきたてるキリスト教伝奇小説の題材に、さらにしだいにさかんにもちいられるようになってゆく聖遺物、十字架、鐘、香料、さらには礼拝堂や祠《ほこら》にまで、いかに多くの魔術的な、あるいは偶像礼拝的な要素がまつわりついていたかは、これまで述べてきたところからも明らかであろう。初期よりも時代がすすむ古代末期にかけて、その傾向はいっそう強まるようである。それはキリスト教の「異教化」ともいうことができる。生きのこってゆくためのそれは妥協でもあっただろうし、そもそもキリスト教もまた時代の宗教的心性を大きく共有していたからでもあっただろう。

私たちは、キリスト教徒が時代の精神・意識そして社会的な生き方においてまったく異質なものをもちこみ、他と隔絶した集団を形づくっていたと思ってはならない。彼らは多くのものをふつうのローマ帝国民と共有しつつ生きていた。しかしそのなかで彼らはやはり明瞭に他から区別される行動をし、心性をうみだしていった。ローマ帝国の社会のなかで、またローマ帝国の歴史のなかでキリスト教をとらえるという目的は、そのような状況によく目配りしつづけることによってはじめてはたされるということができるだろう。

古代地中海世界の終焉とキリスト教

歴史のなかにあらわれたキリスト教徒を、現実の世界、あるいは社会とのかかわりのなかでとらえることを本書はめざしてきた。ことばをかえれば、だいたい紀元一世紀なかばから三世紀後半までの、地中海世界の人間、おおざっぱにそれはローマ帝国の住民ともいえるが、彼らの心性の一部をになうものとして、この世界にあらたに参入してきた初期キリスト教徒の周辺を、キリスト教の側からではなく、ローマ帝国史あるいは古代地中海世界史のほうからながめてきた。

ナザレのイエスは、ローマ帝国の属州の一辺境の田園地方から、人間の救いを告知する伝道をはじめた。彼は神と人との関係を、たとえば富んだ者より貧しい者が評価されると主張して、逆説的にとらえようとした。人目をひく奇跡や、魔術的な行為もなしたが、それらは社会的な弱者のためにほどこされることが主であった。彼の行為にはたしかに、独特の不思議なものがあったが、この時代のローマ帝国全域とまではいわずとも帝国東方、もっと狭くはユダヤだけでも、人びとに語り、不思議をおこない、しがらみのなかにある人間の解放を告げる予言者めいた人は少なからずいたのである。

イエスはローマ総督によって処刑された。しかし、まだそれは帝国にとっては辺境属州のささいなできごとでしかなかった。彼を神の子であったと信じる人びとの群れが原始キリスト教徒集団を形づくった。彼らは、ことにキリスト教徒の理念と教会という組織づくりと、外への宣教で天才的な力量を発揮したパウロの働きがあって、帝国の都市を拠点とする宗教集団をうみだした。ローマ帝国はその領域内に一〇〇〇から二〇〇〇の都市を有していた。帝国の行政の単位と、文化の舞台は都市であり、ローマ帝国の人間の本来的生活とは都市にしかない、と考えられていた。この都市で、最初のキリスト教徒はローマ帝国社会と直接ふれあうことになったのである。

帝国には一世紀、まだ専制君主とはいえず、かつての共和政の伝統をのこした、しかし徐々に絶対権力者となってゆく傾向にあった、元首・皇帝が君臨していたが、各都市には、まだまだ伝統の自治的な力と、市民の意識とがのこっていた。それらは古代地中海世界に固有の性格をもつ都市であった。ローマやシラクサ、アンティオキアなどをべつとすれば、これらの都市の人口は少なく、共同体としての結合の度合いも緊密であった。都市は名門で富裕なエリートが政治と文化の中心をになっていた。彼らが都市の公的生活の保証をなし、都市の守護神を祀る神官となり、宗教祭典の形でおこなう競技・演劇などのパフォーマンスの資金提供者であった。

民衆たちはこれらエリートや、皇帝からのサーヴィスを享受し、彼らに尊敬の念をはらってはいたが、穀物の不足や物価高、お粗末なパフォーマンスなどにたいしてはすぐに抗議した。エリートも皇帝も、民衆のあいだでの人気には気をつかわざるをえなかった。民衆たちはなにも堕落し、暴力的に上層民から利益をせびろうとする集団になったわけではなかった。彼らは古代市民的意識をもち、自覚的市民としての権利を要求していただけであった。権力をもち、富を有するエリートと民衆との関係はすでに古くからこれらの都市の基本的構図であったのである。

キリスト教はユダヤ教のなかからうまれ、それとしだいに訣別の度を強め、自分たちの信仰に他の人びとをまねく、宣教・伝道をおこなう集団となった。これは地中海世界の宗教グループとしてはめずらしかった。ことに民族の枠をこえ、地域的にも境界をもたなかったことは、その後のキリスト教の歴史のうえで決定的な意味をもつ点だった。そのようなわけで、キリスト教はローマ帝国の都市の多くにおいて、外から伝道者がもちこんで知らせたものであった。

パウロは都市のエリートやその妻たちに伝道することが多かったが、キリスト教をうけいれた市民たちは、やはり中下層の市民が多かったであろう。なかでも女性が多くひきつけられ、奴隷は主人の土地や家にしばられて、それほどたくさんキリスト教会に出入りできたとは考えられない。しかし、キリスト教徒のあいだでの信仰面での人間の平等性はある程度実現されていたから、帝国社会や家庭で差別感を味わっていた人びとにとってキリスト教が魅力をもっていたことは否定できない。またパウロなどの神学的主張は、一般民衆の理解をこえる面があったにせよ、人間存在や神観念、緊密な共同体をなす教会、人間関係にしめされる倫理の新しさなどがキリスト教の伝道をしだいに進展させる要因となったことも推測できる。キリスト教徒が癒《いや》しや悪霊祓《あくれいばら》いを実行したことも事実である。しかし、キリスト教徒はどの都市でも出現した当初から、ユダヤ教徒ととくに区別されなかったし、ある程度認識されるようになっても、一般にはいかがわしい、危険な、迷信を奉ずるグループとみられていた。そもそも、もっと多数でどの都市にもいたと思われるユダヤ教徒がギリシャ人やローマ人からは偏狭で閉鎖的な、無神論の民族とみなされていたのである。そのユダヤ教徒は多くはキリスト教徒に悪意をもって、異教徒たちの反感をあおるような情報をあたえたことも考えられる。

こうしてキリスト教徒についての観念は、誇張された悪いものへと増幅していった。無神論者だという非難は、古代世界では宗教的に致命的なものであったし、社会のごく少数派集団にしばしばかぶせられるのが、性的淫乱やカニバリズムなどのスキャンダルの噂《うわさ》であった。実際にキリスト教徒が都市の社会に必然的な行事や、市民の義務に参加せず、またはたさないということがあったのだろう。彼らの閉鎖的な礼拝も誤解をまねきやすかった。タキトゥスはこのようなキリスト教徒たちを、人類を敵視している、ととらえたのである。

キリスト教には自分たちが社会内の少数派で、疎外され圧迫されるという意識が当初からあった。それは彼らが神の子と信じるキリストが処刑された犯罪人であった、ということと無関係ではあるまい。だからキリスト教徒はつねに迫害されると主張し、またそのことにこだわりをもっていた。とはいっても彼らが原始教団の時代にはまずユダヤ教徒によって、そしてやがて異教徒の都市民衆によって敵視され、具体的な迫害をうけるにいたったことも事実である。しかしキリスト教徒の初期の迫害についてはこれまでえがかれてきた図式に修正を加える必要がある。

キリスト教徒を、皇帝が禁止法や命令を発して彼の役人や軍隊が捜索逮捕するような迫害は、三世紀なかばまではいっさいみられない。その時代までの迫害は、前述のようにユダヤ人をふくめた都市の市民がキリスト教徒を攻撃し、都市役人や属州総督に告発する形でおこなわれるのがつねであったのである。それはときには暴動と化し、リンチにいたることもあったが、しばしば当局はそのようなゆきすぎを抑止したし、皇帝も無責任な教徒告発や暴行を禁じた。それに民衆の迫害も局地的で一時的だったから、多くの都市でキリスト教徒は比較的自由に、しかし、敵意や怖れの感情にとりまかれながら、伝道し、礼拝をつづけることができたのである。

そのことは、キリスト教徒がローマ帝国社会のなかで歓迎されていたことを意味しはしない。キリスト教徒はたしかに大多数の帝国人からは無視されるか、まともにあつかわれることのない、いかがわしい、ある人びとにとっては忌まわしいとみなされる状況にあった。それでも徐々に教徒の数と伝道の地域を拡大していったキリスト教は、この状況にたいして独特の対応をしめした。それは結果的に地中海の心性を、そして社会のあり方そのものをも変化させるほどの影響をのこしたのである。

まずキリスト教徒は教会という共同体を内側から強固にした。そして司教とよぶ強力な指導者のもとにととのった組織をつくった。また遠隔のほかの教会とも緊密な連絡をとり、信仰・神学的観念の一致形成につとめた。いずれも古代の宗教には希有《けう》の特徴であった。その教会は、内部にさまざまな人をふくんでいたが、彼らを広く包摂するのが基本方針であった。だから、外からの迫害に果敢に信仰的抵抗を試みる教徒がいて、彼らは異教徒の憎悪をあおり、殉教していった。他方、世俗的生活をすてきれず、異教的風習にもつきあい、迫害がおこればすぐに屈伏する弱い教徒もいた。教会の指導者は多くがこの両極端の教徒を教会の内につなぎとめておこうとしていた。はなはだしく極端な立場にたった者は異端者あるいは棄教者として排除されたが、どの教会にもかなり幅のある教徒たちがならんで存在していたのである。

キリスト教会は、このように多様な層の教徒から成り立っていたが、意識のうえでは、そしてとりわけ外の社会にむけては、きわめてきびしい倫理と道徳を実践することに高い価値があると主張した。貧者への救援や真面目な生き方などの項目に加えて、とくにキリスト教的特色をしめしたのが、性にかかわる規範の異常なまでの厳格さであった。同性愛や不純な性関係が忌避されるのみならず、離婚そして再婚がきらわれ、ついには結婚そのものが低い価値しかあたえられなくなっていった。そこにはキリスト教が人間の原罪を信仰の根幹においていたことが底流をなしていたが、教徒がローマ帝国人から、性的淫乱などの行為にそまっているという偏見をもってみられ、また中傷されたことと直接関係があっただろう。

しかしながら、ローマ帝国においてキリスト教徒が顕著に異質な集団をなし、倫理的行動の面で模範となり、社会の風習を美化していったととらえることは適当でない。キリスト教徒もまた古代地中海人の心性を他の異教徒とほとんど共有していたことを見落としてはならない。それはキリスト教会が奴隷制の存在になんら疑念をいだかなかったことや、富者にきびしい目をむけたイエスのことばを引用しながらも、富裕な教徒を教会のなかにかかえこんだこと、既存の皇帝支配の体制を自明の前提としてうけいれ、教会内の争いについては皇帝に裁きを依頼することをも辞さなかったことなどから明瞭にしめされる。そして、異教の神々を否定したキリスト教徒は、神々を悪霊と考えただけで、その種の霊的現象に疑いはもっておらず、異教徒と同じ神秘の世界を枠組として生きていたのである。

最後にローマ帝国、あるいは古代地中海世界の、心性にかかわる部分での変化というものに目をむけてみるならば、つぎのようにいえるだろう。アウグストゥスによって安定をえたローマ帝国は、二世紀前半まではその繁栄を維持させた。都市は皇帝と、その地のエリートたちの奉仕によって高度な文化と豊かな生活を享受した。そのなかで、人びとは奴隷や人間存在、とくに人間の肉体、また夫婦・家庭などについて、よりおだやかで、現代人の通念に近い方向へと考え方を変化させつつあった。一方で宗教についてみるならば、支配者であるローマ、それにローマと融合していたギリシャの神々よりも、ことに属州各地では古い土着の神々の礼拝が復活したり、ギリシャ的でない、密儀的、神秘的な要素をもった神々礼拝、たとえば大地母神キュベレやイシス、ミトラスなどの礼拝が東方でおこり、イタリアにまで浸透してゆく傾向があらわれた。

これらの現象がすすむ時代、ローマ帝国は広大な領域を防衛する策に転じて、膨大な費用を戦争ではなく、国内から捻出する必要にせまられ、属州、都市に重圧を加えざるをえなかった。都市ではしだいにエリートが負担増で弱り、かつての活力をうしなっていった。皇帝は都市への収奪と干渉を強めるとともに、自己の権力の強化と宗教的権威をかざすことに腐心した。三世紀にキリスト教徒への迫害が、民衆レヴェルから皇帝命令によるそれへと変化する背景が、これらの事実にみいだせるのである。

キリスト教は突然変異として、特徴的な倫理や信仰を地中海世界にもちこんだというわけではなかった。彼らの主張した、ラディカルとみえる価値観もすでにローマ帝国のある人びとによって主張されていたことがほとんどであった。理念あるいは建て前と実践との使い分けにしても、実生活上の事柄、まじないや悪霊祓いなどのレヴェルでも、キリスト教徒の行動は異教徒と重なっていた。ただ、絶対少数派の宗教集団としてスタートしたキリスト教徒が打ちださざるをえなかったいくつかの倫理や姿勢は、たしかにローマ帝国社会のそれらに、キリスト教的な傾きをあたえた、ユニークなものとなったことは否定できない事実であった。

ローマ帝国社会の、以上のような、ゆっくりとした変化は結果的にキリスト教の歴史には有利に働いたといえよう。キリスト教徒は徐々にふえていった。それが実際に社会のドミナントな宗教となるには、キリスト教自体の自然的発展では十分ではなく、コンスタンティヌスのような皇帝の支援が必要であったが、それをまって、すでに四世紀のうちに、地中海世界の人びとの意識と生き方、文化に、二世紀までのローマ帝国社会のものとは非常にことなる性格をあたえるだけのひろがりをみせていたことは認められよう。その四世紀は、たしかに「古代」とは区別される、キリスト教がそこに重要な位置をしめる、「古代末期」の時代とされなくてはならない。しかし本書は、それより以前、キリスト教徒が微々たる存在としてローマ帝国にあった状況のなかで、彼らが地中海世界とどこまでなじもうとしていたか、どの辺でそれをかえようとしていたのかをスケッチしようとしたのである。

あとがき

初期のキリスト教の歴史を、ローマ帝国の歴史の流れのなかで、またローマ史の問題意識とその方法で考え、叙述することがこれまでの私の一貫した研究課題であった。そのような視点から、つまりキリスト教徒迫害については、迫害する側のローマ人の意識やその迫害の実態を、キリスト教徒については、ローマ帝国住民である彼らの生き方を、個別の時代や地域をテーマとして考察し、叙述してきた。そうするうちに、この視点から、少し長いスパンでローマ帝国史のなかでの初期キリスト教徒の歴史、というよりキリスト教徒とローマ社会、ローマ人との関係の歴史をまとめる仕事をしてみたいと思うようになっていった。ちょうどそのおりしも、畏友近藤和彦から、新しい感覚の歴史シリーズを出したいから加わらないかという誘いをうけ、ふたつ返事でひきうけたのである。それからしばらくたってしまったが、いま「歴史のフロンティア」の企画の一冊として、意はつくせなかったものの、念願のテーマに近い仕事を送りだそうとしている。感慨なきにしもあらずである。

幸いに一九九二年三月末から十ヵ月間、文部省在外研究員として渡英することができ、ロンドン大学付設の古典研究所の図書館などで研究する機会があたえられた。その間日本の大学にいるかぎり絶対に許されないぜいたく、つまり一日のほとんどの時間を純粋な研究にあてることができた。ロンドン大学、オクスフォード大学などのイギリスの学者、あるいはたまたま訪英し、あるいは帰国した学者たちとの交流から、私の執筆の構想に有益な示唆がえられ、日本の友人たちとの文通でも同じ貴重な助言を、ゆっくりとかみしめることができた。そのような条件にめぐまれたからこそ、原稿に手をそめてから比較的短時日で書きあげることができたのである。ここで私の本務校である東北大学文学部の方々、在外研究者としてうけいれてくれたロンドン大学古典研究所図書館その他多くの方々に感謝の意を表したい。

私は本書のなかで、古代キリスト教徒を宗教だけの面でとらえるのでなく、彼らは、彼らが生きていた地中海世界の一員でもあった、ということを正面にみすえ、同じ地中海世界の非キリスト教徒たちと多く共通する意識の枠組のなかで生きていたことを強調したつもりである。それに、たしかに彼らは古代的な心性をもってはいたものの、古代人であるからといって現代人と隔絶した意識や行動様式をもっていたわけではないことをも書きたかった。ところが、私がイギリスにいた十ヵ月というもの、例年よりも何かたくさんに人間の弱さ、劣悪さ、たくましさ、劇的な生きざま・死にざまをしめす事件が生じたように思う。ソマリア内戦と国民の飢餓による死、ボスニア・ヘルツェゴヴィナの内戦とそれに付随した悲劇、マフィアとイタリア司法担当者の「戦争」、日本だけは悲劇ではなく（ある意味では大変な政治の悲劇であるが）、滑稽《こっけい》ともみえる政治の腐敗、政治家・やくざ・右翼の結びつき、そしてロシアではエリツィンと落ちた偶像ゴルバチョフの蛇足的な確執。宗教にかんすることでは新興宗教をめぐるさまざまなできごと。目を私がいたイギリスに転じると、王室好きでとくにそのスキャンダルが好きな国民とマスコミが追いこんだようなプリンス、プリンセス・オヴ・ウェールズの別居、女王をして「記憶すべき〝恐ろしき年〟」と嘆かせた、王家の名の由来するウィンザー城の火事、これに政治家の失態・失言、爆弾、暴行・虐殺事件、ホームレスの蔓延《まんえん》、これ以上付け加えることはやめよう、それくらいいろいろな、多くはおどろきも感じるが、うんざりもするできごとばかり枚挙にいとまないほどであった。

これでは私が、古代人についての現代人のあやまったイメージをただし、彼らもまた同じ人間であり、現代人とそうかわったことをしたり、考えたりしていたわけではない、と論じようとしても鼻じらむ思いにさせられたのもわかっていただけるであろう。現代のほうがよほど刺激的で考察に値するめずらしいできごとがおこるではないか、と。たしかにそうかもしれない。しかし古代人の意識・行動をより歴史的事実に忠実に再構成することはやはり不必要ではあるまい。第一それはもう決着がついていることで、私たちにできるのは、彼ら古代人のそれらの再解釈であって、彼らが生きて、そして死んだことはもうとっくにきまったことである。その点現代のできごとの考察とは決定的にことなっている。ある意味で歴史を叙述するのは、過去の人間を「神の目でみる」ことに等しいだろう。しかし私はもちろんそのような思い上がった見方で古代地中海世界人たちをながめたつもりはない。キリスト教徒であれ、その敵であった非キリスト教徒であれ、人間としての彼らの心性と行動をなるべくありのままえがくことにもっぱら焦点をあてたつもりである。彼らの相克の歴史の結果を、われわれが知っているのは必然である。ただ彼らもまた人間であり、人間であるがゆえの制約ももち、またたくましさももって生きた、ということは、それが現代からみてめずらしいか、あたりまえかという評価をこえて、再構成してみる値打ちがあるように思うのである。

本書を書くにあたって謝辞を捧げるべき人は上記のほかにも多くいるが、ここでは在英中にイギリスの学者たちへの紹介の労をいとわれなかった石川勝二氏、オクスフォドのF. Millar、ノッティンガムのW. Liebeschuetz両教授のお名前のみをあげて感謝の意を表させていただく。それに加えてロンドンではイギリス人キリスト教徒の教会生活にふれて本書の執筆にさいしてうるところがあったし、松谷好明牧師がはじめた日本語礼拝にも出席してそこでのまじわりから示唆されることも少なくなかった。そして、いうまでもなく本企画のはじめからいまにいたるまで、山川出版社の方々にははかりしれないお手数をおかけしてきたが、その間ずっと励ましと催促と、こまごまとした配慮とをわずらわしてきた山岸美智子氏に深く感謝する。

最後に本書は私の在外研究のために祈り、留守をまもり、励ましてくれた母、妻、ふたりの娘たちに捧げたい。

一九九三年十月

青葉城下にて
松本宣郎

学術文庫版あとがき

古代地中海世界の歴史の一環として古代キリスト教の歴史を、社会史の切り口で論じる、というスタンスで書いたのが『ガリラヤからローマへ』であった。

そもそものところ、初期キリスト教の迫害史に、キリスト教学ではなく、ローマ帝国史の分野からアプローチする、という私の、わが国西洋古代史学界における立場は一九八〇年代ではかなり開拓者的であった。学問方法ではオーソドックスな西洋古代史学の取り組みとして、ある程度仕事をしたと思う。

それから、九〇年代に「社会史」のブームに出会って、私なりに古代キリスト教をこれで見直してみようと考えた。折しも、社会史発祥の地ではなく、これを少し伝統学問を加味して受容したイギリス古代史学界となじみになって、実際に在外研究に出向いてロンドンとオクスフォドを往復する生活で、本を読み、社会史を理解する学者たちに刺激を受けながら、一気呵成《いっきかせい》に原稿を書いたのである。

多少みずからのアプローチの斬新さに気負いをもって書いたから、いわゆる「上から目線」や文章のくどさも後から読みなおすと目について、冷や汗ものであった。また本書は「新約聖書」「使徒教父文書」「教父史料」など、それまでローマ帝国史では主史料となることが少なかったキリスト教文書をかなり引用した。そして、研究者として、キリスト教学、つまり聖書学・教父学・神学分野の方々との交流も多くなっていたから、読んでもらうことができた。本書を最初に学会で取りあげてくれたのも、その分野である「キリスト教史学会」であった。本書初版は恥ずかしいほどに誤植も事実誤認の箇所も多くあったため、手厳しい学会シンポとなった。いちばん厳しかったのが新約学の荒井《あらい》献《ささぐ》さんだった。

それでも私の問題提起を正面から受けとめ、評価してくださる向きは多く、私本来のフィールドの古代史学分野でもそうだった。これが火付け役となって、キリスト教史の視野の拡大や、ギリシア・ローマ史における社会史部門のプレゼンスを高めたことはまちがいない、と自負している。

本書『ガリラヤからローマへ』自体は山川出版社から三刷まで出してもらい、ある程度の役割をはたして、そのままになった。しかしその後も初期キリスト教社会史の探究は、私なりに発展深化させたつもりである。新しい書物がブームのように出され、それらから摂取できたものも多くあるが、二〇一〇年代まで何度も、地中海世界諸国を訪れる機会に恵まれたことが私の蓄積になった。前著では言及できなかった、司教とかキリスト教と皇帝、夢・幻、死者の看取り、などについて書きためたものを『キリスト教徒が生きたローマ帝国』（日本キリスト教団出版局）として刊行し、「宗教の世界史」シリーズ（山川出版社）の企画で、四、五世紀までのキリスト教の歴史概観も書くことができた。

読者諸兄姉には、『ガリラヤからローマへ』を基盤として、私の初期キリスト教観が少なくとも退歩はしないで、展開できるようになったことをこれらの続編によってご確認いただけるなら望外の幸せである。

正確に数えるなら、本書が世に出てから二十三年を経たことになる。もちろん本書は時事的な書物ではなく、テーマも一過的なものでもないから、いま、はじめてお読みいただいてもそれほど昔の書物、という感じはおもちにならないだろう、と自慢ではなく、思う。しかし、私が当時、テーマ自体は古代のことを歴史研究者として執筆していたとしても、一九九〇年代の世界や日本の時代状況を顧慮せずには書けなかったし、ことに当時の社会における宗教と人間の関係についてはむしろそれを意識しつつ書いたと言ってもよいのである。それらの状況は、二十年すぎればまったく過去のものとなっている。現在の状況を認識している読者にお任せするほかはない。

願わくはこの学術文庫版となった本書が、現代を生きる諸兄姉にいささかなりともその意識にふれる内容であれば、と思う。宗教問題、性、富と貧しさ、人と人の絆、などを本書は話題としている。そうなるといずれもが、二一世紀一〇年代の私たちが身近にする話題であることに気づく。意図してそうしたわけではないのだが、変わったこと、変わらないこと、を考えつつお読みいただくこともできるのではないか、と著者として思っているところである。

学術文庫に収録するについては、ひとえに講談社学芸部の横山建城氏の申し出による。おつきあいが始まったのはそれこそ四半世紀以前のことで、初期キリスト教についてなにか書かないか、とのお誘いがありながら、他の出版社とばかり仕事をしてしまい、私としてはずっと負債を抱えたままの思いでいた。このたびのご厚意を心よりありがたくお受けしたしだいである。

今回、原著を見なおしたが、執筆当初の意気込みというものはそのままにしたいと考えた。したがって修正補筆は最小限にとどめた。少し考えたのは、『新約聖書』からの引用である。原著文献案内に記したように、当時教会で用いる聖書が、「新共同訳」に移行しつつあったが、なお利用されてもいた、一九五〇年代に出た「口語訳」の方を採用した。現在ではほとんどの教会に新共同訳は普及したのだが、原著の口語訳をそのまま残すこととした。訂正部分が多くなるから、という理由ではなく、「口語訳」の捨てがたい味わいを感じているからである。じつはさらに新しい聖書翻訳が準備中だそうであるが、専門家の間でも「口語訳」への回帰の空気があるとも仄聞《そくぶん》するのである。

二〇一七年　三月

松本宣郎

図版出典一覧

図1　著者撮影

図2　André Grabar, *The Beginnings of Christian Art, 200–395*, London, Thames and Hudson, 1966, Pl. 74.

図3　Ranuccio Bianchi Bandinelli, *Rome, the Centre of Power. Roman Art to AD200*, translated by Peter Green, London, Thames and Hudson, 1970, Pl. 57.

図4　Bandinelli, *ibid.*, Pl. 352.

図5　Ian Jenkins, *Greek and Roman Life*, London, British Museum, 1986, Title page.

図6　Barry Cunliffe, *Rome and her Empire*, London, The Bodley Head, 1978, 152–153.

図7　Cunliffe, *ibid.*, 152-153.

図8　Bandinelli, *op. cit.*, Pl. 355.

図9　Michael Grant, *Eros a Pompei*, Milano, Arnoldo Mondadori Editore, 1977, 128.

図10　K. J. Dover, *Greek Homosexuality*, London, Duckworth, 1978, 118–119, R. 520.

図11左　著者撮影

図11右　Bandinelli, *op. cit.*, Pl. 287.

図12　Ranuccio Bianchi Bandinelli, *Roma, la fine dell'arte antica*, Milano, Rizzoli Editore, 1970, Pl. 115.

図13　John G. Gager, *Curse Tablets and Binding Spells from the Ancient World*, Oxford University Press, 1992, 98.

図14　Grabar, *op. cit.*, Pl. 51.

3世紀までの地中海世界
——ローマ帝国とキリスト教

ブリタニア
ライン川
ケルン
ゲルマニア
ロワール川
ガリア
ドナウ川
ルグドゥヌム
ミラノ
イリュリクム
イタリア
ヒスパニア
マッシリア
ローマ
ナポリ
ポンペイ
アッピア街道
カルタヘナ
エルヴィラ
地
シチリア
カルタゴ
シラクサ
マルタ
中
レプティス・マグナ
アフリカ
トラヤヌス帝時代（2世紀はじめ）のローマ帝国の領域
3世紀までにキリスト教のひろまった地域
+ おもな教会所在地

ローマにノウァティアヌス派の厳格主義盛ん

250 **デキウス，全帝国民に神々への祭儀を強制．キリスト教徒迫害**

257 **ウァレリアヌスによる迫害．教会聖職者処刑**

カルタゴでキプリアヌス殉教

260 ウァレリアヌス，ペルシャに捕られ処刑される

ガリエヌス，キリスト教にたいし寛容命令

新プラトン主義者プロティノス（205–269/70）

病大流行

169～174　マルクス・アウレリウス，ゲルマンのマルコマンニと戦う

このころミトラ教盛ん

177　**小アジアに迫害．ガリアのルグドゥヌムで迫害**

マルクス・アウレリウス（161–180）

エイレナイオス（130?–200?）

アテナゴラス（2世紀）

アプレイウス（125–?）

ガレノス（129?–199）

アフリカ，スキッリウムの迫害　*コンモドゥス*（180–192）

ローマ法学全盛　*セプティミウス・セウェルス*（193–211）

203　**アフリカでペルペトゥアら殉教**　*カラカラ*（198–217）

212　アントニヌス勅法（帝国の自由民ほぼすべてにローマ市民権賦与）

カラカラ浴場完成

テルトゥリアヌス（150/60–220以後）

ヒッポリュトス（170頃–235/6）

アレクサンドリアのクレメンス（140/50–211/5）

217　**カリストゥス，ローマ司教となる**（～222）

このころ東方系の太陽神，ローマ市に伝えられる

218　シリアの太陽神神官エラガバルス，皇帝となる（～222）

アルメニアにキリスト教ひろがる

アレクサンデル・セウェルス，自室にキリスト像をおく

235　軍人皇帝時代はじまる（～285）

236　**マクシミヌス・トラクス，キリスト教徒迫害**

247　**ディオニュシオス，アレクサンドリア司教となる**（～265）

248　フィリップス・アラブス，ローマ建国一千年祭挙行．キリスト教徒に好意的

このころローマ教会の聖職者150人，養う寡婦・貧民1500人

オリゲネス（185?–254?）

キプリアヌス（200/10–258）

東方にマニ教おこる

(ネロの迫害)
このころペテロ，パウロ，ローマで殉教
66 ユダヤ戦争勃発　　*ウェスパシアヌス*（69–79）
70 ウェスパシアヌス，ティトゥス父子によりユダヤ鎮圧．イェルサレム占領される．ユダヤ教，拠点をヤブネに移す
79 ヴェスヴィオ火山爆発，ポンペイ埋没
コロセウム（フラウィウス闘技場）完成
ドミティアヌス（81–96）
ローマのクレメンス（30?–101?）
ヨセフス（37?–100?）
96 ドミティアヌスによるユダヤ教徒，ローマ高官クレメンスらの迫害
98 五賢帝時代はじまる（～180）　　*トラヤヌス*（98–117）
プルタルコス（46–120以後）
エピクテトス（55?–135?）
タキトゥス（55–120）
ユウェナーリス（67?–130）
107? **イグナティオス，ローマで殉教**
112? **小アジア属州総督小プリニウスによるキリスト教徒裁判**
トラヤヌスのキリスト教徒にかんする指令
ハドリアヌス，ブリタニアに城壁を築く
ハドリアヌス（117–138）
125? **ハドリアヌス，暴動的迫害を禁ず**
このころ，キニーク派のペレグリノス活躍
ルキアノス（125–190）
130 イェルサレム再建され，ローマ風の都市アエリア・カピトリナとなる
132 バル・コホヴァ，ユダヤ人反乱を指揮，ハドリアヌスにより鎮圧される
アントニヌス・ピウス（138–161）
155? **ユスティノス，ポリュカルポス殉教**
小アジアにモンタニズムおこる
165 ローマ軍，パルティアに侵入．東方遠征軍がもちかえった疫

年　表

太字はキリスト教に関係する事項。*斜体字*はローマ皇帝（在位）

B.C.63　ユダヤ，ローマ属州となる

27　ローマ元首政はじまる　*アウグストゥス*（B.C.27–A.D.14）

7?**イエスうまれる**

ユダヤ王ヘロデ死す

A.D.26　**ポンティウス・ピラトゥス，ユダヤ総督となる**（～36）

ティベリウス（14–37）

29　**バプテスマのヨハネの運動**

30?　**イエスの宣教**

31?　**イエス十字架刑．原始教団成立**

36?　**ステパノ殉教．ヘレニスト・キリスト教徒，イェルサレムより追放される**

パウロの回心

41　ヘロデ・アグリッパ1世，全ユダヤ領有と王位を許される

クラウディウス（41–54）

44　ヘロデ・アグリッパ死す．**使徒ヤコブ殉教**

48～56　**パウロ，3次にわたる伝道旅行**

49?　**イェルサレム使徒会議**

50　クラウディウス，ユダヤ人をローマから追放

ネロ（54–68）

58?　**パウロ，イェルサレムで逮捕**

セネカ（5/4B.C.–A.D.65）

大プリニウス（23–79）

マリティアーリス（40?–104?）

59?　**パウロ，総督にたいし皇帝上訴をもとめ，ローマに護送される**

61　ブリタニアのケルト人（ドルイド教徒）の反乱．女王ブーディッカ敗死

64　ローマ市大火．**キリスト教徒，放火犯として多数処刑される**

O. Neugebauer & H. B. Van Hoesen, *Greek Horoscopes*, Philadelphia 1959.
M. Smith, *Jesus the Magician*, New York 1978.

(3) 学術文庫版　文献補遺

1. 史料邦訳

アエリウス・スパルティアヌス他　南川高志他訳『ローマ皇帝群像』1～4　京都大学学術出版会　2004～2014
アルテミドロス　城江良和訳『夢判断の書』国文社　1994
ユウェナーリス　藤井昇訳『サトゥラェ――諷刺詩』日中出版　1995

2. 一般

木寺廉太　『古代キリスト教と平和主義』立教大学出版会　2004
佐藤研　『旅のパウロ』岩波書店　2012
島創平　『初期キリスト教とローマ社会』新教出版社　2001
保坂高殿　『ローマ帝政初期のユダヤ・キリスト教迫害』教文館　2003
同　『ローマ帝政中期の国家と教会――キリスト教迫害史研究193-311年』教文館　2008
松本宣郎　『キリスト教徒が生きたローマ帝国』日本キリスト教団出版局　2006
同編　『キリスト教の歴史』1〈宗教の世界史8〉山川出版社　2009

スターク，ロドニー　穐田信子訳『キリスト教とローマ帝国――小さなメシア運動が帝国に広がった理由』新教出版社　2014
ブラウン，ピーター　足立広明訳『古代末期の形成』慶應義塾大学出版会　2006
同　戸田聡訳『貧者を愛する者――古代末期におけるキリスト教的慈善の誕生』慶應義塾大学出版会　2012

4. 性・家族

J. P. V. D. Balsdon, *Roman Women*, London 1962.
S. Benko, *Pagan Rome and the Early Christians*. (See **2**)
P. Brown, Antiquité tardive, P. Veyne éd., *Histoire de la vie privée* I. De l'empire romain à l'an mil, Paris 1985, 224–299.
Id., *The Body and Society. Men, Women, and Sexual Renunciation in Early Christianity*, New York 1988.
E. Cantarella, *Bisexuality in the Ancient World*, translated by C. ō. Cuilleanáin, New Haven – London 1992.
R. Lambert, *Beloved and God. The Story of Hadrian and Antinous*, London 1984.
A. Rousselle, *Porneia. De la maîtrise du corps à la privation sensorielle IIe – IVe siècles de l'ére chrétienne*, Paris 1983.
T. Wiedemann, *Adults and Children in the Roman Empire*, London 1989.

5. 魔術・占星術

D. E. Aune, Magic in Early Christianity, *ANRW* II 23–2, 1507–1557.
F. H. Cramer, *Astrology in Roman Law and Politics*, Philadelphia 1954.
J. Ferguson, *The Religions of the Roman Empire*, London 1970.
J. G. Gager, *Curse Tablets and Binding Spells from the Ancient World*, Oxford 1992.
J. Godwin, *Mystery Religions in the Ancient World*, London 1981.
J. S. Hanson, Dreams and Visions in the Graeco-Roman World and Early Christianity, *ANRW* II 23–2, 1395–1427.
H. C. Kee, *Medicine, Miracle and Magic in New Testament Times*, Cambridge 1986.
W. Liebeschuetz, *Continuity and Change in Roman Religion*, Oxford 1979.
R. MacMullen, *Enemies of the Roman Order. Treason, Unrest and Alienation in the Empire*, Cambridge Mass. 1967.
Id., *Paganism in the Roman Empire*, New Haven – London 1981.

H. Gülzow, *Christentum und Sklaverei in den ersten drei Jahrhunderten*, Bonn 1969.

H. U. Instinsky, Marcus Aurelius Prosenes. Freigelassener und Christ am Kaiserhof, Akademie der Wissenschaften der Literatur, *Abhandlungen der Geistes- und Sozial-Wissenschaftlichen Klasse*, (Jg.) 1964–3, Mainz 1964.

D. L. Jones, Christianity and the Roman Imperial Cult, *ANRW* II 23–2, 910–973.

D. J. Kyrtatas, *The Social Structure of the Early Christian Communities*, London 1987.

W. Liebeschuetz, The End of the Ancient City, J. Rich ed., *The City in Late Antiquity*, London 1992, 1–49.

R. MacMullen, *Christianizing the Roman Empire A.D. 100–400*, New Haven – London 1984.

Id., Judicial Savagery in the Roman Empire, *Chiron* 16, 1986, 147–166.

F. Millar, *The Emperor in the Roman World*, London 1977.

J. Scheele, *Zur Rolle der Unfreien in den römischen Christenverfolgungen*, Diss. Tübingen 1970.

G. E. M. de Ste Croix, The Attitudes to Property of the Graeco-Roman World, of Jesus, and of the Christian Churches, *The Class Struggle in the Ancient Greek World*, London 1981, 425–452.

P. Veyne, *Le pain et le cirque. Sociologie historique d'un plurarisme politique*, Paris 1976.

G. Ville, *La gladiature en Occident*, École française de Rome, 1981.

J. Vogt, *Ancient Slavery and Ideal of Man*, Oxford 1974.

P. R. C. Weaver, *Familia Casaris. A Social Study of the Emperor's Freedmen and Slaves*, Cambridge 1972.

T. Wiedemann, *Emperors and Gladiators*, London 1992.

Z. Yavetz, *Plebs and Princeps*, Oxford 1969.

ern der römischen Gesellschaft, *Historia* 33–3, 1984, 331ff.

J. Whittaker, Christianity and Morality in the Roman Empire, *Vigiliae Christianae* 33, 1979, 209–225.

3. 地中海都市とキリスト教徒

F. Bömer, *Untersuchungen über die Religion der Sklaven in Griechenland und Rom*, Erster Teil, Wiesbaden 1981.

K. R. Bradley, *Slaves and Masters in the Roman Empire*, New York 1987.

P. Brown, *The World of Late Antiquity from Marcus Aurelius to Muhammad*, London 1971.

Id., Aspects of Christianization of the Roman Aristocracy, *JRS* 51, 1961, 1–11.

P. A. Brunt, The Roman Mob, M. I. Finley ed., *Studies in Ancient Society*, 74–102.

J. Carcopino, *Daily Life in Ancient Rome*, translated by E. O. Lorimer, Penguin Books, Middlesex 1941, rep. 1974.

H. Chadwick, *Origen:Contra Celsum*, translated with an Introduction and Notes, Cambridge 1965.

A. M. Duff, *Freedmen in the Early Roman Empire*, Oxford 1928.

R. Duncan-Jones, *The Economy of the Roman Empire. Quantitative Studies*, Cambridge 1974.

F. Dupont, *Daily Life in Ancient Rome*, translated by Ch. Woodall, Oxford 1992.

W. Eck, Das Eindringen des Christentum in den Senatorenstand bis zu Konstantin d. Gr., *Chiron* 1, 1971, 381–406.

M. I. Finley, *The Ancient Economy*, London 1973.

R. L. Fox, *Pagans and Christians in the Mediterranean World from the Second Century AD to the Conversion of Constantine*, London 1986.

P. Garnsey & R. Saller, *The Roman Empire. Economy, Society and Culture*, London 1987.

R. M. Grant, *Early Christians and Society*, London 1978.

37.
Id., *Martyrdom and Persecution in the Early Church*, Oxford 1965.
A. Grabar, *The Beginnings of Christian Art, 200–395*, translated by S. Gilbert & J. Emmons, London 1967.
R. M. Grant, *Gods and the One God*, Philadelphia 1986.
Id., *Greek Apologists of the Second Century*, London 1982.
C. W. Griggs, *Early Egyptian Christianity. From its Origins to 451 C. E.*, Leiden 1993.
S. G. Hall, *Doctrine and Practice in the Early Church*, London 1991.
R. P. C. Hanson, The Christian Attitude to Pagan Religions up to the Time of Constantine the Great, *ANRW* II 23–2, 1980, 910–973.
P. Keresztes, *Imperial Rome and the Christians from Herod the Great to about 200 AD.*, Lenham–New York–London 1989.
J. Lieu, J. North & T. Rajak eds., *The Jews among Pagans and Christians in the Roman Empire*, London 1992.
R. MacMullen, What Difference Did Christians Make? *Historia* 35, 1986, 322–343.
J. Parkes, *The Conflict of the Church and the Synagogue. A Study in the Origins of Antisemitism*, London 1934.
J. Quasten, *Patrology*, Vols. 3, Utrecht–Antwerp 1975.
W. Schäfke, Frühchristlichen Widerstand, *ANRW* II 23–1, 1980, 460–723.
A. N. Sherwin-White, Why Were the Early Christians Persecuted? An Amendment, M. I. Finley ed., *Studies in Ancient Society*, London 1974, 250–255.
G. E. M. de Ste Croix, Why Were the Early Christians Persecuted? Finley ed., *ibid.*, 210–249.
Id., A Rejoinder, *ibid.*, 256–262.
Id., Aspects of the “Great” Persecution, *Harvard Theological Review* 47, 1954, 75–113.
F. Vittinghoff, “Christianus sum”. Das “Verbrechen” von Auβenseit-

Id., The Winning of the Countryside, *Journal of Ecclesiastical History* (*JEH*) 18, 1967, 1–14.

R. M. Grant, *Gnosticism and Early Christianity*, New York 1969.

H.-W. Kuhn, Die Kreuzesstrafe wärend der frühen Kaiserzeit. Ihre Wirklichkeit und Wertung in der Umwelt des Urchristentums *ANRW* II 25–1, 648–793.

E. P. Sanders, Jesus, Paul and Judaism, *ibid.*, 390–450.

E. M. Smallwood, *The Jews under Roman Rule*, Leiden 1981.

J. E. Stambaugh & D. L. Balch, *The New Testament in its Social Environment*, Philadelphia 1986.

E. Stauffer, Jesus, Geschichte und Verkündigung, *ANRW* II 25–1, 26–31.

2. キリスト教徒迫害

L. W. Barnard, *Studies in Church History and Patristics*, Thessaloniki 1978.

T. D. Barnes, Pre-Decian Acta Martyrum, *Journal of Theological Studies* N. S. 19, 1968.

Id., Legislation against the Christians, *Journal of Roman Studies* (*JRS*) 58, 1968.

Id., *Tertullian. A Historical and Literary Study*, Oxford 1971.

J. Beaujeu, *La religion romaine à l'apogée de l'Empire*, I. La politique religieuse des Antonins (96–192), Paris 1955.

S. Benko, Pagan Criticism of Christianity during the First two Centuries, *ANRW* II 23–2, 1055–1118.

Id., *Pagan Rome and the Early Christians*, Bloomington 1984.

D. Berwig, *Mark Aurel und die Christen*, Diss. München 1970.

C. G. Cadoux, *The Early Church and the World. A History of the Christian Attitude to Pagan Society and the State down to the Time of Constantinus*, Edinburgh 1925.

W. H. C. Frend, *The Rise of Christianity. Church History – Primitive and Early Church, ca. 30–600*, London 1984.

Id., The Gnostic Sects and the Roman Empire, *JEH* 5–1, 1954, 25–

女性，セックス，家族などについては，ギリシア・ローマ史の文献を多く引いたのでそれらもふくめて紹介する。ギリシアの女性の性的隷属のイデオロギーを糾弾しているのが，E. C.クールズ，中務哲郎・久保田忠利他訳『ファロスの王国——古代ギリシアの性の政治学』Ｉ，Ⅱ，岩波書店，1989である。K. J.ドーバー，中務哲郎・下田立行訳『古代ギリシアの同性愛』リブロポート，1984も衝撃的な書物であった。ローマにかんしては興味本位の性風俗史のような書物がほとんどなのは残念である。論文としては本村凌二「ローマ帝国における“性”と家族」弓削・伊藤編『ギリシアとローマ』河出書房新社，1988がある。なお捨て子の問題を同じ本村が扱っている。『薄闇のローマ世界——嬰児遺棄と奴隷制』東京大学出版会，1993。哲学者のこの時代の性をめぐる考察として，M.フーコー，田村俶訳『自己への配慮』〈性の歴史〉Ⅲ，新潮社，1987は示唆的である。弓削達『ローマはなぜ滅んだか』講談社現代新書，1989もある程度社会史的要因に説きおよんでいる。

都市における富者や皇帝によるエヴェルジェティズムの研究も少ない。一般向け書物では阪本浩『古代ローマ帝国の謎』光文社文庫，1987がかなり書き込んでいる。ローマ社会史の方法としてスケッチしているのが，本村凌二「パンとサーカス」『地中海学研究』9，1986。松本宣郎「帝政期ローマの民衆とエリート」『西洋史研究』新輯17，1988も参照。首都ローマの景観と歴史は，青柳正規『皇帝たちの都ローマ』中公新書，1992。

(2) 外国語文献

1. イエスと原始教会

O. Betz, Problem des Prozesses Jesu, *Aufstieg und Niedergang der römischen Welt* (*ANRW* below) II 25–1, Berlin 1982, 565–647.

J. H. Charlesworth, The Historical Jesus in Light of Writings Contemporaneous with him, *ibid.*, 451–476.

J. D. M. Derrett, Law and Society in Jesus's World, *ibid.*, 477–564.

G. Filoramo, *A History of Gnosticism*, translated by A. Alcock, Oxford 1990.

W. H. C. Frend, Town and Countryside in Early Christianity, *Studies in Church History* 16, 1979, 25–42.

基督教団出版局, 1981などがあり, 新しい論文集として, エウセビオス『教会史』研究の一環として出された秦剛平・H. W.アトリッジ編『キリスト教とローマ帝国』リトン, 1992もつかえる。またユダヤ教とキリスト教の関係は, かつてよりも強調されてきたが, その面でのものとして, L. H.フェルトマン・秦剛平『ヨセフスとキリスト教』山本書店, 1985やD.フレッサル・G.ショーレム, 手島勲矢訳『ユダヤ人から見たキリスト教』山本書店, 1986などがある。

初期キリスト教徒の社会史的側面への考察は, E. S.フィオレンザ, 出村みや子訳『初期キリスト教の奇跡と宣教』ヨルダン社, 1986, H. C.キー, 土屋博訳『初期キリスト教の社会学』ヨルダン社, 1988などがあり, E.ペイゲルス, 絹川久子・出村みや子訳『アダムとエバと蛇——「楽園神話」解釈の変遷』ヨルダン社, 1993は, 性と原罪の意識をキリスト教の歴史にそってあとづけるおもしろさをもつ。日常生活レヴェルの叙述として, D.ロプス, 波木居斉二・波木居純一訳『イエス時代の日常生活』全3巻, 山本書店, 1964, A.アマン, 波木居斉二訳『初代キリスト教徒の日常生活』山本書店, 1978がある。奴隷制とキリスト教のテーマは, 雑誌論文だが, 島創平「教会解放奴隷(manumissio in ecclesia)について——ギリシアの聖式奴隷解放との関係から」『史学雑誌』91-3, 1982,「ローマの奴隷とアジール」弓削達・伊藤貞夫編『ギリシアとローマ——古典古代の比較史的考察』河出書房新社, 1988がわが国唯一の研究。キリスト教の経済面は, M.ヘンゲル, 渡辺俊之訳『古代教会における財産と富』教文館, 1989。キリスト教徒と軍隊・兵役という問題にも多くの研究がある。わが国では木寺廉太「古代キリスト教と平和主義 (1) ——キリスト教の公認 (313年) までの信徒の兵士の実態」『紀要』〈茨城キリスト教大学〉16, 1982をみるのみ。訳書には, J.ヘルジランド・R. J.デイリー・J. P.バーンズ, 小阪康治訳『古代のキリスト教徒と軍隊』教文館, 1988。

魔術・占星術についてはそもそも邦語文献がとぼしい。わずかに豊田浩志「ローマ帝国とキリスト教——古代世界と中世世界の狭間で」竹内正三・坂田正二編『ローマから中世へ』渓水社, 1985があげられる。概説として, P.クーデール, 菅原孝雄・有田忠郎訳『占星術』文庫クセジュ, 1973, K.セリグマン, 平田寛訳『魔法——その歴史と正体』人文書院, 1991。

セミナーブックス，1988など。

イエスを歴史とユダヤ社会のなかでとらえようとした試みは，荒井献『イエスとその時代』岩波新書，1974で，それはなお影響力をもつ。そのほか，A. M.ハンター，岡田五作・川島貞雄訳『史的イエスと福音書』教文館，1976，F. F.ブルース，川島貞雄訳『イエスについての聖書外資料』教文館，1981などがオーソドクスな立場からの吟味をしている。E.モルトマン・ヴェンデル，大島かおり訳『イエスをめぐる女性たち――女性が自分自身になるために』新教出版社，1982，G.タイセン，荒井献・渡辺康麿訳『イエス運動の社会学――原始キリスト教成立史によせて』ヨルダン社，1981は，従前のイエスなり聖書記述なりのイメージの打破をめざしている。山形孝夫『治癒神イエスの誕生』小学館，1981もタイセンに近い。イエスの十字架刑への史的考察は，H.ヘンゲル，土岐正策・土岐健治訳『十字架――その歴史的探究』ヨルダン社，1983。

原始キリスト教の歴史をめぐる，従来説にたいする問題提起的書物も多い。田川建三『原始キリスト教史の一断面――福音書文学の成立』勁草書房，1968は複数の原始教団の成立を示唆した。おなじく聖書学者による史的再構成は，H.コンツェルマン，田中勇二訳『原始キリスト教史』日本基督教団出版局，1985。パウロを社会的観点から批判するのは，荒井献編『パウロをどうとらえるか』新教出版社，1972など。パウロの伝道の，都市とのかかわりをあつかうのが，W. A.ミークス，加山久夫監訳『古代都市のキリスト教――パウロ伝道圏の社会学的研究』ヨルダン社，1989。

初期の迫害については半田元夫『原始キリスト教史論考』清水弘文堂，1972がさまざまな問題をとりあげている。弓削達『ローマ皇帝礼拝とキリスト教徒迫害』は帝国による迫害策の消極性を強調する。キリスト教とローマ帝国とのかかわりをみたり，ローマ社会をキリスト教史の背景においたりする視点の研究が近年は急増している。S.ベンコ編著，新田一郎訳『原始キリスト教の背景としてのローマ帝国』教文館，1989，R. L.ウィルケン，三小田敏雄・松本宣郎他訳『ローマ人が見たキリスト教』ヨルダン社，1987，H.チャドウィク，中村坦・井谷嘉男訳『初期キリスト教とギリシア思想』日本基督教団出版局，1983，E. R.ドッズ，井谷嘉男訳『不安の時代における異教とキリスト教』日本

どが興味深い。

以下，本書で引用したローマ帝国史料のうち邦訳のないものと，そのほか碑文など非文献史料についてかかげる。

Artemidorus, *Onirocriticus*.
Dio Cassius, *Roman History* (*Romaike Historia*).
Dio Chrysostomus, *Orationes*.
Juvenalis, *Satyrae*.
Philostratus, *Sophista*.
Scriptores Historiae Augustae.
Codex Theodosianus.
Corpus Iuris Civilis.
Corpus Inscriptionum Latinarum.
Inscriptiones Latinae Selectae, ed. H. Dessau.
The Roman Imperial Coinage, ed. H. Mattingly and E. A. Sydenham.
Oxyrhynchus Papyri, ed. B. P. Grenfell and A. S. Hunt.

2　研究文献について

(1)　日本語文献

初期キリスト教史の概説は多いが，社会史の観点のものはまだない。さしあたり，半田元夫『キリスト教の成立』近藤出版社，1970が読み物風だが視野が広く，J.ダニエルー，上智大学中世思想研究所編訳・監修『キリスト教史1――初代教会』講談社，1980が新しい研究の成果を盛り込み，詳細である。E.ローゼ，加山宏路・加山久夫訳『新約聖書の周辺世界』日本基督教団出版局，1976などもある。

新約聖書の史料としての価値を論じたものとして，新約学者による，荒井献・川島貞雄他『総説新約聖書』日本基督教団出版局，1981が標準的であり，ローマ史学者による評価はA. N.シャーウィン・ホワイト，保坂高殿訳『新約聖書とローマ法・ローマ社会』日本基督教団出版局，1987がこれまた標準的である。新約文書の視座の社会史的見直しとして，W.シュテーゲマン，佐伯晴郎訳『貧しい人々と福音――社会史的聖書解釈入門』新教新書，1982，荒井献『新約聖書の女性観』岩波

Tatianus, *Oratio ad Graecos; Diatessaron.*
Tertullianus, *de spectaculis; Apologeticum; de anima; ad uxorem.*

このほか，キリスト教関係史料・碑文については，つぎのようなものがある。

蛭沼寿雄・秀村欣二他編訳『原典新約時代史』山本書店　1976
H. Musurillo ed., *The Acts of the Christian Martyrs*, Oxford 1972.
C. J. Hefele ed., *A History of the Christian Councils from the Original Documents to the Close of the Council of Nicaea*, translated by W. R. Clark, Edinburgh 1894. rep. 1972.
Inscriptiones Latinae Christianae Veteres, ed. E. Diehl & J. Moreau, Berlin 1961.

(3) ローマ帝国史料

邦訳のあるものからみる。キリスト教徒についての最古の言及は3種，タキトゥス『年代記』第15巻（国原吉之助訳，岩波文庫）とスエトニウス「ネロ」（『ローマ皇帝伝』下，国原吉之助訳，岩波文庫），そして小プリニウス「書簡」10巻96，97である。小プリニウスについては弓削達訳が同氏の『ローマ皇帝礼拝とキリスト教徒迫害』（日本基督教団出版局，1984）におさめられている。そのほか，断片的言及はエピクテトス『人生談義』（鹿野治助訳，岩波文庫），マルクス・アウレリウス『自省録』（神谷美恵子訳，岩波文庫），アプレイウス『黄金のろば』（呉茂一・国原吉之助訳，岩波文庫）にある。ルキアノス「ペレグリノスの死」と「偽預言者アレクサンドロス」は『神々の対話他六篇』（呉茂一・山田潤二訳，岩波文庫），『遊女の対話他三篇』（高津春繁訳，岩波文庫）におさめられている。

ローマ帝国社会一般についての史料としては上記タキトゥスなどに加え，『セネカ道徳論集（全）』（茂手木元蔵訳，東海大学出版会），『マールティアーリスのエピグランマタ』2巻（藤井昇訳，慶應義塾大学言語文化研究所），マーニーリウス『占星術または天の聖なる学』（有田忠郎訳，白水社），『プリニウスの博物誌』3巻（中野定雄他訳，雄山閣），ペトロニウス『サテュリコン』（国原吉之助訳，岩波文庫），プルタルコスの倫理論集から『饒舌について他五篇』『愛をめぐる対話他三篇』『食卓歓談集』『似て非なる友について他三篇』（柳沼重剛訳，岩波文庫）な

マスの牧者」などがふくまれている。

伝奇的な新約外典の訳には，『新約聖書外典』〈聖書の世界〉別巻3・新約Ⅰ，同上訳，1974と『聖書外典・偽典』6，7・新約外典Ⅰ，Ⅱ，日本聖書学研究所訳がある。これには，「トマスによるイエスの幼時物語」「ペテロ行伝」「パウロとテクラの行伝」などがふくまれる。

教父の著作の邦訳も近年おおいにすすんでいる。〈キリスト教教父著作集〉教文館によるものがそれで，ユスティノス『第一弁明』（本書では「護教論」と訳した），『第二弁明』（三小田敏雄訳），テルトゥリアヌス『護教論』（鈴木一郎訳），『パッリウムについて』（土岐正策訳），オリゲネス『ケルソス駁論』（出村みや子訳，未完）などである。このほかヒッポリュトスのものとされる『使徒伝承』の邦訳があり（『聖ヒッポリュトスの使徒伝承』土屋吉正訳，燦葉出版社），オリゲネス『諸原理について』『ヨハネ福音書注解』などが小高毅訳で出されている（創文社〈キリスト教古典叢書〉）。なお，迫害の史料として重要な『殉教者行伝』も上記〈キリスト教教父著作集〉に収載されている（土岐正策・土岐健治訳）。エウセビオス『教会史』3巻は秦剛平訳が完結（山本書店）。

本書ではこのほかの教父著作については題名を日本語訳でしめした。以下におもな著作の原題をかかげる。アウグスティヌスなど後期教父については略す。これらの著作のほとんどについては，英・独・仏訳がある。

Athenagoras, *Legatio*.

Clemens (Clement of Alexandria), *Paedagogus; Stromata; Quis dives salvetur*?

Cyprianus, *de lapsis; de ecclesiae unitate; epistulae*.

Epiphanius, *Panarion*.

Eusebius, *Historia Ecclesiastica*.

Hippolytus, *Traditio Apostolica*.

Irenaeus (Eirenaios), *Adversus Haereses*.

Justinus, *Apologiae duo; Dialogus cum Tryphone*.

Minucius Felix, *Octavius*.

Origenes, *de principiis; Hexapla; Tractatus (Homilies); Commentarius in Johanneum; contra Celsum*.

文献案内

1　史料について

(1) 新約聖書

本書で引用した新約聖書は，1955年の「口語訳」である。ローマ史分野で用いる固有名詞などとずれがある場合には，口語訳の訳をかっこにいれてしめした。ピラトゥス（ピラト）など。口語訳よりも読みやすい訳として出されたのが，1987年刊行の「新共同訳」である（このいずれもが日本聖書協会発行）。現在日本の教会の礼拝でもこの新共同訳が徐々に用いられはじめているが，まだ定着したとはいえず，本書は口語訳によった。

聖書の引用箇所では略号を用いている。おもなものはつぎのとおり。

マタイ―マタイによる福音書　　マルコ―マルコによる福音書
ルカ　―ルカによる福音書　　ヨハネ―ヨハネによる福音書
使徒　―使徒行伝　　ローマ―ローマ人への手紙
Ⅰコリント―コリント人への第一の手紙
Ⅱコリント―コリント人への第二の手紙
エペソ―エペソ人への手紙　　ピリピ―ピリピ人への手紙
Ⅰテサロニケ―テサロニケ人への第一の手紙
Ⅰテモテ―テモテへの第一の手紙　Ⅰペテロ―ペテロの第一の手紙
Ⅰヨハネ―ヨハネの第一の手紙　　黙示録―ヨハネの黙示録

(2) キリスト教史料

新約文書と成立は時代的にかさなる，1，2世紀の教会指導者，つまり使徒教父の文書は，原始教会から，ローマ帝国社会とふれあう初期キリスト教の時代までの証言として貴重である。日本語訳もはやくから出されている。『使徒教父文書』〈聖書の世界〉別巻4・新約Ⅱ，荒井献・田川建三他訳，講談社，1974。このなかには，「十二使徒の教訓（ディダケー)」「(ローマの）クレメンスの手紙」「イグナティオスの手紙」「ポリュカルポスの手紙」「同殉教」「ディオグネートスへの手紙」「ヘル

ヤ　行

ラ　行

タ 行

ナ 行

ハ 行

マ 行

文献索引
（本文では略号の箇所もある）

ア 行

カ 行

サ 行

ナ　行

ハ　行

サ　行

タ　行

カ 行

人名・神名索引
（物語の登場人物も含む）

ア　行

本書の原本は一九九四年に山川出版社から刊行されました。

松本宣郎（まつもと　のりお）

1944年岡山生まれ。東京大学文学部西洋史学科卒業。同大学院人文科学研究科西洋史学専門課程修了。博士（文学）。長く東北大学で教鞭を執る。現在，東北大学名誉教授，東北学院大学学長。専攻は古代ローマ史，初期キリスト教史。著書に『キリスト教徒大迫害の研究』（南窓社），『キリスト教徒が生きたローマ帝国』（日本キリスト教団出版局）など。共編著も多数ある。

講談社学術文庫

定価はカバーに表示してあります。

ガリラヤからローマへ
地《ち》中海《ちゅうかい》世《せ》界《かい》をかえたキリスト教《きょう》徒《と》

松本《まつもと》宣郎《のりお》

2017年４月10日　第１刷発行

発行者　鈴木　哲
発行所　株式会社講談社
東京都文京区音羽 2-12-21 〒112-8001
電話　編集（03）5395-3512
販売（03）5395-4415
業務（03）5395-3615
装　幀　蟹江征治
印　刷　株式会社廣済堂
製　本　株式会社国宝社
本文データ制作　講談社デジタル製作

ISBN978-4-06-292426-9

「講談社学術文庫」の刊行に当たって

これは、学術をポケットに入れることをモットーとして生まれた文庫である。学術は少年の心を養い、成年の心を満たす。その学術がポケットにはいる形で、万人のものになることは、生涯教育をうたう現代の理想である。

こうした考え方は、学術を巨大な城のように見る世間の常識に反するかもしれない。また、一部の人たちからは、学術の権威をおとすものと非難されるかもしれない。しかし、それはいずれも学術の新しい在り方を解しないものといわざるをえない。

学術は、まず魔術への挑戦から始まった。やがて、いわゆる常識をつぎつぎに改めていった。学術の権威は、幾百年、幾千年にわたる、苦しい戦いの成果である。こうしてきずきあげられた城が、一見して近づきがたいものにうつるのは、そのためである。しかし、学術の権威を、その形の上だけで判断してはならない。その生成のあとをかえりみれば、その根は常に人々の生活の中にあった。学術が大きな力たりうるのはそのためであって、生活をはなれた学術は、どこにもない。

開かれた社会といわれる現代にとって、これはまったく自明である。生活と学術との間に、もし距離があるとすれば、何をおいてもこれを埋めねばならない。もしこの距離が形の上の迷信からきているとすれば、その迷信をうち破らねばならぬ。

学術文庫は、内外の迷信を打破し、学術のために新しい天地をひらく意図をもって生まれた。文庫という小さい形と、学術という壮大な城とが、完全に両立するためには、なおいくらかの時を必要とするであろう。しかし、学術をポケットにした社会が、人間の生活にとってより豊かな社会であることは、たしかである。そうした社会の実現のために、文庫の世界に新しいジャンルを加えることができれば幸いである。

一九七六年六月

野間省一

外国の歴史・地理

白川　静著
中国古代の文化
中国の古代文化の全体像を探る。斯界の碩学が中国の古代を、文化・民俗・社会・政治・思想の五部に分ち、日本の古代との比較文化論的な視野に立って、その諸問題を明らかにする画期的作業の第一部。
441

カエサル著／國原吉之助訳
ガリア戦記
ローマ軍を率いるカエサルが、前五八年以降、七年にわたりガリア征服を試みた戦闘の記録。当時のガリアとゲルマニアの事情を知る上に必読の歴史的記録として有名。カエサルの手になるローマ軍のガリア遠征記。
1127

橋口倫介著
十字軍騎士団
秘密結社的な神秘性を持ち二百年後に悲劇的結末を迎えたテンプル騎士団、強大な海軍力で現代まで存続した聖ヨハネ騎士団等、十字軍遠征の中核となった修道騎士団の興亡を十字軍研究の権威が綴る騎士団の歴史。
1129

カエサル著／國原吉之助訳
内乱記
英雄カエサルによるローマ統一の戦いの記録。前四九年、ルビコン川を渡ったカエサルは地中海を股にかけ政敵ポンペイユスと戦う。あらゆる困難を克服し勝利するまでを迫真の名文で綴る。ガリア戦記と並ぶ名著。
1234

西嶋定生著
秦漢帝国　中国古代帝国の興亡
中国史上初の統一国家、秦と漢の四百年史。始皇帝が初めて中国全土を統一した紀元前三世紀から後漢末までを兵馬俑の全貌も盛り込み詳述。皇帝制度と儒教を軸に劉邦、項羽など英雄と庶民の歴史を泰斗が説く。
1273

布目潮渢《ちょうふう》・栗原益男著
隋唐帝国
三百年も東アジアに君臨した隋唐の興亡史。律令制の確立で日本や朝鮮の古代国家に多大な影響を与えた隋唐帝国。則天武后の専制や玄宗と楊貴妃の悲恋など、波乱に満ちた世界帝国の実像を精緻に論述した力作。
1300

《講談社学術文庫　既刊より》

外国の歴史・地理

モンゴルと大明帝国
愛宕《おたぎ》松男・寺田隆信著

征服王朝の元の出現と漢民族国家・明の盛衰。チンギス＝カーンによるモンゴル帝国建設とそれに続く元の中国支配から明の建国と滅亡までを論述。耶律楚材の改革、帝位簒奪者の永楽帝による遠征も興味深く説く。

1317

朝鮮紀行 英国婦人の見た李朝末期
イザベラ・バード著／時岡敬子訳

百年まえの朝鮮の実情を忠実に伝える名紀行。英人女性イザベラ・バードによる四度にわたる朝鮮旅行の記録。国際情勢に翻弄される十九世紀末の朝鮮とその風土、伝統的文化、習俗等を活写。絵や写真も多数収録。

1340

アウシュヴィッツ収容所
ルドルフ・ヘス著／片岡啓治訳（解説・芝　健介）

大量虐殺の責任者R・ヘスの驚くべき手記。強制収容所の建設、大量虐殺の執行の任に当ったヘスは職務に忠実な教養人で良き父・夫でもあった。彼はなぜ凄惨な殺戮に手を染めたのか。本人の淡々と語る真実。

1393

古代中国 原始・殷周・春秋戦国
貝塚茂樹・伊藤道治著

北京原人から中国古代思想の黄金期への歩み。原始時代に始まり諸子百家が輩出した春秋戦国期に到る悠遠な時間の中で形成された、後の中国を基礎づける独自の文明。最新の考古学の成果が書き換える古代中国像。

1419

中国通史 問題史としてみる
堀　敏一著

歴史の中の問題点が分かる独自の中国通史。中国の歴史をみる上で、何が大事で、どういう点が問題になるのか。書く人の問題意識が伝わることに意を注ぎ古代から現代までの中国史の全体像を描き出した意欲作。

1432

コーヒー・ハウス 18世紀ロンドン、都市の生活史
小林章夫著

珈琲の香りに包まれた近代英国の喧噪と活気。十七世紀半ばから一世紀余にわたりイギリスの政治や社会、文化に多大な影響を与えた情報基地。その歴史を通し、爛熟する都市・ロンドンの姿と市民生活を活写する。

1451

オランダ東インド会社

永積《ながづみ》　昭《あきら》著（解説・弘末雅士）

東インド貿易の勝利者、二百年間の栄枯盛衰。香料貿易を制し、胡椒・コーヒー等の商業用作物栽培に進出して成功を収めたオランダ東インド会社は、なぜ滅亡したか？　インドネシア史を背景にその興亡を描く。

1454

大清帝国

増井経夫著（解説・山根幸夫）

最後の中華王朝、栄華と落日の二百七十年。政治・経済・文化等、あらゆる面で中国四千年の伝統が集大成された時代・清。満州族による建国から崩壊までを描き、そこに生きた民衆の姿に近代中国の萌芽を読む。

1526

酒池肉林　中国の贅沢三昧

井波律子著

中国の厖大な富が大奢侈となって降り注ぐ。甍を競う巨大建築、後宮三千の美女から、美食と奇食、大量殺人、麻薬の海、そして精神の蕩尽まで。四千年をいろどる贅沢三昧の中に、もうひとつの中国史を読む。

1579

魏晋南北朝

川勝義雄著（解説・氣賀澤保規）

〈華やかな暗黒時代〉に中国文明は咲き誇る。秦漢帝国の崩壊がもたらした混乱と分裂の四百年。専制君主なき群雄割拠の時代に、王羲之、陶淵明、『文選』等を生み出した中国文明の一貫性と強靱性の秘密に迫る。

1595

渤海国　東アジア古代王国の使者たち

上田　雄著

謎の国渤海と古代日本の知られざる交流史。七世紀末中国東北部に建国され二百年に三十回も日本に使者を派遣した渤海。新羅への連携策から毛皮の交易、遣唐使の往還まで、多彩な交流を最新の研究成果で描く。

1653

古代ギリシアの歴史　ポリスの興隆と衰退

伊藤貞夫著

西欧文明の源流・ポリスの誕生から落日まで。先史文明から諸王国の崩壊を経て民主政を確立した都市国家。ペルシア戦争に勝利し黄金期を迎えたポリスがなぜ衰退したか。栄光と落日の原因を解明する力作。

1665

外国の歴史・地理

古代インド
中村　元著

モヘンジョ・ダロの高度な都市計画から華麗なグプタ文化まで。苛酷な風土と東西文化の混淆が古代文明を育んだ。古代インドの生活と思想と、そこに展開された原始仏教の誕生と変遷を、仏教学の泰斗が活写する。

1674

古代朝鮮
井上秀雄著（解説・鄭早苗）

中国・日本との軋轢と協調を背景に、古代の朝鮮は統一へとその歩を進めた。旧石器時代から統一新羅の滅亡まで、政治・社会・文化を包括し総合的に描き、朝鮮半島の古代を鮮やかに再現する朝鮮史研究の傑作。

1678

五代と宋の興亡
周藤吉之《すどうよしゆき》・中嶋　敏著

唐末の動乱から宋の統一と滅亡への四百年史。五代十国の混乱を経て宋が中国を統一するが、財政改革を巡る抗争の中、金軍入寇で江南へ逃れ両朝並立。都市が栄える一方、モンゴル勃興で滅亡に至る歴史を辿る。

1679

J・ギース、F・ギース著／栗原　泉訳

中世ヨーロッパの城の生活

中世英国における封建社会と人々の暮らし。時代は十一世紀から十四世紀、ノルマン征服を経て急速に封建化が進む中、城を中心に、人々はどのような暮らしを営んでいたのか。西欧中世の生活実態が再現される。

1712

ハンニバル　地中海世界の覇権をかけて
長谷川博隆著

大国ローマと戦ったカルタゴの英雄の生涯。地中海世界の覇権をかけて激突した古代ローマとカルタゴ。大国ローマを屈服寸前まで追いつめたカルタゴの将軍ハンニバルの天才的な戦略と悲劇的な生涯を描く。

1720

中世ヨーロッパの歴史
堀越孝一著

ヨーロッパとは何か。その成立にキリスト教が果たした役割とは？　地中海古代社会から森林と原野の内陸部へ展開、多様な文化融合がもたらしたヨーロッパ世界の形成過程を「中世人」の眼でいきいきと描きだす。

1763

外国の歴史・地理

中世ヨーロッパの都市の生活
J・ギース、F・ギース著／青島淑子訳

一二五〇年、トロワ。年に二度、シャンパーニュ大市が開催され、活況を呈する町を舞台に、ヨーロッパの人々の暮らしを逸話を交え、立体的に再現する。活気に満ち繁栄した中世都市の実像を生き生きと描く。

1776

十二世紀ルネサンス
伊東俊太郎著（解説・三浦伸夫）

中世の真っ只中、閉ざされた一文化圏であったヨーロッパが突如として「離陸」を開始する十二世紀。多くの書がラテン訳され充実する知的基盤。先進的アラビアに接し文明形態を一新していく歴史の動態を探る。

1780

紫禁城の栄光　明・清全史
岡田英弘・神田信夫・松村　潤著

十四～十九世紀、東アジアに君臨した二つの帝国。遊牧帝国と農耕帝国の合体が生んだ巨大な多民族国家・中国。政治改革、広範な交易網、度重なる戦争……。シナが中国へと発展する四百五十年の歴史を活写する。

1784

文明の十字路＝中央アジアの歴史
岩村　忍著

ヨーロッパ、インド、中国、中東の文明圏の間に生きた中央アジアの民。東から絹を西から黄金を運んだシルクロード。世界の屋根に分断されたトルキスタン。草原の民とオアシスの民がくり広げた壮大な歴史とは？

1803

生き残った帝国ビザンティン
井上浩一著

興亡を繰り返すヨーロッパとアジアの境界、「文明の十字路」にあって、なぜ一千年以上も存続しえたか。皇帝・貴族・知識人は変化にどう対応したか。ローマ皇帝の改宗から帝都陥落まで「奇跡の一千年」を活写。

1866

英語の冒険
M・ブラッグ著／三川基好訳

英語はどこから来てどのように世界一五億人の言語となったのか。一五〇〇年前、一五万人の話者しかいなかった英語の祖先は絶滅の危機を越えイングランドの言葉から「共通語」へと大発展。その波瀾万丈の歴史。

1869

《講談社学術文庫　既刊より》

中世ヨーロッパの農村の生活
J・ギース、F・ギース著／青島淑子訳

中世ヨーロッパ全人口の九割以上は農村に生きた。舞台はイングランドの農村。飢饉や黒死病、修道院解散や囲い込みに苦しむ人々は、村という共同体でどう生き抜いたか。文字記録と考古学的発見から描き出す。

1874

西洋中世奇譚集成　皇帝の閑暇
ティルベリのゲルウァシウス著／池上俊一訳・解説

南フランス、イタリアを中心にイングランドなどの不思議話を一二九篇収録。幽霊、狼男、人魚、煉獄、妖精、魔術師……。奇蹟と魔術の間に立つ《驚異》は神聖な現象である。中世人の精神を知るための必読史料。

1884

十八史略
竹内弘行著

神話伝説の時代から南宋滅亡までの中国の歴史を一冊に集約。韓信、諸葛孔明、関羽ら多彩な人物が躍動し、権謀術数は飛び交い、織りなされる悲喜劇――。簡潔な記述で面白さ抜群、中国理解のための必読書。

1899

世界史再入門　歴史のながれと日本の位置を見直す
浜林正夫著

生産力を発展させ、自由・平等を求めてきた人類の歴史を、特定の地域に偏らない普遍的視点から捉える。教科書や全集では摑めなかった世界史の大きな流れを概説し、現代世界の課題にも言及する画期的な試み。

1927

西洋中世奇譚集成　東方の驚異
逸名作家著／池上俊一訳・解説

偽の手紙に描かれた、乳と蜜が流れ、黄金と宝石に溢れる東方の楽園「インド」。そこは奇獣・魔人が跋扈する謎のキリスト教国……。これらの東方幻想に、暗黒の時代＝中世の人々の想像界の深奥を読み解く。

1951

ナポレオン　フーシェ　タレーラン　情念戦争1789―1815
鹿島　茂著

「熱狂情念」のナポレオン、「陰謀情念」の警察大臣フーシェ、「移り気情念」の外務大臣タレーラン。情念史観の立場から、交錯する三つ巴の心理戦と歴史事実の関連を読み解き、熱狂と混乱の時代を活写する。

1959

山上正太郎著（解説・池上　彰）
第一次世界大戦　忘れられた戦争
「戦争と革命の世紀」はいかにして幕を開けたか。交錯する列強各国の野望、暴発するナショナリズム、ボリシェヴィズムの脅威とアメリカの台頭……「現代世界の起点」を、指導者たちの動向を軸に鮮やかに描く。
1976

マルクス、ヘンリクス著／千葉敏之訳
西洋中世奇譚集成　聖パトリックの煉獄
十二世紀、ヨーロッパを席巻した冥界巡り譚「聖パトリキウスの煉獄」「トゥヌクダルスの幻視」を収録。二人の騎士が臨死体験を通して異界を訪問し、現世に帰還したという奇譚から、中世人の死生観を解読する。
1994

杉山正明著
クビライの挑戦　モンゴルによる世界史の大転回
チンギス・カンの孫、クビライが構想した世界国家と経済のシステムとは？「元寇」や「タタルのくびき」など「野蛮な破壊者」というモンゴルのイメージを覆し、西欧中心・中華中心の歴史観を超える新たな世界史像を描く。
2009

鹿島　茂著
怪帝ナポレオン三世　第二帝政全史
ナポレオン三世は、本当に間抜けなのか？　偉大な皇帝ナポレオンの凡庸な甥が、陰謀とクー・デタで権力を握っただけという紋切り型では、この摩訶不思議な人物の全貌は摑みきれない。謎多き皇帝の圧巻の大評伝！
2017

羽田　正著
冒険商人シャルダン
多様な宗教と言語が行き交うペルシアで成功を収めた商人にして旅行記作家。時代に翻弄され、家庭の問題に悩みながらも「一級史料」を書き残した市井の人物の生涯と、彼らが生きた一七世紀の世界を活写する。
2020

増田義郎著
黄金の世界史
魔術的黄金の時代＝古代～中世。大航海時代の金銀の大流入で、西欧へと覇権が動いた近代。そして産業資本主義の発展と金本位制が解体した現代まで。「金」という視座から見たもう一つの世界史を読む。
2026

西洋中世奇譚集成　妖精メリュジーヌ物語

クードレット著／松村　剛訳（解説・J・ルゴフ、E・ルロワ＝ラデュリ）

土地、城、町、子供をもたらす豊饒の母神は、土曜日ごとに半身蛇女に変身する妖精だった――。絶妙の語り口と息もつかせぬ展開で、ある家門の栄光と没落を描く一大叙事詩。ルゴフ、ラデュリ解説論文も併録。

2029

第二次世界大戦の起源

A・J・P・テイラー著／吉田輝夫訳

「ヒトラーが起こした戦争」という「定説」に真っ向から挑戦して激しい論争を呼び、研究の流れを変えた名著。「ドイツ問題」をめぐる国際政治交渉の「過ち」とは。大戦勃発に至るまでの緊迫のプロセスを解明する。

2032

北の十字軍　「ヨーロッパ」の北方拡大

山内　進著（解説・松森奈津子）

「ヨーロッパ」の形成と拡大、その理念と矛盾とは何か？　中世、ヨーロッパ北方をめざしたもう一つの十字軍が聖戦の名の下、異教徒根絶を図る残虐行為に現代世界の歴史的理解を探る。サントリー学芸賞受賞作。

2033

古代ローマの饗宴

エウジェニア・サルツァ＝プリーナ・リコッティ著／武谷なおみ訳

カトー、アントニウス……美食の大帝国で人々は何を食べ、飲んでいたのか？　贅を尽くした晩餐から、農夫の質実剛健な食生活まで、二千年前に未曾有の繁栄を謳歌した帝国の食を探る。当時のレシピも併録。

2051

世界史への扉

樺山紘一著

世界史に潜む同時性を探り、歴史学の内外で唱えられる新視角を検証する小論集。西欧の歴史を普遍のモデルとせず、多様性と日常性に注目しながら、現代の激動を解読するための「歴史への感受性」を磨く。

2065

大清帝国への道

石橋崇雄著

ヌルハチが統合した北方の一小国は、やがて北京に入城し、さらに中央アジアを制圧、康熙・雍正・乾隆という三帝のもとで最盛期を迎える。満洲語史料を読み解き、現代に続く多民族国家の形成過程を解明する。

2071